I0788301

EL EGOÍSMO POLÍTICO

Descubra las claves que todo ciudadano debe saber para evitar el atraso y la pobreza individual, familiar y colectiva.

WASHINGTON DELGADO LÓPEZ

El egoísmo político
Descubra las claves que todo ciudadano debe saber para evitar el
atraso y la pobreza individual, familiar y colectiva

Segunda edición: octubre 2020

ASIN: B08M8CRP45
ISBN: 9798691728884

———————

Reconocimientos

Es mi deber reconocer a mis padres, Juan Manuel y Celia, como los gestores que inculcaron en mí la preocupación por el destino del prójimo. Porque me enseñaron a leer y a oír las noticias, no como hechos aislados, sino como parte de la historia de la humanidad. A mis vecinos del barrio que, ilusionados en cada elección popular, creían que sus necesidades iban a ser satisfechas por los futuros funcionarios públicos a quienes le asignaban el voto.

A mi esposa Katihuska y a mis hijos Juan Manuel y Jonatán Enrique, muchas gracias por su comprensión y apoyo diario al permitir que les reste importantes horas familiares para dedicarlas a escribir este libro. Ellos saben por qué me apasiona la institucionalidad democrática y el Estado de derecho y por qué he renunciado a otro tipo de compromisos para cumplir con esta obligación autoimpuesta.

Agradezco a mis amigos personales que soportaron mis análisis y discusiones sobre política, economía y aspectos sociales en innumerables tertulias.

A mis honorables invitados del programa de radio que dirijo por más de veinte años por compartir conocimientos de toda índole relacionados con la búsqueda de una mejor sociedad. Sin bajar los brazos en la derrota ni cruzarlos en la permisividad, indiferencia y en el silencio cómplice.

Con ese mismo espíritu reconozco el esfuerzo de tantos políticos que prefirieron perder las elecciones en las urnas, porque rechazaron negociar sus principios y valores democráticos. En especial a aquellos esforzados por la justicia y porque optaron por la verdad y no por la demagogia. A todos ellos los tengo muy presente, algunos que ya no están con nosotros y a otros que hoy son mis referentes. Y también, ¿por qué no?, a aquellos que no cumplieron sus compromisos una vez elegidos en las urnas. A los primeros porque me hicieron ver mucho más claro quiénes son los líderes republicanos y democráticos que tanto necesitamos y a los otros por corroborar cómo son los caudillos políticos que se aprovechan de las debilidades de la democracia. Reciban mis agradecimientos.

Índice

Reconocimientos 9

Introducción 15
  1. Principios que guían la presente obra 19
  2. Entorno político y democrático 22

Primera parte
¿Qué es el egoísmo político?
La imposición del "yo" del caudillo

Capítulo I: La política es un arte de gobernar
para el bien de la comunidad entera 29
  1. El concepto de la política como arte de gobernar 29
  2. De la democracia a la politeia como forma de gobierno 35
  3. ¿Qué es la democracia? El qué, el quién y el cómo… 40
  4. La democracia, la libertad y la convivencia en unidad,
orden y armonía 53
  5. Breve historia de la Revolución francesa como reflejo del
Egoísmo Político de los caudillos autoritarios 58
  6. ¿Está en crisis la democracia? 65

Capítulo II: El egoísmo político 73
  1. Introducción al Egoísmo Político 73
  2. Definición del Egoísmo Político 78
  3. Motivaciones del Egoísmo Político 79
  4. Evolución del estudio del Egoísmo Político 82
  5. El Egoísmo Político en Latinoamérica 87

Capítulo III: El caudillo autoritario

practica el Egoísmo Político 93

1. El caldo de cultivo para la generación del caudillo 93

2. El caudillismo del Egoísmo Político 95

3. Diferencias entre liderazgo y caudillismo 107

4. ¿La soberanía le pertenece al pueblo o al Estado y sus

gobernantes? 113

Segunda parte
Los estragos del egoísmo político
La anulación del individuo y la sociedad

Capítulo IV: El intervencionismo del Egoísmo Político 117

1. El intervencionismo, autoritarismo y totalitarismo del

Egoísmo Político 117

2. El intervencionismo del Egoísmo Político anula al individuo . 133

3. El intervencionismo del Egoísmo Político y la anulación

de la comunidad 184

4. Otras reflexiones sobre el individuo y la comunidad bajo

el totalitarismo 221

Capítulo V: La Economía Política, imaginada como

ciencia para generar y distribuir riqueza, es convertida

en herramienta y piedra de choque del Egoísmo Político . 227

1. La ciencia Economía Política 227

2. La historia de los «ismos» en la Economía Política 229

3. El liberalismo económico 239

4. Crítica del marxismo a la Economía Política 255

5. La riqueza, según el capitalismo y el socialismo 271

6. La riqueza y la teoría del valor de Adam Smith 279

7. La teoría del valor y del valor-trabajo de David Ricardo 293

8. La plusvalía y la teoría de valor de Karl Marx......................297

9. La «acción humana» como respuesta a la controversia
   estéril entre capitalismo intervencionista y el marxismo 312

Tercera parte
¿Cómo vencer al egoísmo político?
Más y mejor democracia

Capítulo VI: Necesidad de la democracia
estable y verdadera para el desarrollo.........................325

1. Construir democracia constitucional 325

2. Estructura de la constitución democrática.........................330

3. La institucionalidad democrática y el Estado de derecho......337

4. La separación e independencia de poderes.........................343

5. La alternancia en el poder..348

6. Dónde comenzar a construir la democracia 354

Capítulo VII: La necesidad de verdaderos
líderes democráticos y repúblicanos sigue pendiente
en muchos países en vías de desarrollo.........................361

1. Líderes libertarios...361

2. El liderazgo republicano y democrático de la política pura...362

3. La política pura y los males a vencer 368

4. La investidura presidencial y la de los magistrados
   y el honor 373
5. El estadista y el político 377

Palabras finales 381

Anexos

The Bill Of Rights inglés (Declaración de Derechos)
   del 13 de febrero de 1689 389

Declaración de los derechos del hombre y del ciudadano
   26 de agosto de 1789 397

Declaración Universal de Derechos Humanos 403

Declaración Americana de los Derechos y Obligaciones
   del Hombre 413

Carta Democrática Interamericana 425

Bibliografía 439

Introducción

La tesis que expongo en este libro trata sobre el Egoísmo Político del caudillo generador de atraso y pobreza en los países subdesarrollados. Para develarlo como el compendio y potenciador de los vicios que obstaculizan las virtudes de la política y de la economía, impidiéndoles alcanzar el bien común. Anulando a los individuos y a las comunidades para que por sí mismos se provean un mejor nivel de vida en un ambiente republicano y democrático.

El Egoísmo Político es una manifestación del ´yo´ del caudillo como dogma en las decisiones comunitarias, cuando éste se considera iluminado para imponer sus propios pensamientos en las acciones de gobierno, sin considerar a mediano y largo plazo los verdaderos intereses de la comunidad.

Así la política, la economía y todas las ciencias que aportan para el progreso, no son buenas ni malas por sus principios y leyes, sino por quiénes y cómo se las aplica. Fundamentalmente, porque el caudillo tiende a no respetar los intereses de las minorías con el apoyo de las mayorías coyunturales, relativas y absolutas que se forman a su alrededor. En un ambiente de crisis permanente. Hasta que se da su desencanto, para formar nuevas facciones en un círculo sin fin.

El caudillo destruye la institucionalidad democrática y el Estado de derecho, provocando la inseguridad jurídica en todos los ambientes nacionales. Aplicando su conducta política de in- terventor, autoritario y totalitario en la medida que va captando todos los poderes del Estado y eliminando la alternancia democrática, el control ciudadano y la igualdad ante la ley.

Bajo la acción del caudillo, la política deja de ser el arte de gobernar para el bien de la comunidad entera. La democracia entra en crisis y la Economía Política pierde sus fortalezas para generar y distribuir riqueza al ser convertida en una herramienta más de la demagogia caudillista. La inversión nacional y extranjera se ausenta del país, el presupuesto del Estado cae en desbalance, inicia la economía de escasez, se necesita incrementar impuestos, demanda más deuda pública, cierra las fronteras al libre comercio exterior, cae la economía en general e incrementa el desempleo, entre otras de sus más graves consecuencias.

El intervencionismo caudillista puede provenir de cualquier ideología que se degenera y se nutre de un sistema que lo apoya y que se favorece a la vez de las decisiones personales y sectarias del gobernante. Como sucedió con el marxismo que fue el inspirador de varios Estados totalitarios del siglo XX y de lo que va del presente siglo XXI. Al igual que el liberalismo cuando es mal entendido y debilitado con el intervencionismo estatal para favorecer a las oligarquías del poder económico en contra del mismo sistema, con el monetarismo, mercantilismo y el keynesianismo estatizado entre otras formas, soslayando al verdadero individualismo y a la iniciativa empresarial privada. Sin perjuicio de que ambas ideologías hayan dado cabida a múltiples «ismos» que han condenado al subdesarrollo a los países donde especialmente el populismo se ha impuesto a través de la demagogia.

Un sistema así concebido y practicado como cultura política de una sociedad, la condena al atraso y a la pobreza. Ya sea bajo una orientación de izquierda o de derecha, porque el intervencionismo estatal anula el emprendimiento y la voluntad de progreso del individuo y de la comunidad marginando siempre a los más desposeídos. Los únicos relativamente beneficiados terminan siendo los cercanos al Gobierno, en lo político o en lo económico, incluyendo la corrupción en una aparente democracia.

A la vez, esta crítica al Egoísmo Político es una invitación para analizar y debatir en conjunto la gran necesidad de que surjan y se empoderen los líderes republicanos y democráticos para defender con su participación los valores y virtudes de la política y de la democracia. También es una invitación a todos quienes hacen opinión pública para identificar las características de los caudillos políticos al mínimo viso de su aparición. Los mismos políticos, los analistas, periodistas, catedráticos y, en general, toda la ciudadanía de buena voluntad está llamada a saber diferenciar entre los líderes sabios y los caudillos de simple astucia y habilidad.

Se impone la necesidad de recuperar la política y construir o reconstruir la democracia estable y verdadera fortaleciendo la institucionalidad democrática y el Estado de derecho que protejan la seguridad jurídica.

Estableciendo una agenda mínima en base al consenso para trabajar coordinadamente por el desarrollo y una agenda de aquellos puntos de divergencia para ser tratados con altura política sin caer en la oposición por oposición pensando nada más en las próximas elecciones. En que los partidos políticos sean el canal democrático de la soberanía del pueblo y el poder político mediante su escuela de la democracia para la formación de líderes y no de caudillos.

Este es el interés de mi investigación, enfocado no solo en conocer y analizar las ideologías y las alternativas de solución a la pobreza propuestas por ellas como lo han hecho los estudiosos de la política durante toda la historia de la humanidad. Mi propuesta es llegar al fondo del alma del político conflicti- vo identificando sus malos hábitos, que lo predisponen a crear obstáculos al desarrollo de los pueblos. Porque más allá de las instituciones, son los líderes republicanos y democráticos o los caudillos quienes las configuran y las utilizan para el bien o para el mal, y es a ellos a quienes debemos identificar antes de encargarles o no el poder político.

Porque si la democracia es la menos mala de las formas de gobierno, es un error dejarla en manos de los autócratas y de sus seguidores. Así jamás la democracia logrará superar sus debilidades como sistema para perfeccionarse y convertirse en la *politeia* que Aristóteles definió como la mejor de las formas de gobierno por ser la de muchos ciudadanos virtuosos que administran el poder para el beneficio de todos incluyendo a las minorías, conocido como el bien común. Si humanamente es imposible lograr la virtud de todos, la democracia debe asegurar los límites y la moderación de las mayorías.

Para este objetivo, comparto las reflexiones de años de estudio e investigación como administrador de empresas y periodista profesional. Tanto en la planificación y ejecución de proyectos de inversión en un ambiente político siempre incierto, como a través de múltiples notas, editoriales y entrevistas realizadas en mi programa de radio por más de veinte años. Igualmente, apoyo mis argumentos en varias referencias históricas que incluyo con el único afán de identificar las virtudes políticas que han hecho realidad el bien común y los vicios políticos que lo han destruido. Haciendo mía la frase: «un pueblo que no conoce su historia está condenado a repetirla».

El libro consta de tres partes: en la primera respondo a la pregunta ¿Qué es el egoísmo político? y respondo que se trata de la imposición del "yo" del caudillo, analizo las debilidades democráticas de las que se aprovecha el Egoísmo Político a la vez que introduzco su definición e incorporo los conceptos del caudillo populista interventor. En la segunda parte detallo los estragos que ocasiona el caudillo al anular al individuo y a la sociedad, haciendo inútil la acción del ciudadano, de la comunidad y de la Economía Política al utilizarla como herramienta de la demagogia. Y en la tercera, propongo la respuesta a ¿Cómo vencer al egoísmo político? con la respuesta de más y mejor democracia, en la que demando la necesidad de una democracia constitucional para el desarrollo; concluyendo con la invitación a los ciudadanos de buena voluntad para que se lancen a la palestra política con un espíritu republicano y democrático.

Creo oportuno hacer una aclaración: la mayoría de los apartados que componen los capítulos de esta obra pueden contener algunas repeticiones de conceptos. Porque el libro es un compendio de ensayos y editoriales de diferentes períodos para ser leídos como unidades independientes; con el objeto de que sirvan a mis colegas periodistas y a los estudiosos de la política, como unidades de referencias individualmente completas por cada tema tratado.

1. Principios que guían la presente obra

Al final del libro incluyo como anexos una serie de declaraciones sobre los derechos humanos de los hombres que he tomado como guía, junto con algunos principios tomados de la Doctrina Social de la Iglesia (DSI). Siendo así, parto desde los derechos del individuo y de su entorno más cercano de familia con sus derechos de «vida, libertad y propiedad», para proyectarlos hacia la comunidad en su máxima realización en un ambiente de «unidad, orden y paz».

Como principio inicial debo destacar que todo individuo está dotado de emociones y sentimientos, además de razón, por lo que es consciente de ser poseedor de dignidad humana. Sin excepción de sexo, raza, etnia, nacionalidad, edad, capacidad física, intelectual y mental. Sin ninguna discriminación debido a su procedencia y condición social.

Por el solo hecho de ser persona y de ser alguien y no algo, como individuo único e irrepetible, es poseedor de su propia identidad. Tiene sus propios dones de inteligencia, conocimientos, habilidades, experiencia y anhelos que se niegan por naturaleza a cualquier intento ajeno de someterlos al pensamiento de otro o de sistemas de poder, ideológico o no, originados en la mente de otras personas. Por lo que desde su propia «subjetividad» toma decisiones razonadas luego de analizarlas íntimamente. Prefiere el diálogo y el consenso a la imposición.

Este respeto a la dignidad humana del individuo como tal, como segundo principio impone el respeto a las instituciones políticas, económicas y sociales y de sus responsables para su desarrollo integral sin perder su libertad. Por lo que el orden social y su progresivo desarrollo deben en todo momento subordinarse al bien de la persona, ya que el orden social debe someterse al orden personal, y no que la persona se someta o sea sometida contra su voluntad al orden social.

Además, el individuo no es un ser solitario, ya que, por su íntima naturaleza, es un ser social, y no puede vivir ni desplegar sus cualidades sin relacionarse con los demás. La dignidad humana requiere que el individuo actúe según su conciencia y libre elección, es decir, movido e inducido por convicción interna personal y no bajo la presión de un ciego impulso interior o de la mera coacción externa; debe apreciar su libertad porque quiere formalizar su libre iniciativa, su vida personal y social, asumiendo la responsabilidad de sus decisiones y actos, ante sí y ante la comunidad, a la que debe respetar, para determinar su crecimiento como persona, disfrutando de los beneficios que genera para sí mismo y para la construcción del orden social. La verdadera libertad consiste en el respeto a las normas establecidas para cuidar de la dignidad humana de los demás.

Para vivir en comunidad, el individuo ama la justicia como la primera y más excelsa virtud y la verdad como el don ineludible para fortalecerse en el ejercicio político en búsqueda del bien común. Ningún sistema político, económico o social tiene el derecho de suprimirlos, basados en que «los auténticos cambios sociales son efectivos y duraderos solo si están fundados sobre un cambio decidido de la conducta personal» y en que el «recto ejercicio de la libertad personal exige unas determinadas condiciones de orden económico, social, jurídico, político y cultural».

Así, para efectos del presente libro, de acuerdo con estos principios, la dignidad humana de todo individuo y su familia es un compendio fundamental de «vida, libertad y propiedad» como principales dones que ha recibido para la autorrealización de su existencia personal. En la vida como don, se incluyen los derechos a la salud, alimento, vestimenta, seguridad personal y vivienda. En la libertad se incluyen todas las opciones que le vayan bien para darse una existencia digna bajo su propio criterio y respeto a los demás: la libertad de su pensamiento, movilización y asociación, así como todas las libertades civiles, políticas, económicas y sociales en cantidad y calidad necesaria para el bien común. En la propiedad se incluye su patrimonio familiar como producto del esfuerzo personal, dedicación y prudencia. Donde no hay propiedad no puede haber justicia. Como no puede haber vida sin libertad y libertad sin vida, y no puede existir vida y libertad sin propiedad que la sustente.

Y si en el plano personal o individual la dignidad humana está constituida por sus elementos esenciales de «vida, libertad y propiedad», estos dones son garantizados en el plano general o comunitario por «unidad, orden y paz» que requiere el hombre como ser sociable al decidir adherirse libre y voluntariamente a un grupo determinado como ser político. Adherido de manera altruista y solidaria en su plano más cercano y en consenso con otros individuos como conglomerado humano en el que exista la cooperación social en igualdad en la diversidad para formar la sociedad y al organismo jurídico constituido en Estado.

2. Entorno político y democrático

El entorno político que incluyo en este estudio como el más idóneo para la realización del individuo y de la comunidad es conocido como democracia, como forma de gobierno en donde la soberanía radica en el pueblo y se la ejerce a través de los órganos del Estado.

Pero siendo que la democracia no es la forma de gobierno más perfecta, porque en ella existe un juego dinámico de intereses individuales y grupales. En donde una mayoría de ciudadanos se reserva el derecho de decidir lo que más le conviene sin considerar necesariamente las aspiraciones de las minorías. Por lo que se hace necesario instituir Estados conformados por organismos que pongan límites y moderación a las mayorías. Para que incorporen a la vida política a todos los miembros de la comunidad sin excepción, conocida como institucionalidad democrática y que se rijan por la constitución y las leyes y reglamentos que de ella se derivan, conocido como el Estado de derecho.

Para que esto sea realidad y no utopía, la democracia exige una cooperación social donde cada individuo voluntaria y libremente aporte con sus conocimientos y especialización profesional para alcanzar determinados fines, conocidos como el bien común, que no es otra cosa que la concreción de la autorrealización de cada individuo en la comunidad.

Sin embargo, nada de esto es posible sin la existencia de Gobiernos conformados por líderes sabios que protejan la democracia de los caudillos. Considerando que la política y la democracia no concretan el bien común en ambientes en que se imponen los intelectuales o políticos profesionales que practican el autoritarismo. Más aún los líderes democráticos y republicanos deberán ser capaces de erradicar culturalmente al populismo y a la demagogia, como desviaciones que deben ser rechazadas de manera consciente.

Es importante aclarar sin equívocos que el entorno político al que me refiero es a la democracia liberal como la más preparada para construir la lucha contra la pobreza, desigualdad y exclusión social y enfrentar problemas estructurales.

Así podríamos resumir que la sociedad se fundamenta en la cooperación humana, o acción concertada, como lo asevera Ludwig von Mises en su libro *La Acción Humana, Tratado de Economía* (2015), publicado originalmente en 1949. En el que expresa: «La sociedad humana es acción concertada. Es producto de un comportamiento consciente y deliberado» (2015: 173). Pero asimismo nos enseña que esa acción concertada no es un simple contrato para crear la sociedad:

> Esto no quiere decir que los individuos celebran un buen día un contrato en virtud del cual quedó fundada una sociedad humana. Las acciones que han realizado la cooperación social y que de nuevo la realizan a diario no tienden a otra cosa que a cooperar y colaborar con otros para alcanzar determinados fines concretos. Ese complejo de relaciones mutuas creado por la acción recíproca de los individuos es lo que se denomina sociedad. Reemplaza una —al menos concebible— vida aislada de los individuos por la colaboración. La sociedad es división de trabajo y combinación del esfuerzo. Por ser el hombre un animal que actúa se convierte en animal social (2015: 173).

Este mismo concepto es definido en otras palabras por Aristóteles y Adam Smith, cada uno en su momento, al manifestar que los humanos somos animales gregarios y políticos, porque nos unimos para encontrar un fin que beneficie a todos, siempre y cuando lo hagamos de manera colaborativa.

Para que exista la acción concertada y colaborativa de todos los ciudadanos, en un Estado de derecho la comunidad encarga democráticamente por decisión mayoritaria el poder político a sus elegidos. Sin renunciar a la soberanía la asigna a sus representantes de manera perentoria y a condición de rendición de cuentas a fin de legislar, administrar el Estado y hacer justicia. En un tipo de democracia conocida como democracia representativa en la que los representantes del pueblo deberán gobernar de manera eficiente y sin despotismo. Cumpliendo con el respeto a la separación de poderes, la alternancia en el poder, el control popular y la igualdad ante la ley.

Pero si los representantes elegidos por la comunidad traicionan el mandato de los ciudadanos, se convierten de líderes en caudillos. Extralimitándose en las funciones encargadas e inmiscuyéndose en las decisiones individuales de los ciudadanos que no afectan a los demás, porque gobernarán sin someterse a leyes ni a límites, abusando del poder y de la fuerza legítima que el pueblo les confió. Al apoderarse ilegítima e ilegalmente de la soberanía de sus electores se mantendrán en el poder absoluto mediante formas degeneradas de gobierno, cualquiera que sea su estatus.

Por naturaleza, el caudillo es intervencionista, autoritario y totalitario de manera progresiva al pretender inmiscuirse en todas las actividades de la comunidad. Se llama intervencionismo si los gobernantes hacen que el Estado regule todas las instancias políticas, económicas y sociales, aunque respeten la legalidad e incluso la legitimidad por apoyo de la mayoría. Se llama autoritarismo cuando el caudillo finge respetar los derechos del pueblo y la constitución mientras disminuye los derechos y se extralimita en sus funciones ya sea de manera parcial y paulatinamente; y se llama totalitarismo, si toma los poderes políticos a su antojo de manera absoluta. En los tres casos, ejercerá el intervencionismo, parcial o total, sobre los dones individuales de cada ciudadano y anulará a la comunidad, con lo que la democracia se degenera y se convierte en tiranía.

En la práctica, las tres formas de ejercer el poder descritas como intervencionismo, autoritarismo y totalitarismo degeneran las virtudes democráticas y republicanas para convertirlas en vicios a través del Egoísmo Político. Al cual atribuyo el fracaso del ejercicio de la política verdadera, de la democracia y de la Economía Política como ciencia para erradicar la pobreza y la marginación, distrayendo y haciendo estéril a la política y a la economía de sus verdaderos fines. Así, cualquier idea que en un país genere riqueza bajo el liderazgo de los sabios de la república y de la democracia, en los países pobres es anulada por el caudillismo del intelectual o político autócrata. En ocasiones, las tres formas en que actúa el caudillismo político podrán mezclarse o traslaparse.

Estos son los principios que guían este libro y el entorno político y económico del Egoísmo Político que paso a desarrollar.

Primera parte

¿Qué es el egoísmo político?

La imposición del ´"yo" del caudillo

Capítulo I
La política es un arte de gobernar
para el bien de la comunidad entera

1. El concepto de la política como arte de gobernar

El concepto de la política como arte de gobernar para el bien de la comunidad entera es el primer elemento a tener en cuenta como referencia dentro de la crítica al Egoísmo Político. Porque este se aprovecha de las debilidades de la política y de la democracia como acción humana. Por lo que, para encontrar las salidas a este inconveniente, en el presente capítulo analizaré que la aplicación de la política si bien ha encontrado en la democracia la forma de gobierno humanamente posible, sin embargo, depende extremadamente de la buena voluntad e integridad de quienes detentan el poder.

En teoría, el individuo y la comunidad deben encontrar en la democracia la realización del bien común. De lo contrario, según veremos a continuación, y acogiendo la definición de Aristóteles, la política no correspondería a su esencia. Tarea que fue mucho más difícil en la monarquía y en la aristocracia como formas de gobierno alternativas en la antigüedad, que por naturaleza se degeneraron en tiranía y oligarquía, por ser el gobierno de uno y de pocos, respectivamente; y en donde la política no podía cumplir su papel en un entorno mucho más complicado.

El filósofo griego Aristóteles, en su libro *La Política* asevera que la «polis» o la política y la comunidad política son lo mismo y que buscan el bien de todos los miembros que conforman una sociedad. Con lo que me permito confirmar dos principios: primero, que la política es la misma comunidad comprometida voluntariamente en buscar la felicidad de todos, de lo contrario no es política, sino una degeneración de ese concepto; y como segundo principio, que la comunidad política no son únicamente los políticos profesionales ni los movimientos y partidos políticos, como a veces se confunde, sino todos los ciudadanos que viven en comunidad.

Adicionalmente, el mismo filósofo deduce que la comunidad política existe en la naturaleza y que el hombre por naturaleza es un animal político. Por lo que también establece que el individuo carente de «polis» es un loco, sin familia, sin ley y sin lugar, y por lo tanto incapaz de vivir en sociedad por ser autárquico.

Aristóteles en el libro primero de *La Política* lo dice en las siguientes palabras:

> Toda «polis» es, en alguna manera, una comunidad. Y pues vemos que toda comunidad es instituida en vista de un bien (los hombres obran siempre por lo que les parece bueno), es claro que todas tienden a un bien (...). Ésta es la llamada «polis» y comunidad política (2000: 35-36).

De lo dicho se deduce con evidencia que la «polis» existe en la naturaleza, y que el hombre es por naturaleza un animal político. Quien, pues, por su naturaleza —y por accidente— carece de «polis» es o un loco, o un ser superior, o un individuo como aquel a quien condena Homero, como alguien sin familia, sin ley y sin lugar (...).

Es evidente, decíamos que la «polis» existe por naturaleza y es primero que el individuo; y como éste aisladamente no es autárquico, viene a ser como la parte en relación con el todo. Más quien es incapaz de vivir en sociedad o no necesita nada porque es autárquico, ese es una bestia, o es un dios, Pero no es parte de la «polis» (2000: 39-40).

Se puede concluir preliminarmente, entonces, que quien ejerza como político profesional, entendido como el acto de profesar la política, deberá poseer el arte de gobernar para el bien de todos los individuos que componen la sociedad. Apoyado en ser un animal político y comunitario para llegar al poder de un país por decisión democrática. Ya se trate de un gobierno bajo el sistema presidencialista o del parlamentario en nuestro tiempo.

Pero, asimismo, para que ese político profesional tenga éxito en su gestión deberá respetar la ley, tener familia y un lugar donde residir. Todos como elementos necesarios que debe poseer el individuo para tener «polis» o ser político y comunitario, según Aristóteles; de lo contrario, es un autócrata incapacitado para buscar el beneficio de todos y vivir en sociedad.

Nótese que dentro de la ley está activa la justicia como la primera de todas las virtudes que un líder político debe poseer y respetar en el arte de gobernar. Al respecto, en su libro Ética Nicomaquea, Aristóteles dice que la justicia es la virtud que compendia a todas las demás, como virtud perfecta. Es la que produce y protege la felicidad y sus elementos en la comunidad política y que existe solo en relación con los demás. Es decir que en el caso que nos ocupa, un gobernante y el ciudadano deben tener a la justicia como una virtud en relación con el otro y no a sí mismo.

Revisemos este pensamiento en palabras de Aristóteles:

> Así pues, en un sentido llamamos justo a lo que produce y protege la felicidad y sus elementos en la comunidad polí- tica (...).
>
> La justicia así entendida es la virtud perfecta, pero no ab- solutamente, sino con relación a otro. Y por esto la justicia nos parece a menudo ser la mejor de las virtudes; y ni la estrella de la tarde ni el lucero del alba son tan maravillosos. Lo cual decimos en aquel proverbio: *En la justicia está toda virtud en compendio* (2013: 79).

De allí debemos concluir que un líder sabio es virtuoso en su sustancia y como base de todas las virtudes que posee es la justi- cia la que sobresale, y de ella emana su servicio a la comunidad, al otro y no a sí mismo, para producir y proteger la felicidad y sus elementos en la comunidad política. Quien no es virtuoso, no es un líder político, sino un caudillo que por defecto practica el vicio político.

Más adelante, Aristóteles agrega que el bien común y la jus- ticia incluso no están supeditados a la voluntad del gobernante, sino a la ley, como una forma cierta de preservar para que respete el bien de la comunidad y que no se convierta en un tirano:

> Pero no debe ocultársenos que lo que indagamos es tanto lo absolutamente justo como lo justo político, o sea lo justo entre los asociados para la suficiencia de la vida, y que son libres e iguales (...). Lo justo, en efecto, existe sólo entre hombres cuyas relaciones mutuas están gobernadas por ley (...).

Por este motivo no permitimos que gobierne el hombre, sino la ley, porque el hombre ejerce el poder por sí mismo y acaba por hacerse tirano (...). Y así, el magistrado justo trabaja para los demás; y por esto se dice que la justicia es el bien de los demás, según quedó afirmado con antelación. En consecuencia, hay que asignar al magistrado cierta retribución, la cual consiste en honores y prerrogativas. Los que no encuentran suficientes tales recompensas se transforman en tiranos (2013: 89).

Aunque suene exagerado, es necesario notar que Aristóteles afirma que la retribución del magistrado consiste en honores y prerrogativas establecidas de antemano y que, si las considera insuficientes, se transforma en un tirano. De allí concluimos también que la política en su ejercicio democrático está supeditada a la voluntad del gobernante, por lo que para que sea una alternativa válida, este debe ser virtuoso, porque de lo contrario la democracia no es la alternativa mejor de gobierno, según la consideramos en los actuales tiempos.

Finalmente, para que la política sea el arte de gobernar debe ser fundida con la autoridad concedida por el pueblo al gobernante, no para su beneficio personal sino para el bien general. Así, el político profesional debe ser consciente de que está investido de autoridad, pero otorgada por el pueblo y que es el pueblo el poseedor de la soberanía. De lo contrario, si por ejemplo el gobernante utiliza la política para su beneficio exclusivo se convierte en un tirano. Si son unos pocos los que hacen lo mismo, se convierten en oligarcas. Las dos como formas degeneradas de la monarquía y de la aristocracia. Formas de gobierno que aún en la actualidad es común encontrar en un alto porcentaje de países, especialmente entre los subdesarrollados que se debaten en el atraso y en la pobreza.

Aristóteles en su libro *La Política* lo dice así:

Ya que *politeia* y *politeuma* significan lo mismo, y *politeuma* es la autoridad soberana de la «polis», necesariamente será soberano uno o pocos o la mayoría de los ciudadanos. Cuando uno o pocos o la mayoría gobiernan mirando al bien común, correctas son esas *politeias* lógicamente: más las que persiguen el interés personal de uno o de pocos o de la mayoría, son desviaciones. Porque o no deben llamarse ciudadanos quienes no participan de la «polis», o deben disfrutar de las ventajas de la comunidad.

De los gobiernos individuales solemos llamar monarquía el que atiende a la utilidad común; aristocracia al de pocos, pero más de uno (bien porque gobiernan los mejores [*aristoi*], bien porque anhelan lo mejor [*ariston*] para la «polis» o la comunidad). Más cuando la mayoría gobierna en vista del público interés, se le aplica el nombre genérico de todas la *politeias*, *politeia* (y así se llama con razón: pues una o pocas personas pueden sobresalir en excelencia, pero mucha es difícil que alcancen la perfección en toda clase de virtud, aunque sí en la militar, porque es la que se da en la masa. Y por eso, en una *politeia* tal, la autoridad más poderosa está en manos de la clase militar, y de ella no participan son quienes portan las armas.

De las mencionadas desviaciones [hay éstas]: desviación de monarquía, la tiranía; de aristocracia, la oligarquía; de *politeia*, la democracia. La tiranía es una monarquía en interés del monarca; la oligarquía, en interés de los acomodados; la democracia, en el de los necesitados: pero ninguna de ellas en el de la utilidad común (2000: 132-133).

Huelga decir, que en los tiempos actuales las monarquías y aristocracias ya no gobiernan en los pocos países en donde aún se los mantiene, a veces únicamente como decorativos o por formalidades. Sin embargo, en algunos países subdesarrollados donde nunca existieron monarquías o aristocracias, en la práctica sí existen cuando los Gobiernos caudillistas aparentando gobernar en democracia, en realidad lo hacen con todas las características de los soberanos y aristócratas, detentando el poder político y perennizándose en él a través de constituciones manipuladas y redactadas a su medida autoritaria, contando con el apoyo de partidos únicos y fuerzas militares y policiales cómplices que se benefician personalmente de las tomas de decisiones políticas a espaldas de los muchos que creyeron en ellos.

Parecerá sorprendente para algunos que Aristóteles no tenga a la democracia dentro de las mejores formas de gobierno, pero esto es seguramente lo que tomaron algunos pensadores de la política, así como algunos políticos destacados, para asegurar que la «democracia es la menos mala de las formas de gobierno», ante la fragilidad de la soberanía en manos de la masa, como denomina Aristóteles a la mayoría que no gobierna para el interés de todos o el bien común, porque no es posible que todos los ciudadanos sean virtuosos. Es decir, que Aristóteles parte de esa premisa para considerarla como una desviación. No obstante, a la democracia debemos entenderla como la única forma de gobierno factible humanamente a pesar de sus debilidades y riesgos de caer en desviación.

2. De la democracia a la politeia como forma de gobierno

«La democracia es el peor sistema de gobierno diseñado por el hombre, con excepción de todos los demás», dijo con acierto el político británico Winston Churchill (1874-1965).

Pero también debemos agregar que la democracia tiene múltiples ventajas en comparación a otras formas de gobierno. Con excepción de la *politeia* que de acuerdo con la definición de Aristóteles es el nombre genérico cuando la mayoría gobierna en vista del público interés. Para lo que se requiere que esa mayoría esté compuesta exclusivamente por ciudadanos virtuosos, lo cual humanamente es imposible. De tal manera que no siendo virtuosos los ciudadanos, la democracia para perfeccionarse requiere un marco jurídico e institucional que limite y modere a la mayoría.

Sin embargo, no se puede garantizar que en todos los países se respete la institucionalidad democrática y el Estado de derecho en la misma proporción. En unos será mayor la cultura cívica y ciudadana y en otros será menor. Esa es la gran diferencia entre países ricos y países pobres. En los países ricos la sabiduría de los líderes ha conducido al desarrollo como parte de la conducta democrática y forma de gobierno. A diferencia de aquellos países en que para desgracia de los más necesitados han sido gobernados por «iluminados» de izquierda o de la derecha política buscando solo el interés para unos pocos o para las mayorías circunstanciales. Destacan entre estos últimos los gobernantes autoritarios y totalitarios de izquierda y las oligarquías de derecha del siglo XX y de los primeros años del actual.

Adicionalmente, para que la democracia se perfeccione se requiere elevar el nivel de la cultura política de la comunidad. Dentro de este desafío se encuentran las virtudes y los vicios políticos como hábitos que guían las acciones humanas conscientes e inconscientes de los ciudadanos y de sus líderes democráticos y republicanos o de sus caudillos intervencionistas, autoritarios y totalitarios, como un reflejo de la personalidad de los pueblos y de sus gobernantes. Los hábitos políticos aumentan o disminuyen las potencialidades de los pueblos para el desarrollo. Existen hábitos de libertad o de esclavitud, de democracia o de tiranía, y de desprendimiento político o de Egoísmo Político. Los hábitos políticos de los individuos que conforman una sociedad son la imagen de cómo son en su cultura política.

Este es el caso de los países que en su origen antes de ser repúblicas fueron sometidos al colonialismo que no les permitió aprender a autogobernarse. Como sucede en Latinoamérica, en donde aún existe una grave falta de cultura democrática como herencia colonial y que mantiene su efecto negativo desde la época en que España la dominó por siglos con su sistema de gobierno. Sin permitir que los criollos apreciaran la libertad y conocieran las artes de Gobierno, entre otras secuelas.

Simón Bolívar (1783-1830) denunció la falta de conocimiento en el goce de la libertad y de las artes necesarias para el gobierno entre los habitantes de las excolonias. Lo que le impidió la tarea de crear la institucionalidad democrática en las naciones que había liberado de España.

En la primera *Carta de Jamaica*, fechada el 6 de septiembre de 1815, dice Bolívar:

La posición de los moradores del hemisferio americano ha sido por siglos puramente pasiva: su existencia política era nula. Nosotros estábamos en un grado todavía más bajo de la servidumbre y por lo mismo con más dificultad para elevarnos al goce de la libertad. Permítame Ud. estas consideraciones para establecer la cuestión. Los estados son esclavos por la naturaleza de su constitución o por el abuso de ella. Luego un pueblo es esclavo cuando el gobierno, por su esencia o por sus vicios, huella y usurpa los derechos del ciudadano o súbdito (...).

¡Cuán diferente era entre nosotros! Se nos vejaba con una conducta que además de privarnos de los derechos que nos correspondían, nos dejaba en una especie de infancia permanente con respecto a las transacciones públicas. Si hubiésemos siquiera manejado nuestros asuntos domésticos en nuestra administración interior, conoceríamos el curso de los negocios públicos y su mecanismo, y gozaríamos también de la consideración personal que impone a los ojos del pueblo cierto resto maquinal que es tan necesario conservar en las revoluciones (2007: 14-15).

Pero no solo que nuestros próceres de la independencia de España no conocían las artes de Gobierno, como lo destacó el Libertador, sino que no existían las virtudes necesarias para un Gobierno federal, o descentralizado que permitiera una mejor administración de territorios tan extensos. A diferencia de los que ya existían con éxito en los Estados Unidos de América. Al punto en que Bolívar en realidad admiraba a los hermanos del norte por sus talentos y virtudes, preocupado porque ellos pudieran avanzar en su desarrollo más aceleradamente mediante el sistema de Gobierno federalista y los nuevos países de Sudamérica no.

A diferencia de la opinión de algunos analistas, Bolívar escribió:

> Los acontecimientos de la Tierra Firme nos han probado que las instituciones perfectamente representativas no son adecuadas a nuestro carácter, costumbres y luces actuales. En Caracas el espíritu de partido tomó su origen las sociedades, asambleas y elecciones populares; y estos partidos nos tornaron a la esclavitud (...). En Nueva Granada las excesivas facultades de los gobiernos provinciales y la falta de centralización en el general ha conducido aquel precioso país al estado a que se ve reducido en el día. Por esta razón, sus débiles enemigos se han conservado contra todas las probabilidades. En tanto que nuestros compatriotas no adquieran los talentos y virtudes políticas que distinguen a nuestros hermanos del Norte, los sistemas enteramente populares, lejos de sernos favorables, temo mucho que vengan a ser nuestra ruina. Desgraciadamente estas cualidades parecen estar muy distantes de nosotros en el grado que se requiere; y, por el contrario, estamos dominados de los vicios que se contraen bajo la dirección de una nación como la española, que sólo ha sobresalido en fiereza, ambición, venganza y codicia (2007: 20).

Es decir, que Bolívar dudaba que la democracia (sistemas enteramente populares) tuviera éxito en los nuevos territorios liberados. Pero si Bolívar denunciaba el vicio heredado de España como razón para que las excolonias sean ingobernables y a los hermanos del norte, refiriéndose a los Estados Unidos, les atribuía el talento y las virtudes políticas para autogobernarse, la pregunta que cabe es ¿por qué hasta la fecha las naciones latinoamericanas no hemos logrado la gobernabilidad democrática?

Lo que nos lleva a dar una mirada a la educación cívica y política de nuestros pueblos como forma de desarrollo, y atribuir su responsabilidad a los líderes políticos. Porque, en el tema de la educación sostengo que no puede surgir desde el pueblo hacia los líderes, sino desde estos hacia el pueblo. Ya Aristóteles había identificado que los que están a la cabeza del Estado deberán vigilar que la educación se mantenga pura. Para los grandes hombres, la educación de los pueblos es fundamental para el mejoramiento de las naciones:

Interesa solamente observar un punto, el único importante, o más bien el único preciso.

La educación de la juventud y de la infancia. Si nuestros ciudadanos son bien educados y se hacen hombres en regla, verán por sí mismos fácilmente la importancia de todos estos puntos y de muchos otros que omitimos aquí, (…).

En un Estado todo depende de los principios. Si ha comenzado bien, va siempre agrandando como el círculo. Una buena educación forma un buen carácter; los hijos, siguiendo desde luego los pasos de sus padres, se hacen bien pronto mejores que los que les han precedido, y tienen, entre otras ventajas, la de dar a luz hijos que les superan a ellos mismos en mérito, como sucede con los animales.

Por tanto, para decirlo todo en pocas palabras, los que hayan
de estar a la cabeza de nuestro Estado vigilarán especialmente
para que la educación se mantenga pura y, sobre todo, para que
no haga ninguna innovación ni en la gimnasia ni en la música;
(…). (Platón, 1997: 143)

Por esto, es clave el cuidado que deben tener los líderes republicanos y políticos en fomentar y promocionar la educación cívica de los pueblos para amar la democracia a través de una positiva orientación educativa y no permitir que de ella se apoderen los caudillos.

Otro de los aspectos en la educación que Platón y Aristóteles enseñaron es que la ley o lo que hoy conocemos como el Estado de derecho y la seguridad jurídica deben crear y desarrollar al hombre virtuoso en lo cívico y político. Platón insistía en el fomento de la sabiduría que tanto necesitan aprender los líderes republicanos y democráticos a través de las leyes: «(...) la sabiduría es el único objeto que debe tener en cuenta todo legislador en sus leyes» (Platón, 2008: 70).

3. ¿Qué es la democracia? El qué, el quién y el cómo…

Para entender qué es la democracia, antes debemos conocer por qué es la menos mala de las formas de gobierno. Calificación que se le atribuye debido a que, siendo el poder de las mayorías del pueblo, estas no son lo suficientemente virtuosas para incluir también a las minorías en el bien común.

Teniendo presente, además, que en la actualidad no son aceptables ni la monarquía ni la aristocracia como formas de gobierno, por ser de uno y de pocos y por su fragilidad demostrada al convertirse fácilmente en tiranía y oligarquía como las peores formas de gobierno en perjuicio de los muchos. Y porque, a pesar de no ser necesariamente virtuosos los muchos en democracia, detentando el poder se aseguran ser los poseedores de la soberanía como sinónimo del poder del pueblo, y, por lo tanto, ser la única forma de gobierno que le garantiza mantenerse libre y ser el que manda.

La democracia entonces es la única que le permite al pueblo ser libre, vivir en pluralidad de pensamiento, decidir su propio destino y elegir por mayoría a sus gobernantes, entre otros beneficios en busca del bien común. Tal como lo vimos ya partiendo del pensamiento aristotélico.

De otro lado, también Aristóteles identifica a las diferentes formas de gobierno como constituciones, o como sinónimo de ellas. Con lo que Bobbio (2006) piensa que la constitución o democracia (como sinónimo) no es mala de por sí, sino de quién y cómo se la aplica. Con lo que apoyaría mi tesis del Egoísmo Político como influencia negativa para que la democracia no cumpla su función de lograr el bien común, cuando las mayorías caen en manos de un caudillo.

En su libro *La teoría de las formas de gobierno en la historia del pensamiento político* (Fondo de Cultura Económica, México, 4ta reimpresión, 2006), Norberto Bobbio hace referencia a la teoría clásica de los seis tipos o «formas de gobierno» que Aristóteles (384-322 a. C.) clasifica en su obra la *Política,* como ya hemos visto, y que las comenta para justificar su aporte.

Bobbio (2006) introduce sus ideas sobre las tipologías de las formas de gobierno definidas por Aristóteles para explicar que las constituciones son buenas o malas dependiendo de quién gobierna y de cómo gobierna:

Es evidente que esta tipología es producto del uso simultáneo de los criterios fundamentales de quién gobierna y cómo gobierna. Si se toma en cuenta quién, las constituciones se distinguen según si el poder del gobierno reside en una sola persona (monarquía), en pocas personas (aristocracia) o en muchas (politia). Con base en el criterio de cómo, las constituciones son buenas o malas, y como consecuencia a las tres primeras formas buenas se contraponen y se agregan las tres malas —o sea, la tiranía, la oligarquía y la democracia— (2006: 34-35).

Es decir, que en el estudio de «¿qué es la democracia y por qué es la menos malas de las formas de gobierno?» debemos coincidir con Bobbio que la debemos ver como el *qué,* y no como buena o mala por sí misma, sino dependiendo de *quién* la utiliza y de *cómo* la utiliza.

Así, Bobbio nos ayuda a entender la democracia expresando un concepto único y novedoso para tratar de aplicarla adecuadamente. Es decir, que son las personas y sus métodos los que hacen un buen o mal gobierno democrático. Con lo que respaldamos nuestra visión de una democracia dependiente de quiénes gobiernan: líderes o caudillos y de cómo gobiernan: con virtudes o con vicios políticos. Ya sea para que la democracia triunfe o fracase en el logro del bien común. La diferencia está, entonces, en la práctica del desprendimiento o del Egoísmo Político.

En resumen, la democracia es un sistema político en el que el poder soberano reside en el pueblo, como una de sus definiciones teóricas fundamentales en los Estados modernos. Y para que en la práctica se haga realidad, la democracia es una forma de gobierno del Estado en el cual las decisiones colectivas son adoptadas por todo el pueblo mediante mecanismos de participación directa o indirecta que le confieren legitimidad, con lo que se garantiza lograr los objetivos que satisfacen plenamente los intereses de la sociedad que lo conforma: el bien general o bien común.

Pero en su sentido más amplio y actual en el siglo XXI, la democracia debe ser entendida como una forma de convivencia social en la que todos sus habitantes son libres e iguales ante la ley, en que sus derechos humanos son respetados y establecidos en los acuerdos internacionales y en las propias constituciones políticas de cada país.

Una verdadera democracia debe ser entendida como la justa creación y distribución de la riqueza entre todos los ciudadanos, que les garantice una vida digna. En donde la pobreza no sea el estado de la mayoría. Y en donde el conflicto estéril no sea la cortina de humo que oculte las realidades y las ineficiencias del Estado y/o de sus gobernantes.

Bien, establecido el *qué* de la democracia, y siguiendo el método propuesto, ahora vamos a definir el *quién* gobierna y *cómo* lo hace para establecer por qué la democracia es débil en su aplicación. Aún queda pendiente saber por qué la *politeia* se degenera en democracia al atender el interés de los pobres. Recordemos que Aristóteles dice en la cita que ya hicimos de *La Política*: «La tiranía es una monarquía en interés del monarca; la oligarquía, en interés de los acomodados; la democracia, en el de los necesitados: pero ninguna de ellas en el de la utilidad común» (2000: 132). La respuesta está en que ninguna de las formas degeneradas de gobierno atiende al provecho de la comunidad entera, es decir, al bien común incluyendo mayorías y minorías. En otras palabras: por atender los intereses del monarca, o de los ricos o de los pobres que detentan el poder político, no debe dejarse sin atender el bien de todos en conjunto. Esa es la razón del fracaso del caudillismo que degenera la democracia al buscar el bien de unos sobre el mal de los otros. Pero Bobbio intenta recuperar la confianza en la democra- cia cuando transcribe otra parte de lo expresado por el filósofo griego para llamar a la reflexión: «Sin embargo, la democracia es la desviación menos mala. En efecto, poco se desvía de la correspondiente forma de gobierno» (2006: 37).

Bobbio lo comenta así:

> Al establecer de esta manera el orden jerárquico, se aprecia que la máxima diferencia está entre la monarquía (la mejor constitución de las buenas) y la tiranía (la peor de las malas), y, al contrario, la mínima diferencia se encuentra entre la politia (la peor de las buenas) y la democracia (la mejor de las malas). Esto explica por qué las dos formas de la democracia pueden haber sido llamadas con el mismo nombre, ya que estando una al final de la primera serie y otra al principio de la segunda son tan parecidas que pueden confundirse. Mientras entre lo mejor y lo peor la distancia es tan grande e irresoluble, entre lo menos bueno y lo menos malo hay una vía continua que impide trazar entre uno y otro una clara línea de demarcación (2006: 37).

Nótese que Bobbio califica a la monarquía como la mejor de las buenas y a la democracia como la mejor de las malas. Pero esto es relativo a la calidad moral de sus actores, porque se asume que el monarca es un hombre bueno y generoso que gobierna a favor de sus súbditos, pero la historia de la monarquía, con honrosas excepciones, nos dice que el monarca estaba sujeto a convertirse a su voluntad en tirano para detentar todo el poder en sus exclusivas manos y explotar al pueblo condenado a la pobreza, por lo que políticamente se aspira a que la democracia sea preferible a la tiranía. Para lo que solo restaría que la voluntad de los ciudadanos decida pasar esa clara demarcación y transitar de la democracia, como la mejor de las malas formas de gobierno, hacia la constitución como poder de muchos para el bien de todos.

No obstante, aún debemos ampliar el papel que juega el interés de los pobres, como causa de la degeneración en la que cae la democracia, según Aristóteles. Cuando, según su pensamiento, los demagogos descuidan el interés general por favorecer a la mayoría compuesta por los pobres en contra de la minoría constituida por los ricos. En base a las decisiones políticas de quienes son elegidos en las urnas mayoritariamente para que representen al pueblo y gobiernen en su nombre. La clave está entonces en saber *quién* la usa y *cómo* usa la democracia para beneficiar a todos o para mantener el conflicto entre pobres y ricos.

Quién y cómo se usa la democracia

Para analizar quién y cómo se usa la democracia, que es en donde realmente se da la diferencia entre una mala y una buena democracia, es oportuno volver al pensamiento de Aristóteles, quien dice en *La Política*:

> Lo que distingue entre sí la democracia y la oligarquía es la pobreza y la riqueza. Inevitablemente, pues, dondequiera se gobierne por riqueza, sean pocos o muchos, ésta es una oligarquía, y dondequiera gobiernen los pobres, democracia. Pero acontece que, como hemos observado, aquellos son menos y estos son más. Pues pocos están en prosperidad, todos en cambio participan de la libertad: por estas razones los dos se disputan el poder de la polis (2000: 134).

Pensamiento que dice con toda claridad que al ser los pobres la mayoría, son el *quién* usará la democracia para su beneficio. De esta manera son ellos quienes en la democracia representativa elegirán a quien gobernará en su nombre y dispondrá de *cómo* hacerlo; así de concreto. Pero como hemos visto ya, si el interés de los pobres es el que tiene prioridad de atención, no necesariamente se da el interés general, si el gobernante o mandatario de los pobres no aplica la más eficaz forma democrática. Al contrario, perjudicará a toda la comunidad incluyendo al mismo pueblo que lo eligió. Así, Aristóteles tendría razón en sus dos pensamientos.

Ahora bien, ¿significa esto que la democracia no debe atender el interés de los pobres? ¿O que la democracia no debe aplicarse porque la mayoría es pobre en algunos países? La respuesta es no, porque Aristóteles más adelante se refiere a los demagogos que engañan a los pobres exacerbando sus inquietudes para luego destruir la democracia con el ejercicio del poder errático en un ambiente de conflicto permanente.

Es importante ir anotando que la democracia es una forma de gobierno débil por obedecer al interés de la mayoría que, siendo masa, según Aristóteles, no es posible humanamente asegurar que todos sus componentes sean virtuosos. Con esto se corrobora el pensamiento de que una mayoría mal conducida es perjudicial para la democracia, por lo que debe convivirse bajo el respeto de una constitución y de la ley que imprima la soberanía del pueblo y a la vez esté sobre el pueblo en la toma de decisiones políticas para evitar los excesos del igualitarismo demagógicamente explotado por el caudillo. Aristóteles dice que es la ley democrática en la que se basa la igualdad entre estas dos clases, para que no exista ventajas ni para los ricos ni para los pobres en contra de la otra:

> Primera forma de democracia, pues, se llama la que estrictamente se basa en la igualdad. La ley, de tal democracia hace consistir la igualdad en que en nada se aventajan ni los pobres ni los ricos, ni sea superior ninguno de los dos, sino exactamente iguales ambos (2000: 175).

He allí la importancia de legislar y gobernar para todos, ya sean los pobres la mayoría y los ricos la minoría, por lo que Aristóteles también dice que debe achacarse a los demagogos la agitación de la democracia en su beneficio; lo que para nosotros es en otras palabras la intención del caudillo demagogo al ejercer el Egoísmo Político mintiendo al pueblo.

Aristóteles lo expresa de esta manera:

> Parece que todas las revoluciones en la democracia se deben de achacar a los demagogos, por su interés en agitar la politeia en provecho propio delatando a los ricos, por una parte, y, por otra, concitando a las muchedumbres contra la alianza que han hecho los ricos para defenderse (2000: 175).

Así, entonces, la democracia se fundamenta en la igualdad y la convivencia pacífica entre ricos y pobres amparados mutuamente por las leyes y no por las revoluciones. El gobernante debe mantener con su virtud esa armonía. No se trata de concluir que por atender el bienestar general, los pobres no deberían tener el poder ni atender sus intereses, sino que la sociedad debería ser más justa y promover las oportunidades para que los pobres opten por salir de la pobreza y convertir a la sociedad en una: cuya mayoría (ojalá todos) tenga una vida digna que defender, y que garantice la «gobernabilidad democrática»; es decir, que la mayoría de pobres se convierta en mayoría de ciudadanos viviendo dignamente, o en palabras mejor entendidas: en una sociedad sin pobreza para que la democracia no se degenere, porque todos tienen un patrimonio que cuidar y son visibles en la sociedad.

Y para ayudarnos a clarificar el *quién* gobierna en democracia y el *cómo* lo debe hacer, recurrimos nuevamente a Aristóteles. Este le asigna al gobernante la mayor responsabilidad que al mismo pueblo la obligación de ser prudente para liderar el cuidado de la democracia mandando y obedeciendo cumplidamente:

Mas, ¿podría coincidir en alguno la virtud del ciudadano cabal y del varón justo? Responderemos que el gobernante recto debe ser bueno y prudente, y que el ciudadano no tiene que ser necesariamente prudente (...).

Si la virtud del buen gobernante y la del hombre de bien es la misma, y es ciudadano también el gobernado, no puede ser siempre una misma la del ciudadano particular. La del gobernante y del ciudadano difieren (...)

Pero se elogia a quien es capaz de mandar y obedecer. La virtud de un ciudadano cabal, parece, es que pueda mandar y obedecer cumplidamente (2000: 124-125).

Por lo que insisto en la necesidad de que un gobernante sea virtuoso, aunque su mismo pueblo no lo sea. Una vez más se remarca la importancia de los líderes republicanos y democráticos en la palestra política, para gobernar con la virtud y no con el vicio político. La virtud del gobernante y la del hombre de bien es la misma y la virtud de un ciudadano cabal es su capacidad para mandar y obedecer.

¿Por qué la democracia no ha erradicado el atraso y la pobreza?

Una vez que dejamos claro que los pobres tienen el poder de elegir al gobernante por ser la mayoría, me propongo responder a esa eterna interrogante que nos plantea ¿por qué la democracia no ha erradicado el atraso y la pobreza?

Por una parte, también es claro que todo gobernante debe ser un ciudadano cabal. En especial debe ser virtuoso, varón justo y prudente, aunque el ciudadano no lo sea. Incluyendo en los posibles defectos ciudadanos la falta de cultura política para evitar caer en el engaño del discurso demagógico del caudillo. Pero, por otra parte, como razón adicional y fundamental para que la democracia haya sido estéril en lograr la justicia social a favor de los pobres es que el pueblo no gobierna directamente, sino a través de los políticos profesionales.

La democracia, en efecto, por razones prácticas no permite que el pueblo ejerza su soberanía de manera directa. Debido a que es imposible que todo el pueblo en conjunto legisle, gobierne y aplique las leyes. Para estas funciones del poder político la democracia genera por sí misma una subclasificación que pasa a ser el *cómo gobernar*. Así, existe la democracia indirecta o representativa como el principal tipo de gobierno. Al margen de la democracia directa y participativa que se da cuando el mandatario, los legisladores o el mismo pueblo decide pronunciarse a través de las urnas mediante la consulta popular, referéndum o plebiscito.

Dicho sea de paso y para que no queden en el vacío los conceptos anotados, quisiera agregar que la consulta popular, el referéndum y el plebiscito, así como la revocatoria de mandatos de las autoridades que hace el pueblo, tienen cada una sus normas y sus consecuencias jurídicas diferentes, con algunas variaciones entre las constituciones de uno y otro país. Pero, básicamente, para escuchar la voz del pueblo, la consulta popular es la opinión ciudadana que una determinada autoridad (en democracia participativa) o el mismo pueblo (en democracia directa) solicita sobre un aspecto específico de interés nacional, regional o local, que obliga a la autoridad a traducirla en acciones concretas. El referendo es la consulta que se hace al pueblo acerca de un texto normativo ya formalizado para que se pronuncie afirmativa o negativamente. Y el plebiscito, en las constituciones en que se lo incluye, es el pronunciamiento que la autoridad le solicita al pueblo acerca de una decisión fundamental para la vida del Estado y de la sociedad en general.

Es obvio pensar que muy difícilmente un caudillo político consultará al pueblo sobres sus decisiones a través de la democracia directa y participativa. Considerando que ni siquiera lo establecido en la constitución y en las leyes merecen su respeto de acuerdo con su manera de pensar y actuar en la democracia representativa. De la que inherentemente dispone como de su propiedad, por lo que a su singular arbitrio la usará para tomar sus propias decisiones a espaldas del pueblo. A diferencia de un líder democrático y republicano, que usará la democracia directa o participativa como el complemento ideal para legitimar sus decisiones, el caudillo carismático la usará para pedirle al pueblo el poder absoluto para él y para su grupo selecto de gobierno, convirtiéndola así en una herramienta caudillista muy peligrosa, aunque aparentemente democrática. Con lo que la democracia y sus categorías, tanto la representativa como la directa y participativa, quedan anuladas para resolver los problemas de atraso y pobreza al perderse la voz del pueblo.

Lo que ya había sido previsto por Max Weber, quien estudió este fenómeno político y publicó sus observaciones en su libro *Democracia plebiscitaria del líder* (1908), en el que observó que de tiempo en tiempo se facilitan a la ciudadanía amplios mecanismos *plebiscitarios*; como las consultas populares, que a la larga otorgan el poder absoluto generando caudillos que dicen saber cómo hacer realidad lo que le interesa al pueblo y, por lo tanto, deciden por él; como una forma de gobierno que termina también en degeneración cuando el caudillo se cree con derecho a decidir por el pueblo pensando que tiene en sus manos, además del poder político representativo, también la voluntad y libertad del pueblo. En consecuencia, el pueblo será una mayoría de pobres buscando plebiscitariamente un caudillo que les permita salir de la pobreza. Paulatinamente, el caudillo se convertirá en el soberano, gobernando según su entender y arbitrio «en nombre del pueblo», aplicando la democracia que considera conocer. Basado en la «reivindicación» de los pobres, tomará medidas que, según Aristóteles, no necesariamente serán de «provecho de la comunidad»; entendiéndose comunidad como el conjunto de la sociedad sin ningún distingo ni discriminación.

La democracia y el contrato social

Ante la existencia del caudillo totalitario, ni el contrato social limita y modera su conducta arbitraria. De tal manera que ni siquiera el contrato social de Rousseau puede en esas circunstancias controlar al caudillo y a la mayoría que lo apoya, cuando estos usan los mismos elementos supuestamente democráticos para irrespetar la constitución, las leyes y reglamentos; para apoderarse del poder absoluto y perennizarse en él, conculcar los derechos humanos, el control popular y la igualdad ante las leyes. Aristóteles describe a esta forma de democracia bajo la influencia de un demagogo, como similar a la de una tiranía popular bajo el influjo de un adulador:

Otra forma aún de democracia, en otros aspectos la misma, es donde el pueblo es soberano y no la ley. Esto se produce cuando los decretos de la asamblea popular u otros cualesquiera son soberanos, no la ley. Lo cual sucede por causa de los demagogos. Porque en los regímenes democráticos de acuerdo con la ley, no existen demagogos, sino que los ciudadanos mejores están en los primeros puestos. Donde, empero, las leyes no son soberanas, ahí brotan los demagogos. El pueblo es entonces un monarca compuesto de muchos miembros, porque son muchos con el poder en las manos, no como individuos sino colectivamente (...).

De todas maneras, el pueblo, como si fuera un monarca, trata de gobernar monárquicamente al no sujetarse a la ley, y se convierte en un déspota, al paso que los aduladores son honorificados. Una democracia de esta naturaleza es análoga a la tiranía entre las monarquías. Su espíritu es idéntico; uno y otro tratan despóticamente a los mejores; los decretos del pueblo son como los edictos de los tiranos; el demagogo en el uno y el adulador en el otro son análogos.

Pero, sobre todo, unos y otros en una y otra forma de gobierno tienen grande influjo, los aduladores con los tiranos, los demagogos con esta clase de pueblo (2000: 176-177).

Seguramente, para evitar esta forma de participación democrática en manos de un caudillo, Abraham Lincoln en su discurso de Gettysburg en el año 1863, definió claramente la democracia, caracterizándola como el «gobierno, del pueblo, por el pueblo y para el pueblo». Es decir, un concepto claro en que el pueblo jamás cede en absoluto su libertad, su voluntad y su destino, y que recupera el poder político, si el gobernante no corresponde a sus expectativas. Lo que mantiene siempre al pueblo, como el mandante y al gobernante como su obediente, no a la inversa. Una aspiración que no siempre se concreta, y que al contrario termina perjudicando a ese mismo pueblo que dice defender en lo económico y social.

Todas estas reflexiones nos llevan a plantearnos otra interrogante: ¿qué hace falta para asegurar que los gobernantes hagan buen uso de la democracia? Y es precisamente su respuesta la que intentamos promover en esta obra, y la vez, esperando que cada uno de los líderes virtuosos revisen permanentemente los principios democráticos para evitar el Egoísmo Político.

Asimismo, es una reflexión para todos los ciudadanos, para replantear los valores democráticos y elevar la conducta política. Tanto aquellos que han logrado el privilegio de una vida digna, como los que honestamente aspiran ejercer su derecho de mejorar su nivel de vida, dejando en el olvido la pobreza. Los primeros, apartándose de la permisividad, indiferencia y el silencio como expresión de su propio Egoísmo Político, planteándose la pregunta «¿qué puedo hacer para contribuir en la creación de oportunidades a favor de los menos poseídos?». Y los menos poseídos, luchando por una vida digna, pero conociendo que su poder debe ser adecuadamente orientado, no por el revanchismo, sino por la concertación. Luchando todos en unidad, orden y paz contra la impunidad, la corrupción y la ineficiencia pública y privada. Determinando todos en conjunto en el que una verdadera democracia se fundamenta en el bien general, o en el bien común o en el buen vivir, como quieran denominarlo. Palabras más o palabras menos: en saber elegir y ser elegidos para convivir en democracia.

Su participación como lector activo y como ciudadano participativo es importante para el buen ejercicio de la democracia. Sabiendo qué es la democracia, pero también enterados que su perfeccionamiento depende de quién la usa y cómo la usa. En definitiva: elevando el nivel de la cultura política para vivir en comunidad.

4. La democracia, la libertad y la convivencia en unidad, orden y armonía

En este apartado intentaré ampliar el concepto del contrato social que Jean Jaques Rousseau (1712-1778) introdujo como forma armónica de convivencia en una sociedad legítima y que de paso mencioné en el apartado anterior. Antes hay que aclarar que históricamente debemos ubicarnos en el momento que desarrolló este concepto, para entender por qué exageró, según sus críticos, en la obediencia que el pueblo le debía a la autoridad política si así lo decidía mayoritariamente, al someterse a la autoridad del soberano y que este pueda violentar la ley. Su libro *El Contrato Social* lo publicó en 1762 y para graficar su posición política, basta anotar lo que dice en el libro tercero sobre las prerrogativas que tendría el Gobierno para conservar el Estado ante

las dificultades que puedan alterar la constitución general: «(...)
que distinga siempre su fuerza particular destinada a su propia
conservación de la fuerza pública destinada a la conservación
del Estado y, en una palabra, que siempre esté preparado a sacrificar el gobierno al pueblo y no el pueblo al gobierno» (Rousseau, 1762/2012: 98).

Aparte de esto, para que la democracia sea efectiva, la comunidad debe convivir en unidad, orden y armonía, donde se
proteja la vida, la libertad y la propiedad del individuo. Beneficios ciudadanos que nos lleva a Rousseau, quien, después de
reflexionar sobre las dificultades de la humanidad para con-
servarse en estado de naturaleza, concluyó que los humanos
deciden libremente asociarse en una comunidad para sumar sus
fuerzas, a fin de protegerse mutuamente y vencer la resistencia
de los que no se hayan asociado. Pero, «siendo la fuerza y la
libertad de cada hombre los principales instrumentos para su
conservación», se pregunta: «¿cómo podría comprometerlas sin
descuidar las atenciones que se debe a sí mismo?».

Rousseau responde a su pregunta de esta manera:

> Esta dificultad, relacionándola con mi tema, puede enun-
> ciarse en estos términos:
> Encontrar una forma de asociación que con la fuerza común
> defienda y proteja a la persona y los bienes de cada asociado,
> y por la cual cada uno, uniéndose a todos, no obedezca sino a
> sí mismo y permanezca tan libre como antes. Tal es el pro-
> blema fundamental, al cual el contrato social da la solución
> (1762/2012: 21).

Nótese que la libertad individual no se endosa para garantizar
la seguridad de vivir en comunidad y esta no debe exigir al individuo que renuncie a su libertad.

Más adelante, Rousseau agrega:

> En fin, como cada uno dándose a todos no se da a nadie, y como no hay un asociado sobre el cual no se adquiera el mismo derecho que se le cede sobre uno mismo, se gana el equivalente de todo lo que se pierde y más fuerza para conservar lo que se tiene (1762/2012: 22).

Con lo que ahora pasa a relacionar su pensamiento con los de Aristóteles y Platón, aunque no los menciona:

> Por lo tanto, si se aparta del pacto social lo que no es de su esencia, encontraremos que se reduce a estos términos: «Cada uno de nosotros pone en común su persona y todo su poder bajo la suprema dirección de la voluntad general, y recibimos en cuerpo cada miembro se considera como parte indivisible del todo».
>
> Al instante, en lugar de la persona particular de cada contratante, este acto de asociación produce un cuerpo moral y colectivo compuesto de tantos miembros como votos tiene la asamblea, el cual recibe, por este mismo acto, su unidad y su yo común, su vida y su voluntad. Esta persona pública que se constituye por la unión de todas las otras, antes se llamaba *Ciudad*, pero ahora lleva el nombre de *República* o *cuerpo político*, al cual sus miembros denominan *Estado* cuando es pasivo, *soberano* cuando es activo, y *Poder* en comparación con sus semejantes: En cuanto a los asociados, colectivamente toman el nombre de *pueblo*, particularmente el de *ciudadanos*, cuando participan de la autoridad soberana y *súbditos*, cuando están sometidos a las leyes del *Estado*. Pero estos términos a menudo se confunden y se toman el uno por el otro; basta saber distinguirlos cuando se utilizan en toda su precisión (1762/2012: 22-24).

Estos son los dos más grandes aportes de Rousseau para el tema que nos ocupa. Primero incorporar el contrato social como un instrumento que permita a la comunidad salir del estado de naturaleza a uno de convivencia ordenada en una sociedad legítimamente constituida. Segundo, esclarecer una serie de conceptos necesarios para entender la conformación de los Estados: plantea que son sinónimos *Ciudad* o *polis* y *comunidad* de Aristóteles con la *República* y *Estado* o *cuerpo político* de Platón; denomina al cuerpo político y sus sinónimos, como *Estado* cuando es pasivo, *soberano* cuando es activo y *Poder* en comparación con sus semejantes; y, finalmente, denomina a los asociados *ciudadanos* cuando participan de la *autoridad soberana* y *súbditos* cuando están sometidos al *Estado*.

Igualmente, queda establecido que la idea del contrato social de Rousseau no se limitó a garantizar los derechos humanos que habían sido conculcados por las monarquías y aristocracias en sus formas de tiranía y oligarquías, sino que exageró la reglamentación y el sometimiento del pueblo al Gobierno, en una época en que era víctima de los vejámenes más inhumanos que se registra en la historia.

Más adelante veremos que un contrato social o constitución en los tiempos modernos debe limitar al Estado y no al ciudadano para que dure. Prueba de esto es el error que cometió Maximillian Robespierre (1758-1794) en la Revolución francesa en 1789 al seguir la orientación de Rousseau y exagerar su celo por la revolución imponiéndose sobre los mismos ciudadanos que había liberado de la corona francesa y de las injusticias cometidas por los monarcas durante varios siglos. Robespierre admiraba a Rousseau, por lo que intentó corregir los errores del antiguo régimen, convirtiendo a Francia en un escenario de sangre durante los primeros años revolucionarios, plasmando un ideario de terror en la Constitución jacobina del 24 de junio de 1793. Se dictó el 22 de agosto de 1795 una nueva, mucho más democrática por su carácter diferente conocida como *Thermidor* porque dio término a la revolución y dio inicio verdaderamente a una vida republicana, después de la ejecución de Robespierre en la guillotina el 28 de julio de 1794 (McPhee, 2016: 336).

Régis Deshorties (referenciado por McPhee) ofreció su punto de vista al enterarse de la ejecución de Robespierre:

> De modo que el hombre que durante tanto tiempo ha transitado la senda del patriotismo más incorruptible ya no está (...). Al considerarse el más ilustrado de sus compatriotas, Robespierre creía que se le tenía que permitir escoger los medios por los que más adecuadamente podía servirlos. Un hombre de genio está hecho por naturaleza para guiar a los demás; pero si en un país emplea medios contrarios a la libertad es un traidor, aun cuando sea para salvar a la patria (McPhee, 2016: 336).

Sin embargo, a pesar del cambio de constitución de una revolucionaria de 1793 a una republicana de 1795, ya el daño estaba hecho. Prueba de esto: a continuación, voy a introducir una breve historia de la Revolución francesa vista por Alexis de Tocqueville y referida por Aguilar (2008) que nos demuestra el error de las constituciones revolucionarias que, en vez de devolver el poder al pueblo en el menor tiempo posible, se apoderan del poder político como ha pasado con los Gobiernos revolucionarios que han fracasado. Esto a pesar de tener la intención de lograr la justicia para el pueblo luchando contra los oprobios que el viejo régimen monárquico ejerció.

5. Breve historia de la Revolución francesa como reflejo del Egoísmo Político de los caudillos autoritarios

La controversia y la desmitificación de la Revolución francesa para establecer si realmente fue un hecho real por la libertad, igualdad y fraternidad, como es su lema, ha requerido en el siglo XX y hasta la fecha en el siglo XXI la escritura de varios volúmenes con diferentes visiones de politólogos de todas las tendencias políticas. En este libro no desarrollaré en profundidad este tema controversial, por no ser su objeto. Pero sí tomaré lo pertinente como un ejemplo de que el Egoísmo Político de las ideologías radicales llega a destruir incluso las buenas intenciones de las revoluciones que buscan la reivindicación de los derechos del pueblo ante las injusticias que ha sufrido en manos de los regímenes derrocados. Porque más allá del entusiasmo y del idealismo, no tienen un derrotero cierto que aglutine los intereses de todos sus actores que piden con urgencia un cambio de situación socioeconómica para justificar la revolución. Y, al no poder responder de inmediato, la misma revolución anula a mediano y largo plazo los alcances de corto plazo. Así, sus logros duran mientras vive el espíritu de exaltación de los sentimientos con los que suelen alcanzar el poder o mientras duran las fuentes económicas obtenidas en la revolución de manos de los poderosos del anterior régimen. Luego de esta etapa, el descontrol y la división de criterios lleva al debilitamiento de la unidad y lealtad de los revolucionarios.

No obstante, se debe entender que las revoluciones son reacciones, aunque a veces incontroladas, ante las injusticias cometidas previamente por los mandatarios derrocados. Robespierre, (referenciado por McPhee) en uno de sus discursos previos a la Revolución francesa, apelaba a la sensibilidad de Luis XVI «para propiciar un reinado de virtud que convirtiera a Francia en la tierra escogida por Dios» (McPhee, 2016: 104).

McPhee (2016) agrega: «El largo y emotivo discurso de Robespierre ante el tribunal fue sobre todo una súplica a Luis XVI ante la situación que se vivía en 1789, en el que su papel sería»:

> Conducir a los hombres a la felicidad, a través de la virtud, y a la virtud a través de una legislación fundada en los principios inmutables de la moral universal (...). Fijad la mirada más allá del resplandeciente círculo de cortesanos que ocultan a los príncipes de la vista de los hombres, más allá de esos majestuosos palacios que ocultan las granjas de su vista y mantienen en la desesperación a los artesanos, a los trabajadores... *al pueblo*, tan sagrado y majestuoso a los ojos de la razón, siempre obligado, por la pobreza excesiva, a olvidar la dignidad del hombre y los principios de la moral (McPhee, 2016: 104-105).

Pero los oídos de Luis XVI y sus cortesanos fueron sordos ante el clamor de Robespierre en representación de un pueblo injustamente gobernado.

Por lo que la Revolución francesa fue un conflicto no solo político, sino social con graves periodos de violencia que llevó a Francia a una situación más deplorable que antes provocada por las injusticias previas, tal como sucedió con las revoluciones que inspiró en otros Estados europeos. Y yo agregaría aún en las excolonias europeas en América desde México hasta Argentina, donde ni siquiera en el siglo XXI nos hemos puesto de acuerdo en el sistema político, económico y social que más nos conviene.

Lo sucedido en las excolonias europeas en América y África incluso es muy similar a lo que sucedió en la Revolución francesa: positivo por acelerar y promover el restablecimiento de la soberanía para el pueblo, pero negativo por la falta de concreción de sus ideales de paz y convivencia en cooperación social a largo plazo. Los revolucionarios han pretendido incluso «refundar las naciones» sin distinguir entre lo malo y lo bueno de los anteriores regímenes, más enfocados en el revanchismo y en la toma del poder político guiados por sentimientos negativos. Lo que lleva a plantear una serie de interrogantes para reflexionar si las revoluciones son producto de una dictadura premeditada o son producto de visionarios abnegados.

McPhee como biógrafo moderno de Robespierre, seguramente conocedor de las experiencias extremas del siglo XX, plantea en la introducción de su libro *Robespierre, una vida revolucionaria*, algunas interrogantes que deben servir para la reflexión y para el debate*:*

> ¿Fue Robespierre el primer dictador moderno, inhumano y fanático, un obseso que utilizó el poder político para tratar de imponer un ideal rígido de una tierra de «virtudes» espartanas? ¿O fue un visionario abnegado y con principios, el gran mártir revolucionario que consiguió conducir a la Revolución Francesa y a la República a un puerto seguro ante los abrumadores reveses militares? ¿Fueron las restricciones de las libertades individuales y las detenciones y ejecuciones masivas de la época del «Terror» del año II (1793-1794) el precio que hubo que pagar para salvar la Revolución? ¿O fue ese año un período espantoso de muertes, encarcelamientos y privaciones innecesarias? (McPhee, 2016: 23).

Cualquiera que sea la posición política de quien intente responder a estas interrogantes, seguro que tendrá presente las causas que llevaron a efecto la Revolución bolchevique en Rusia, así como la cubana. Ante las injusticias del régimen monárquico de los zares en el primero y de la dictadura de Fulgencio Batista en el segundo. Pero lo que a continuación debemos responder es si ambas revoluciones tuvieron un derrotero cierto para llegar a feliz puerto y reparar las injusticias cometidas previamente contra el pueblo liberado, o si mantuvieron en sus manos la libertad del pueblo a nombre de la defensa de la revolución. En ambas experiencias, quienes las propiciaron ¿eran dictadores o abnegados revolucionarios?

El caso de la Revolución francesa se inició con la autoproclamación del Tercer Estado en la Asamblea Nacional de 1789 y finalizó con el golpe de Estado ejercido por Napoleón Bonaparte en 1799. En total, solo duró diez años plagados de terror y de permanentes luchas intestinas, porque su organización política no logró unificar criterios y fue de banda a banda entre república, imperio y monarquía constitucional, tratando de encontrar la mejor fórmula para la administración del poder político al no tener un camino cierto. En la práctica, la tiranía solo pasó de unas manos a otras finalmente, incluso para mayor despotismo, según varios autores. El Egoísmo Político de las ideas radicales tiene en la Revolución francesa a su máximo exponente en el siglo XVIII.

Alexis de Tocqueville (referenciado por Aguilar), en su ensayo escrito en 1830 sobre el «Estado social y político de Francia antes y después de 1789» es el que mejor resume la paradoja acerca de lo que fue la Revolución francesa que únicamente aceleró el proceso de manera violenta y rápida con cosas accesorias, pero que mantuvo la continuidad de la tiranía que la Revolución escondió, sin saberlo, bajo una apariencia de ruptura, no sin antes reconocer la novedad o aceleración de algunos cambios positivos, pero que igualmente se hubieran dado sin revolución según Tocqueville.

Sobre estos temas, Tocqueville escribió:

> Indudablemente jamás hubo revolución más poderosa, más rápida, más destructiva y más creadora que la Revolución Francesa. Constituiría, no obstante, un error inaudito creer que

haya surgido un pueblo francés enteramente nuevo y que se haya elevado un edificio cuyas bases no existían antes de ella. La Revolución Francesa ha creado una multitud de cosas accesorias y secundarias, pero no ha hecho más que desarrollar el germen de las cosas principales, pues éstas existían antes que ella. Lo que hizo fue reglamentar, coordinar y legalizar los efectos de una gran causa, más que ser ella misma esa causa.

En Francia, las condiciones estaban más niveladas que en ningún otro sitio. La Revolución aumentó esa igualdad de condiciones e introdujo en las leyes la doctrina de la igualdad. La nación francesa había abandonado, antes y más completamente que todas las demás, el sistema de fraccionamiento y de individualismo feudal de la Edad Media. La Revolución acabó de unir todas las partes del país y de formar un solo cuerpo.

En Francia el poder central ya se había apoderado, más que en ningún país del mundo de la administración local. La Revolución hizo ese poder más hábil, más fuerte, más emprendedor. Los franceses concibieron, antes, y más claramente que todos, la idea democrática de la libertad. La Revolución dio a la nación misma, si bien no toda la realidad, al menos toda la apariencia del poder soberano.

Si estas cosas son nuevas, lo son por la forma, por el desarrollo, no por el principio ni por el fondo.

Estoy seguro de que todo lo que hizo la Revolución también se habría hecho sin ella. La Revolución no fue más que un procedimiento violento y rápido, con cuya ayuda se adaptó el estado político al estado social, los hechos a las ideas, y las leyes a las costumbres (Aguilar, 2008: 51-52).

Y sobre la degeneración de los principios revolucionarios, Tocqueville, poco antes de su prematura muerte a los 51 años de edad, escribió en su libro *El Antiguo Régimen y la Revolución* en 1859 (referenciado por Aguilar):

> Comenzaré recorriendo con ellos [los lectores] esa primera época de 1789, en la que el amor a la igualdad y el amor a la libertad se reparten el corazón; esa época en que no sólo quieren fundar instituciones democráticas, sino instituciones libres; cuando no sólo anhelan destruir privilegios, sino reconocer y consagrar derechos; tiempo de juventud, de entusiasmo, de orgullo, de pasiones generosas y sinceras; épocas que a pesar de sus errores vivirá eternamente en la memoria de los hombres, y que por mucho tiempo todavía perturbará el sueño de quienes pretendan corromperlos y sojuzgarlos.
>
> Siguiendo rápidamente el curso de esa misma revolución, trataré de exponer los acontecimientos, errores y desengaños que indujeron a esos mismos franceses a abandonar su primer objetivo y a desear sólo ser siervos iguales del amo del mundo olvidándose de la libertad. Cómo se implanta un gobierno más fuerte y mucho más absoluto que el que la Revolución había derribado, que concentra en su mano todos los poderes, suprime todas aquellas libertades a tan alto precio conquistadas, poniendo en su lugar vanas sombras de ellas; que llama soberanía del pueblo a los sufragios de electores que no pueden ilustrarse, concertarse o elegir, y votación libre de los impuestos al asentimiento de asambleas mudas y sojuzgadas; y que, al mismo tiempo que arrebata a la nación la facultad de gobernarse, las principales garantías del derecho, la libertad de pensar, de hablar y de escribir, es decir, lo más precioso y más noble de las conquistas del 89, se sigue ufanando de ellas (Aguilar, 2008:53-54).

¿Quién más que Alexis de Tocqueville, como francés, para reconocer lo innecesario y errado de una revolución cuando de los anhelos iniciales de igualdad, libertad y fraternidad terminan en un nuevo despotismo como sucedió con la Revolución francesa? He allí una serie de mensajes que dejó para la eternidad. En otra parte de su libro, Aguilar (2008) hace referencia a lo escrito por Tocqueville en su obra más importante, *La Democracia en América,* cuando dice:

> Una de las primeras inclinaciones «sumamente peligrosas» (Democracia en América, I, 273) tiene que ver con la posibilidad de que un **igualitarismo** extremo («un afán depravado de igualdad», dice Tocqueville), conduzca a los hombres a preferir «la igualdad en la servidumbre a la desigualdad dentro de la libertad», riesgo que los norteamericanos estaban en mejores condiciones de sortear gracias a «las circunstancias, el origen, la ilustración sobre todo las costumbres» (Aguilar, 2008: 126).

Ya Tocqueville se dio cuenta de la diferencia fundamental que se dio entre la Revolución francesa y la revolución de lo que hoy es Estados Unidos. En especial en el tema de la igualdad entre los ciudadanos, entre un igualitarismo extremo o afán depravado de igualdad que lleva a preferir la igualdad dentro de la servidumbre a la desigualdad dentro de la libertad y una igualdad guiada por la ilustración.

En conclusión, en los tiempos modernos la constitución de la república es un convenio libre y voluntario con el que se comprometen los ciudadanos a cumplir sus normas para alcanzar el bien común en democracia. Pero este compromiso debe basarse en las costumbres de los ciudadanos, en el respeto al ser humano y no exagerar con elementos accesorios que solo complican el logro de las intenciones, como el igualitarismo que Tocqueville denuncia por depravado y que generó violencia en la Revolución francesa. Así, la democracia, como débil forma de gobierno, debe ser perfeccionada y no complicada por la constitución para permitir el gobierno de muchos en beneficio de todos o del bien común. No puede utilizarse la constitución para plasmar en su texto actitudes de odio y de revancha. Esas constituciones no podrán durar en el tiempo. Solo permanecerán vigentes mientras la minoría no pueda reaccionar, pero cuando lo pueda hacer, volverá el borrón y una cuenta nueva, ahora a favor de los que antes eran minorías. Y así hasta el infinito, mientras el pueblo como mandante se acostumbra a la inestabilidad política, a la desinstitucionalización democrática y al atraso y pobreza como consecuencia.

De aquí surge la pregunta: ¿es posible que todos los países cuenten con una democracia representativa liderada por sabios para hacer realidad el bien común, o la democracia está en retirada? Mucho más cuando cada vez se escucha que la democracia está en crisis.

6. ¿Está en crisis la democracia?

Si los humanos no diéramos cabida al Egoísmo Político que se ha apoderado del poder político en los países pobres, la democracia no debería estar en crisis jamás. Sin embargo, el caudillismo no solo ha encontrado cabida en los países pobres, sino también de tiempo en tiempo en los países ricos, con la aparición de nuevas generaciones de políticos sin antecedentes virtuosos que desafían permanentemente a la institucionalidad democrática y al Estado de derecho, con lo que se configura la preocupación del riesgo de una crisis universal de la democracia, siempre remarcada por la opción escogida por los caudillos y el retiro y la escasez de los líderes republicanos y democráticos del mundo.

Una de las máximas pruebas es que luego de la Segunda Guerra Mundial se firmó la Declaración Universal de los Derechos Humanos, adoptada por la Asamblea General de las Organización de las Naciones Unidas, ONU, el 10 de diciembre de 1948, precisamente para evitar una Tercera Guerra Mundial, pero ¿qué hacen los demagogos actualmente? ¿La respetan o no?

En esa declaración firmada por los grandes líderes mundiales de la mayoría de países se detalla una lista de derechos humanos considerados no negociables. Con estos la democracia estaría fortalecida cumpliendo su misión como acción humana, y el bien común sería una realidad si fueran realmente respetados.

A continuación, incluyo un extracto de los artículos que considero pertinente para el objeto de este libro. El documento completo lo adjunto como anexo en las páginas finales.

En el preámbulo se lee que para evitar la barbarie cometida en la Segunda Guerra Mundial la ONU aprobó y proclamó la Declaración Universal de Derechos Humanos y dispuso como un mandato que su texto fuera: «distribuido, expuesto, leído y comentado en las escuelas y otros establecimientos de enseñanza, sin distinción fundada en la condición política de los países o de los territorios».

Entre los considerandos se manifiesta que:

> La libertad, la justicia y la paz en el mundo tienen por base el reconocimiento de la dignidad intrínseca y de los derechos iguales e inalienables de todos los miembros de la familia humana; que el desconocimiento y el menosprecio de los derechos humanos han originado actos de barbarie ultrajantes para la conciencia de la humanidad, y que se ha proclamado, como la aspiración más elevada del hombre, el advenimiento de un mundo en que los seres humanos, liberados del temor y de la miseria, disfruten de la libertad de palabra y de la libertad de creencias; [que es] esencial que los derechos humanos sean protegidos por un régimen de Derecho, a fin de que el hombre no se vea compelido al supremo recurso de la rebelión contra la tiranía y la opresión; universales y efectivos, tanto entre los pueblos de los Estados Miembros como entre los de los territorios colocados bajo su jurisdicción (ONU, 1948).

De entre sus artículos destaco algunos que si fueran respetados garantizarían una convivencia armónica en todas las comunidades del mundo para evitar una nueva aventura bélica que podría desaparecer a la humanidad con las armas sofisticadas de destrucción masiva que hoy existen. Paradójicamente, algunos caudillos de postguerra y del siglo XXI al parecer desconocen lo que sus antecesores firmaron. Creen que ellos no deben respetar los derechos humanos y como caudillos que son creen estar sobre los tratados internacionales y apelan a su vigencia solo cuando les conviene.

A continuación, transcribo un extracto en relación con las libertades y a los dones que corresponden a los temas que en este libro planteo como derechos a defender en democracia:

Todos los seres humanos nacen libres e iguales en dignidad y derechos y, dotados como están de razón y conciencia, deben comportarse fraternalmente los unos con los otros. Toda persona tiene todos los derechos y libertades proclamados en esta Declaración, sin distinción alguna de raza, color, sexo, idioma, religión, opinión política o de cualquier otra índole, origen nacional o social, posición económica, nacimiento o cualquier otra condición. Todo individuo tiene derecho a la vida, a la libertad y a la seguridad de su persona. Todos son iguales ante la ley y tienen, sin distinción, derecho a igual protección de la ley. Toda persona tiene derecho a un recurso efectivo ante los tribunales nacionales competentes, que la ampare contra actos que violen sus derechos fundamentales reconocidos por la constitución o por la ley. Nadie será objeto de injerencias arbitrarias en su vida privada, su familia, su domicilio o su correspondencia, ni de ataques a su honra o a su reputación.

La familia es el elemento natural y fundamental de la sociedad y tiene derecho a la protección de la sociedad y del Estado. Toda persona tiene derecho a la propiedad, individual y colectivamente. Nadie será privado arbitrariamente de su propiedad.

Toda persona tiene derecho a la libertad de pensamiento, de conciencia y de religión. Todo individuo tiene derecho a la libertad de opinión y de expresión; este derecho incluye el de no ser molestado a causa de sus opiniones, el de investigar y recibir informaciones y opiniones, y el de difundirlas, sin limitación de fronteras, por cualquier medio de expresión.

La voluntad del pueblo es la base de la autoridad del poder público; esta voluntad se expresará mediante elecciones auténticas que habrán de celebrarse periódicamente, por sufragio universal e igual y por voto secreto u otro procedimiento equivalente que garantice la libertad del voto. Toda persona tiene derecho a un nivel de vida adecuado que le asegure, así como a su familia, la salud y el bienestar, y en especial la alimentación, el vestido, la vivienda, la asistencia médica y los servicios sociales necesarios.

La educación debe ser gratuita, al menos en lo concerniente a la instrucción elemental y fundamental. La instrucción elemental será obligatoria. La instrucción técnica y profesional habrá de ser generalizada; el acceso a los estudios superiores será igual para todos, en función de los méritos respectivos. La educación tendrá por objeto el pleno desarrollo de la personalidad humana y el fortalecimiento del respeto a los derechos humanos y a las libertades fundamentales. Los padres tendrán derecho preferente a escoger el tipo de educación que habrá de darse a sus hijos. Nada en esta Declaración podrá interpretarse en el sentido de que confiere derecho alguno al Estado, a un grupo o a una persona, para emprender y desarrollar actividades o realizar actos tendientes a la supresión de cualquiera de los derechos y libertades proclamados en esta Declaración (ONU, 1948).

Cualquier persona que lea este resumen de la Declaración Universal de Derechos Humanos, podrá pensar que bastaría copiar sus artículos para fundar un país democrático en lo político y económico, sin tener la necesidad de agregar otros artículos, sino los pertinentes a la organización administrativa del Estado para garantizar su promoción, aplicación y control.

Condolezza Rice (2017) en la introducción de su libro *Democracy. Stories from de Long Road to Freedom (Democracia. Historias del Largo Camino a la Libertad),* en traducción del autor de esta obra, dice que aun los gobernantes totalitarios reclaman un manto de democracia para mantener la farsa de elecciones y una aparente legitimidad.

A continuación, se pregunta: «¿La Democracia está en retirada?» (2017: 5). Y como respuesta, manifiesta que:

> Aún los líderes innegablemente autoritarios hacen alguna reclamación de un manto de democracia, ya sea para mantener la farsa de elecciones o para tratar de cargar la definición de «derechos» a los bienes que reparten, como prosperidad. Aquellos que no son sujetos de la voluntad popular tendrán ansias de legitimidad —o al menos de aparente legitimidad. Saddam Hussein fue electo en Irak en octubre de 2002, justo unos pocos meses antes de ser derrocado (Él fue la única opción en las papeletas y ganó el 100 por cien de los votos, con la concurrencia oficial también del 100 por ciento.) Pocos dirán que gobiernan por decreto, algo que era completamente aceptable en el pasado. El francés Rey Sol, Luis XIV, quien declaró, "Yo soy el Estado", es uno de los muchos monarcas que en la historia han reclamado legislar por derecho divino (2017: 5-6).

Rice, politóloga y diplomática estadounidense nacida en 1954 y que sirvió como secretaria de Estado de los Estados Unidos en la administración del presidente George W. Bush, manifiesta su preocupación por lo difícil que es establecer la democracia como forma de gobierno y comparte en su libro algunas experiencias obtenidas en el desempeño de su cargo, tomando como referencia los casos de Rusia, Polonia, Ucrania, Kenya, Colombia, Medio Este, Irak, Egipto, Turquía y Arabia Saudita, cada uno con sus propias características. Y, a la par, coincide con Winston Churchill en que la «democracia es la peor forma de gobierno, excepto por todas las demás».

Rice expresa:

> Es claro que las jóvenes democracias luchan para satisfacer aún la mayoría de las necesidades básicas de la población. Las democracias maduras se esfuerzan en gobernar efectivamente en el mundo actual de la información instantánea y del juzgamiento inmediato. Y en ambos casos, el pueblo, ya sea que haya tenido libertad por siglos o por sólo unos años, expresa insatisfacción con sus líderes y la falta de fe en sus instituciones. Allí reside el genio de las palabras de Churchill, pienso. La democracia es imperfecta al comienzo y se mantiene así. Pero los hombres y las mujeres la solicitan: es la única que permite a los seres humanos la dignidad que viene cuando aquellos que los gobiernan les piden su consentimiento. Simplemente no hay alternativa (Rice, 2017: 417).

No se trata de creer, entonces, que la democracia está en retirada, sino que jamás ha sido un sistema perfecto. Y si funciona en unos países es debido al compromiso de sus líderes de gobernar con el consentimiento del pueblo soberano y poniendo su poder al servicio de la institucionalidad democrática y del Estado de derecho. Aún en las recientes democracias, como Rusia y otros países atrás de la cortina de hierro, que fueron gobernados de manera tiránica, y apenas han probado una incipiente libertad, sus ciudadanos reclaman la democracia y luchan por perfeccionarla. No hay alternativa, dice Rice, cuya palabra tiene respaldo por las experiencias vividas personalmente.

Creer que una democracia es fuerte por sí sola no es del mundo real, como he manifestado. La voluntad de la mayoría de ciudadanos de un país no es garantía del bien común. Y si se piensa que la democracia es un idilio entre los ciudadanos, o el pueblo soberano, con sus elegidos como gobernantes, es una fantasía que demanda aterrizarla. Dice Rice:

Cuando la población quiere cambiar sus circunstancias, es porque están insatisfechos de esperar hasta alcanzar un apropiado Producto Interno Bruto. Algunas veces los viejos regímenes han sido defenestrados violentamente. Es rara una población éticamente homogénea. La mayoría de las veces, la historia de las revoluciones comienza por la opresión de un grupo sobre otro. Es difícil para la sociedad civil desarrollarse bajo regímenes represivos. Los *checks and balances* (pesos y contrapesos) son más robustos cuando vienen desde múltiples fuentes —desde fuera de los cuerpos gubernamentales como de dentro de ellos. Los autoritarios se apoyan completamente y dependen de la ausencia de una buena y desarrollada institucionalidad entre la población como un todo y ellos mismos. Los autoritarios confían que las masas tendrán visiones incoherentes de sus intereses. Las masas podrían ser aun fácilmente manipuladas, produciendo campos fértiles para las clases de populismo asociada con el Peronismo en Argentina o el Nacional Socialismo en Alemania (Rice, 2017: 12).

Es muy triste aceptar esta realidad, pero la esperanza se mantiene si los líderes sabios y virtuosos se deciden a comprometerse con el futuro de sus pueblos respetando los pesos y contrapesos para no apoderarse de todos los poderes. La democracia necesita de ellos. Los pueblos en el fondo sí interpretan sus intereses como válidos cuando surgen los líderes con planes claros y efectivos para ir cubriendo las necesidades más básicas y en tiempos prudenciales generar el desarrollo sostenido. Para esto, el compromiso debe plasmarse en realidad con la misma población. Rice concluye este tema con las siguientes palabras:

> Pero si la masa organiza independientemente y persigue sus intereses colectivos a través de nuevos grupos y asociaciones, puede hacer realidad un efectivo contrapeso y una fuerza para el cambio. Esto es porqué desde Moscú hasta Caracas, la sociedad civil está siempre en la mira de los regímenes represivos.
>
> A corto plazo, la democracia, particularmente en sus primeros momentos, será desordenada, imperfecta, errada, y frágil. La pregunta no es cómo crear las perfectas circunstancias, sino cómo moverse hacia delante bajo las difíciles condiciones (Rice, 2017: 12).

En conclusión, la democracia representativa requiere más democracia participativa y directa para que el mismo pueblo fiscalice a los gobernantes. Urgentemente se necesita la presencia de líderes democráticos y republicanos para perfeccionarse de manera dinámica en todo momento para el bien común. La democracia no está en crisis ni en retirada en los países donde se respeta la institucionalidad, como un compromiso de gobernados y gobernantes.

Capítulo II
El egoísmo político

1. Introducción al Egoísmo Político

El Egoísmo Político es un sistema que se apodera del pensamiento democrático y anula al individuo y a la comunidad para imponer una ideología radical como pensamiento único del "yo" del caudillo y del partido de gobierno.

Con este antecedente la tesis de que las comunidades fallan en la búsqueda del bien común requiere una primera explicación y argumentación para iniciar su análisis bajo una nueva interrogante: ¿por qué una ideología radical no puede tener éxito en lo político y económico? Su respuesta nos dice que precisamente ese radicalismo ideológico de derecha o de izquierda en la medida que sea más profundo, provocará la ingobernabilidad democrática en un Estado fallido.

El Egoísmo Político es intervencionista en todos los ámbitos del individuo y de la comunidad como forma de establecer una plataforma al autoritarismo y totalitarismo, en hechos no aislados, sino estructurales del Estado, al punto de promover el conflicto social, político y económico permanente que impide a la política y a la economía como ciencias sociales y trasversales a las otras ciencias humanas, cumplir su papel para el logro del bien común.

Ya sea por voluntad popular de una mayoría demagógicamente engañada o por la revolución violenta, la idea radical toma y mantiene el poder como propio en contra de la voluntad de la comunidad. Que obliga al Gobierno así instaurado tomar medidas cada vez más y más radicales a lo largo del tiempo para sustentar sus decisiones y permanecer en el poder. A la par, en el transcurso de su mandato, va desencantando a cada vez más sectores ciudadanos, incluso a sus allegados y apoyadores originales. Así, mientras el círculo de los ideólogos radicales se va estrechando, el poder absoluto cae en pocas manos, al margen de actos de corrupción, clientelares y otros que en ocasiones retardan la caída o reemplazo del caudillismo.

El intervencionismo de primera instancia se convierte paulatinamente, de una democracia degenerada de muchos contra las minorías, a oligarquía autoritaria de pocos contra la mayoría y al final en una tiranía totalitaria.

La raíz del proceso de esa ideología radical se basa en no permitir el pensamiento y la participación de todos en las decisiones democráticas, persuasivas, reflexivas, libres y voluntarias, para el bienestar general. De manera sectaria, apoya sus decisiones, tomadas dentro y fuera de la constitución y las leyes, en disposiciones redactadas por Asambleas Nacionales Constituyentes sumisas que, de tiempo en tiempo, «refundan» las repúblicas adaptando sus normas para fortalecer nada más el totalitarismo de turno y sus errores consuetudinarios. Toman a la democracia con sus propias definiciones y crean constituciones personalizadas para dominar a las minorías inicialmente y a las mayorías en sus últimas etapas de totalitarismo. En la medida en que más se prolongue en el tiempo, el Gobierno totalitario es más radical en el uso del poder haciendo imposible la separación de poderes, la alternancia republicana, el control popular y la igualdad ante las leyes.

Dejando en claro también, que el Egoísmo Político puede provenir desde el socialismo del partido único, así como desde el capitalismo oligárquico, e incluso desde la tercera vía política propuesta para combinar lo positivo del socialismo y del capitalismo. Porque al imponer el intervencionismo sobre la economía de mercado, la propiedad privada y los derechos humanos, ya sea tratando de imponer al hombre sobre el capital o al capital sobre el hombre, lo que logra en mayor o menor medida es: «la libertad sin progreso o el progreso sin libertad».

Ninguna forma de intervencionismo gubernamental que se imponga sobre la voluntad individual y comunitaria política, económica y social podrá lograr el bien común. Mucho más si no se sustenta en la moral y en la ética política.

Para lo que debemos tener presente, si aún queda alguna duda, que la humanidad se ha gobernado separada del poder religioso y metafísico, especialmente desde el siglo XVIII, llamado el Siglo de las Luces, mientras llegaba el fin del feudalismo, el imperio de la razón, la arquitectura o construcción social y la ciencia sobre el oscurantismo. Sin embargo, separado del poder espiritual, el poder temporal o humano a partir de allí ha experimentado una extensa constelación de «ismos» ideológicos basados exclusivamente en la razón y en la construcción social, pero ha sido incapaz de erradicar el atraso y la pobreza. Y aún está muy lejos de eliminarla o por lo menos reducirla en muchos países pobres del mundo y en parte de las comunidades de los países ricos. Experiencias que al parecer podrían repetirse una y otra vez en lo que resta del nuevo siglo XXI.

Si antiguamente se achacaba el atraso y la pobreza al fanatismo religioso, hoy es el racionalismo y el constructivismo social los que tienen el poder sin lograr erradicar esas dos taras de la humanidad por el fanatismo político.

Para mayor confusión de los «racionalistas constructivistas» interventores, no solo ha existido la confrontación entre el izquierdismo y el derechismo, o el socialismo y el capitalismo, sino, además, se han generado algunas dualidades en el mismo interior de esas dos grandes tendencias políticas y económicas. Tales como: nacionalismo e internacionalismo, capitalismo e imperialismo, socialismo y comunismo, liberalismo y neoliberalismo, entre otras. Que han confundido aún más a los mismos defensores de todas esas posiciones ideológicas. Como muestra de que, en esas circunstancias, el Egoísmo Político de las ideas radicales ha obnubilado a la misma conciencia de los caudillos intelectuales y políticos.

Esas ideas radicales, si bien es cierto que el humano está dotado de razón, no toman en cuenta que la mayoría de sus decisiones las toma por emociones y sentimientos. Los que lamentablemente son menospreciados por los «ismos» racionalistas. El «intervencionismo racionalista» desde Descartes y otros han mantenido sus ideas radicales entre algunas de las dualidades o formas de confrontación permanente, que incluso hoy siguen siendo invocadas frecuentemente como causas para justificar guerras y revoluciones. Al ciudadano obnubilado por el caudillo carismático no le es común la profunda reflexión y persuasión, porque ha sido extremadamente engañado.

Sin embargo, debo plantear con toda sinceridad que para estos conflictos han sido múltiples las respuestas a través de la historia. Algunas de las cuales han sido provenientes de la genialidad de pensadores, filósofos, sociólogos, politólogos y antropólogos entre otras profesiones, incluso psicólogos; y de manera especial desde la Revolución industrial, la Revolución americana y la Independencia de los Estados Unidos, la Revolución francesa, la Revolución de Octubre o bolchevique en Rusia y la actual Revolución del conocimiento. Cada una ha propuesto soluciones políticas y jurídicas para resolver los problemas económicos y hacer realidad el bienestar general. Pero ¿por qué solo con las excepciones de la democracia surgida en la Revolución Americana, que ha durado más de doscientos años, así como la Revolución industrial y la del conocimiento han podido proveer de desarrollo sustentable? Y ¿por qué la Revolución francesa duró diez años y la Revolución bolchevique duró setenta y cuatro años y no lograron la concreción de sus ideales originarios?

La única respuesta a estas interrogantes es que las revoluciones exitosas se dan por el respeto a la libertad del individuo y de la comunidad. Al contrario, en las revoluciones condenadas al fracaso los únicos que opinan y deciden son los revolucionarios. En su expresión más simple, podemos concluir que los bemoles o errores de las revoluciones exitosas han sido corregidos mediante sus propios sistemas logrando las enmiendas en libertad por la participación motivada de todos los involucrados; y porque las instituciones democráticas verdaderas despersonalizan los planes de mejoramiento. Mientras que en las revoluciones fracasadas son muy comunes las propuestas de refundar los Estados para comenzar una y otra vez desde cero, porque han sido los caudillos quienes se han apoderado del pensamiento del pueblo. Ellos son la causa del atraso y de la pobreza.

La explicación es el mayor o menor grado de libertad que genera el mayor o menor grado de desarrollo en su orden,   lo que asegura la mayor o menor gobernabilidad. Casi como una fórmula matemática. Porque la degeneración de la polí- tica anula al individuo y a la comunidad en su motivación,   y porque utiliza la Economía Política como herramienta para imponer ideologías y no como herramienta para generar riqueza. Por todo eso, el Egoísmo Político de las ideas radicales es un camino al fracaso.

2. Definición del Egoísmo Político

Luego de la introducción de este concepto, paso a definir el Egoísmo Político en sí, como objeto de este libro.

La Real Academia Española (RAE) define egoísmo del latín «ego» o yo, y del prefijo «ismo» como actitud, tendencia o cualidad, al «inmoderado y excesivo amor a sí mismo, que hace atender desmedidamente al propio interés sin cuidarse del de los demás». El egoísta, entonces, como propio de su «conducta o comportamiento», antepone el interés propio al ajeno, lo que suele acarrear un perjuicio a los demás.

Al segundo vocablo, la *política,* la misma RAE lo define como la «ciencia que trata del gobierno y la organización de las sociedades humanas, especialmente de los Estados». Pero siguiendo a Aristóteles, vemos que el vocablo «política», proviene de la palabra griega *polis* o *ciudad* en castellano, vista como una comunidad que busca el bien común.

Por defecto, entonces, el Egoísmo Político del caudillo generador de atraso y pobreza sería la destrucción del pensamiento aristotélico de una comunidad política que busca un bien común. Y si agregamos la idea de Platón sobre la república creada con el mismo fin del bien común, la política y la república son perjudicadas al convertirlas en el ejercicio de quienes las dirigen con un inmoderado y excesivo amor a sí mismos, atendiendo desmedidamente al propio interés sin considerar el de los ciudadanos, decidiendo por sí y ante sí lo que al egoísta político le parece bueno.

Desvirtuando, entonces, al verdadero significado de la política, que para asegurar el bien de la comunidad debería aplicar lo contrario al egoísmo; es decir, la generosidad o el desprendimiento político. Porque si el Egoísmo Político es, además, sinónimo de ambición, egocentrismo, individualismo, voracidad y codicia, sus antónimos serían abnegación, altruismo y solidaridad. Vocablos positivos, estos últimos, que conformarían el desprendimiento político, que a su vez tiene como sinónimos al desapego, la largueza y la generosidad puesta en práctica en el ejercicio del poder político en beneficio de los ciudadanos.

Además, el Egoísmo Político no solo busca el interés de sus ejecutores a costa de la ciudadanía, sino que anula al individuo y a la comunidad. Al impedirles el ejercicio del poder político por parte de todos los que la conforman. Es decir, que de manera antinatural se apropia para sí del poder que le corresponde a toda la *polis*.

Si por el contrario el ciudadano decide ser parte de un todo y como animal político es un ser social y propende al bienestar general, lo debe hacer siguiendo ideas que beneficien a la comunidad. Estas ideas deben evolucionar y convertirse a través del tiempo en la doctrina política de cada individuo, entendida como la norma científica, el paradigma o el conjunto de ideas y opiniones sustentadas por todo el grupo para que llegue al grado de ser legítima. De lo contrario, solo sería una idea individual impuesta sobre los demás, ya sea por el miedo o por la ignorancia del ciudadano tratado como objeto y no como sujeto.

3. Motivaciones del Egoísmo Político

El término *motivación* proviene etimológicamente del verbo latino *moveré,* que significa «mover» o «poner en movimiento» o «estar listo para una acción». Para el caso que nos ocupa, en el egoísmo y en el desprendimiento político, una adaptación del término *motivación* como concepto sería la tendencia hacia uno u otro comportamiento que movidos por las emociones nos encausan hacia decisiones pre racionales; es decir, entre el instinto y la razón.

Pero aún hace falta agregar que, para tener esa motivación en lo político, debe existir algo que lo impulse, ya sea como deseo, aspiración o ideal. Por ahora quisiera plantear que la motivación de ambas conductas es el deseo de transformar a la comunidad siempre hacia un escenario positivo o del bien común.

Pero, mientras los egoístas políticos creen que su idea debe ser impuesta aún con el intervencionismo y a la fuerza si es necesario, los desprendidos políticos en cambio consideran que hay que hacerlo de manera generosa mediante la tolerancia de ideas para llegar a la verdad como un acto espontáneo del ciudadano que bajo su reflexión permanente de las emociones llega a una razón positiva. Para hacerlo realidad es imprescindible que los individuos y las comunidades encuentren el camino correcto para dominar las emociones como un factor positivo y nunca negativo. Teniendo presente que las decisiones humanas se basan en un estado previo a la razón para las decisiones positivas y negativas.

Ahora bien, en el proceso de la reflexión nos resta aún determinar históricamente ¿en qué han basado su motivación los egoístas políticos y los desprendidos políticos? Para ver si realmente existió o no la buena intención de encontrar las formas de convivencia justa. La historia tiene la respuesta, de manera especial a partir de mediados del siglo XVII en el marco de la Revolución industrial. Una vez que la hegemonía de los monarcas y de los aristócratas, convertidos en tiranos y oligarcas, dieron paso a la democracia, pasando el poder político de uno y de unos pocos, según la clasificación de Aristóteles, a muchos o a todo el pueblo, como lo había anunciado el gran pensador griego.

Lamentablemente, apareció de inmediato el conflicto egoísta entre los gobernantes estadistas y los populistas.

Los estadistas pensando a largo plazo y los populistas solo a corto plazo, tomaron la posta de las manos de los gobiernos monárquicos. Pero de manera especial el conflicto y la controversia se dio en el pensamiento económico que buscaba hacer realidad la justicia social que se había frustrado en el feudalismo con el apoyo de la acción de los nobles.

Paralelamente en los Estados Unidos se declaraba la independencia y se desprendía del Imperio de Gran Bretaña en 1776 y en Francia se daba la Revolución francesa en 1789 junto con la Declaración de los Derechos Humanos del Hombre y del Ciudadano, que en su preámbulo reza:

> Los Representantes del Pueblo Francés, constituidos en Asamblea Nacional, considerando que la ignorancia, el olvido o el menosprecio de los derechos del Hombre son las únicas causas de las calamidades públicas y de la corrupción de los Gobiernos, han resuelto exponer, en una Declaración solemne, los derechos naturales, inalienables y sagrados del Hombre, para que esta declaración, constantemente presente para todos los Miembros del cuerpo social, les recuerde sin cesar sus derechos y sus deberes; para que los actos del poder legislativo y del poder ejecutivo, al poder cotejarse en todo momento con la finalidad de cualquier institución política, sean más respetados y para que las reclamaciones de los ciudadanos, fundadas desde ahora en principios simples e indiscutibles, redunden siempre en beneficio del mantenimiento de la Constitución y de la felicidad de todos (DDHH, 1789).

Declaración que, para efectos de este libro, la tomo a manera de guía para establecer los derechos políticos y civiles necesarios para el desarrollo de los pueblos. La versión completa de esta declaración se la puede encontrar en los anexos.

4. Evolución del estudio del Egoísmo Político

Como parte del objetivo de este libro paso a compartir la evolución del estudio del Egoísmo Político que he realizado a lo largo de varios años, para determinar las razones del fracaso de las ideologías radicales.

En este proceso investigativo, en una primera etapa me concentré en el problema de la creación y generación de riqueza como origen del conflicto entre las varias ideas radicales, en cuya evolución, junto con el estudio de las grandes ponencias del socialismo y del capitalismo clásico, neoclásico y moderno, primero llegué a pensar que el principal punto de discordia era la crítica al capital, originada desde 1848 con la posición de Karl Marx en respuesta a lo que él comenzó a denominar «capitalismo», al que acusaba de ser explotador del trabajo del hombre.

Creí, entonces, en esa primera etapa de estudio, que el sindicalismo puro y una gerencia transparente podía superar la discordia que el liberalismo económico y el socialismo marxista como su principal contradictor, habían generado. Como explicación de por qué no habían logrado resolver la pobreza con la aplicación de sus respectivas visiones de la Economía Política como ciencia humana y que se había convertido desde el siglo XIX en la piedra de toque en todas las naciones. Pensé, en consecuencia, que la solución era encontrar el equilibrio entre ambas posturas para resolver los problemas sociales, para luego concluir que este conflicto de la generación y reparto de la riqueza nada más es el efecto traducido en pobreza y no la verdadera causa o el origen de ella, por las razones que intento plantear más adelante. Es decir, que el consenso por sí mismo no es suficiente sin definir los puntos coincidentes y las agendas de discusión sobre problemas aparentemente insalvables. Entre ellos, el tema de la productividad de la producción industrial, la fijación de salarios y la cooperación entre empresarios y obreros.

En una segunda etapa del avance investigativo para encontrar la verdadera razón de la pobreza y la resolución de los conflictos sociales, pensé que era la falta de consenso en las definiciones y los conceptos entre las partes antagónicas. Llegué a considerar que la confrontación entre izquierda y derecha por la generación y distribución de la riqueza y los resultados negativos que esta lucha estéril generaba, se extendía por la falta de respeto a las instituciones democráticas por parte del socialismo y a la interesada interpretación que tanto los movimientos políticos de izquierda y derecha daba a los conceptos, tales como libertad, democracia, derechos humanos, mercado, inversión, justicia social y otros.

En gran medida, atribuía el conflicto en cuestión a la falta de una definición única y concertada de estos conceptos humanos entre los diferentes grupos antagónicos. Creía que para resolver estos conceptos fundamentales y llegar a un consenso entre las partes era necesario discutirlos políticamente como un factor determinante para acortar las diferencias entre los países que habían alcanzado un mayor desarrollo económico y social, y los países que aún se debatían de generación en generación en el atraso y la pobreza. Pero al transcurrir el tiempo pude darme cuenta de que el doble discurso de izquierda y derecha jamás encontrará el acuerdo de una sola definición y una misma interpretación del valor del trabajo que pueda superar la controversia. Cada parte seguirá defendiendo su propio discurso.

Mientras la lingüística, como ciencia, continuará investigando la doble interpretación de los mismos conceptos, podrán pasar muchas décadas sin que las ideologías se reconcilien y los males de la humanidad sigan soslayados como un objetivo secundario ante el protagonismo del discurso político de confrontación. El dialogo y el consenso entre protagonistas sordos no es por lo tanto la verdadera solución. Un argumento adicional para reforzar la idea de que los humanos no somos únicamente racionales, sino muy emotivos guiados por la «subjetividad».

Es más, lo irónico de esta discusión es que las definiciones de capitalismo, explotación, sociedad, justicia social, por ejemplo, han sido creadas por la izquierda y tomadas por la derecha como un léxico común; posicionándose así en un escenario construido por sus detractores y actuando con el estigma y la vergüenza de identificarse con el rol de inversionista o empresario. Parecería que el capitalista, más preocupado de generar riqueza, no se ha preocupado ni siquiera de clarificar su posición ante las responsabilidades que la ciudadanía demanda y concretar su cercanía y cooperación con esta.

Han sido los movimientos «progresistas» los que han impuesto su discurso explotando a favor de sus ideas radicales el odio y el miedo que incentivan en el trabajador en contra del empresario. Aunque jamás hayan logrado concretar en realizaciones positivas sus definiciones de lucha de clases y dictadura del proletariado. Sin embargo, cuentan con el respaldo de los trabajadores, quienes irónicamente logran sus mejoramientos económicos y nivel de vida de la generación de empleo, no de manos de los «progresistas» ni del Estado, sino de los empresarios y de los individuos. También este espejismo me propongo develar en el capítulo sobre Economía Política.

Esta confrontación ideológica no solo ha dividido a los diferentes sectores empresariales y laborales dentro de los países, sino que también llegó a nivel de naciones. Así tenemos que en el siglo XX se utilizó la expresión *primer mundo* para hacer referencia a aquellos países que habían logrado un muy alto grado de desarrollo humano y que disfrutaban de los más altos estándares de vida posibles gracias a una mejor distribución de la riqueza o ingresos per cápita, sanidad, esperanza de vida y calidad de servicios públicos; contando como una de sus fortalezas la economía de mercado, la propiedad privada y sus fuertes instituciones privadas y públicas.

Asimismo, se utilizó la expresión *segundo mundo* para definir a los países que se adhirieron a la llamada experiencia «socialista» o «socialismo real». Formado como un bloque socialista que bajo la guía del marxismo se ubicó en contra del *primer mundo* en su rechazo a la cultura liberal y al capitalismo abierto. Ellos propugnaban e imponían a sus ciudadanos un Estado de planificación centralizada y definían a la democracia como el ejercicio del poder por parte del pueblo, llamado proletario por Karl Marx. Intentaron inútilmente de alcanzar la justicia social a través del único partido permitido, el partido comunista, siguiendo el postulado del socialismo marxista-leninista. El *segundo mundo* finalmente colapsó y en las últimas décadas del mismo siglo XX, luego de más de setenta años de uso del poder, cambió su orientación a los modelos capitalistas. Rusia y sus exsatélites y China adoptaron el capitalismo como sistema económico; aunque esta última aún se mantiene como marxista en lo político, por lo que también se conoce a su sistema con la denominación: capitalismo de Estado. La confrontación entre el primer y segundo mundo se inclinó a favor del primero, sin que esto haya asegurado el aprendizaje para un desarrollo armónico en las nuevas democracias que se formaron a partir de la Caída del Muro de Berlín en 1989.

Un tercer grupo de países, denominado como el *tercer mundo*, incluyó a los países también llamados «periféricos y subdesarrollados», o eufemísticamente conocidos como «en vías de desarrollo» o simplemente no desarrollados; cuyas economías se han debatido entre el gran atraso económico y social, como efectos, y la permanente crisis política y económica generada por una constante cultura de roces y conflictos, como causa de inestabilidad que no promueve el ambiente propicio de unidad, orden y paz que requiere una comunidad orientada al progreso.

En el *tercer mundo* aún se debaten los grandes temas de la república y de la democracia del siglo XVIII, como una muestra del atraso en que se encuentran respecto a los países del *primer mundo.*

A partir de estas realidades se creyó que el capitalismo era la única opción de los países para salir de la pobreza y erradicar el hambre. Sin embargo, también a partir de entonces, sus promotores fueron acusados por los movimientos de izquierda que se mantuvieron activos, y no siempre sin razón, de haber tratado de imponer un capitalismo salvaje con el modelo neoliberal; que en la práctica permitió mayor concentración de la riqueza en pocas manos y no logró erradicar la pobreza de las grandes mayorías, promoviendo por el contrario corrupción y mayor marginación de los pobres en las grandes ciudades y el abandono del campo.

Algunos de sus defensores liberales han manifestado, como forma de rechazar la acusación que se le hace, que jamás se puso en práctica el neoliberalismo. Planteando como argumento que lo aplicado fue una suerte de combinación entre populismo, caudillismo, clientelismo y nacionalismo, practicado precisamente por los caudillos del Egoísmo Político que planteo como el verdadero causante del atraso y pobreza de los países pobres y no la Economía Política y la política misma.

Sin embargo, sí fue notorio que en determinados países la corrupción de los grupos de poder políticos y económicos fue aprovechada en el populismo. Como forma de concentrar la mayor riqueza en su favor a través de privatizaciones de entidades públicas y flexibilizaciones normativas. Justamente, allí se demostró que el intervencionismo estatal no había desaparecido y no permitía el desarrollo armónico y sustentable de las comunidades. Situación que se convirtió en caldo de cultivo para dar vida nuevamente al socialismo en Latinoamérica y en algunos países de Europa. En Latinoamérica, esta vez, bajo la denominación del socialismo del siglo XXI.

Como quiera que sea, si el neoliberalismo era la solución, aunque no se implantó de manera amplia, jamás pudo ser la solución a la pobreza. Sobre todo, porque en su seno se generó la corrupción por el exceso de flexibilidad en su modelo económico ante la debilidad humana de izquierda y derecha, que no es capaz de autorregularse en un ambiente en el que el Estado es el principal protagonista y donde la iniciativa privada sigue siendo conculcada y a veces enmascarada bajo la tutoría de quienes llegan al poder a cambio de prebendas populistas y demagógicas.

La corrupción impide que el capitalismo genere riqueza y que beneficie a todos sin excepción cuando los gobiernos interventores mantienen su hegemonía sobre las decisiones privadas. Unos en más y otros en menos intensidad, pero siempre adoptando las mismas medidas intervencionistas de los Estados socialistas que fracasaron en el siglo XX. Popularmente, existe un dicho que grafica la acción burocrática que entorpece las iniciativas privadas a cambio de prebendas: «crea la dificultad administrativa y vende la solución».

5. El Egoísmo Político en Latinoamérica

Como resultado de una nueva experiencia en las primeras décadas del nuevo siglo XXI, el socialismo intervencionista volvió a tomar fuerza en unos cuantos países latinoamericanos. En una mezcla de socialismo, nacionalismo, indigenismo, pluriculturalismo y populismo, cuyos efectos han sido similares a los de Rusia, Cuba, Corea del Norte y aquellos países que estuvieron atrás de la cortina de hierro bajo la égida de la Unión de Repúblicas Socialistas Soviéticas (URSS). Esto a pesar de la «refundación de las naciones y sociedades» con nuevas constituciones alineadas en una franquicia internacional que impuso el socialismo del siglo XXI como solución. En esas constituciones, se dio el poder concentrado en un hiperpresidencialismo y un Estado amplio y regulador que a la vez de impedir el desarrollo de la microeconomía dio mayor fortaleza y protagonismo a la macroeconomía con un Estado intervencionista en todos los ámbitos sociales, políticos y económicos. El alto gasto estatal, la indisciplina fiscal, el déficit presupuestario, la elevación de impuesto, el uso de reservas monetarias y fondos de jubilados, el endeudamiento público, la devaluación de la moneda, la galopante inflación, el desempleo y subempleo y la corrupción fueron algunos de los estragos más significativos de un mal manejo económico que ha terminado por desencantar a las mayorías.

Otra vez la dificultad creada por el intervencionismo era facilitada por los funcionarios públicos a través de negociaciones no apegadas a las leyes y normas morales. La corrupción volvió a campear aprovechándose de la excesiva intervención del Estado en regulaciones y controles del mercado y de la propiedad privada. Son emblemáticos los casos de corrupción en Argentina, Brasil, Ecuador y Venezuela en estos años de la segunda década del siglo XXI. Es decir, en cuatro de los seis países que optaron por Gobiernos de izquierda bajo la guía del socialismo del siglo XXI.

En el primero, Argentina, luego de los años de gobierno de la familia Kirchner, el socialismo dejó como legado un alto nivel de endeudamiento estatal, inflación y otros índices de una débil economía. El actual Gobierno de Mauricio Macri está descubriendo y sacando a la luz pública una serie de graves actos de corrupción de exfuncionarios y de la misma familia exgobernante. Actualmente, ese país enfrenta duros ajustes económicos para cumplir con la deuda externa y recuperar su crecimiento económico.

En Brasil, mientras el país se debatía en una de las más fuertes crisis económicas y denuncias de corrupción, su presidenta Dilma Rousseff fue sometida al *impeachment* por supuesto irrespeto a normas de la ley presupuestaria y a la ley de probidad administrativa. Se la acusó, incluso, de estar implicada o de tener conocimiento de actos de corrupción en la principal compañía estatal de petróleo, Petrobras. Hechos que han sido investigados por la Policía Federal en el caso conocido como Operación Lava Jato. Una de las mayores empresas constructoras de Brasil, Odebrecht, está implicada en la creación de una red de corrupción altamente sofisticada para conseguir contratos de obras públicas en varios países a cambio de altas sumas de dinero.

En Ecuador está por verificarse una serie de actos de corrupción, hoy en manos de la justicia, relacionados con Odebrecht y la comercialización de petróleo. Actualmente, varios casos están en investigación y otros en procesos judiciales que esperan ser resueltos en los próximos meses.

Finalmente, en Venezuela, luego de varios años de Gobierno chavista, actualmente está enfrentando la más alta inflación de su historia, la escasez de alimentos y medicinas en medio de las protestas de los ciudadanos que solicitan un referéndum revocatorio contra el presidente Nicolás Maduro, quien se niega a concederlo. En pocas palabras, el socialismo ha vuelto a decepcionar la voluntad de los ciudadanos, inclusive negando o dilatando el derecho a un referéndum revocatorio del poder.

En la evolución del estudio del Egoísmo Político, con estos antecedentes anotados, otra vez quedaba demostrado que no son la democracia ni la Economía Política las causantes del atraso y de la pobreza de los pueblos, como sí lo son las erradas formas de aplicarlas por parte de los caudillos intervencionistas en camino a ser totalitarios.

¿En dónde radica, entonces, la verdadera razón del fracaso de los diferentes modelos políticos y económicos aplicados en los países de menor desarrollo económico y social?

Si hacemos una visión holística, o como un todo, de lo compartido hasta aquí, nos damos cuenta fácilmente que el factor común de las tres grandes tendencias analizadas es la falta de respeto a la iniciativa individual ejercida por el intervencionismo estatal comandado e impuesto a la ciudadanía desde supuestas mentes privilegiadas que, de manera arrogante y soberbia, han creído tener el don de pensar y decidir por los demás, irrespetando el pensamiento y las decisiones individuales de millones de humanos.

En Latinoamérica han sido múltiples los intentos de darle fundamentos sólidos a la institucionalidad democrática y al Estado de derecho, sin que podamos constatar que en todos los países hayan sido exitosos en la seguridad jurídica. En nuestro subcontinente se han sucedido etapas de casi todos los signos ideológicos y se han propuesto múltiples formas de soluciones políticas y económicas desde todos los ángulos, sin que ninguna de ellas haya diseñado la fórmula efectiva aplicable en la mayoría de los países.

En gran medida puedo aseverar que las ideologías más serias que han llegado desde Europa, en Latinoamérica no han marcado las pautas de la política. El mismo liberalismo y el socialismo han sido opacados por el populismo, nacionalismo, clientelismo, militarismo y derivaciones como el socialismo del siglo XXI que no han llegado a proponer claramente ni su ideología ni su propuesta de sistema de gobierno. Los pocos partidos políticos serios que han contado con ideologías claras y fundamentadas, han sucumbido por una suerte de superficialidad política y por la falta de cultura política de la que adolece la mayoría de ciudadanos. El caudillismo y el cacicazgo criollo se ha impuesto sobre cualquier ideología política seria.

Aún sigue pendiente en esta parte del mundo la pregunta: ¿por qué las grandes ideologías que han dominado el destino de los países ricos no han logrado el desarrollo de los países pobres latinoamericanos? La misma que no pretendo responder por ninguna creencia de superioridad, sino porque a lo largo de mi vida particular y profesional, en la administración de empresas y en el periodismo, y contando con la ventaja de capitalizar los pensamientos de grandes formadores de conciencia, más una perspectiva actualizada de las experiencias vividas por la humanidad en los siglos XVII al XXI, he podido identificar la posición egoísta y soberbia de los actores políticos de todas las tendencias, con algunas excepciones, que han pretendido imponer sus conclusiones como si se tratara de iluminados; muy pocos de ellos inclinados al diálogo y al consenso, en su mayoría prefieren la imposición a la persuasión razonada. Incluso la violencia verbal ha sido superior a la persuasión inteligente y generosa.

Latinoamérica ha sido en parte heredera de las ideologías europeas, pero no hemos aprendido de ellos las calamidades que sufrieron en las dos grandes guerras mundiales, que aleccionaron a Europa en las tesis de la imperiosa necesidad de cooperación en la Unión Europea para evitar nuevos conflictos a través de la integración económica que paulatinamente les ha dado la oportunidad de integrarse en otros aspectos políticos y sociales. Latinoamérica, en cambio, lamentablemente sigue siendo un continente inmaduro en la política. Algunos piensan que sigue siendo un continente joven, que no ha enfrentado en carne propia las grandes conflagraciones que vivió Europa con mucho sufrimiento antes de aprender a convivir pacífica e integradamente. Lo mismo sucede en varias naciones de África y Asia que vivieron la misma experiencia colonizadora, en que no desarrollaron ni las instituciones democráticas ni tuvieron el aprendizaje necesario para crearlas y respetarlas, donde no existió escuelas de líderes republicanos y democráticos de los partidos políticos serios por su vida efímera.

Para eliminar la injusticia, el atraso y la pobreza de grandes sectores poblacionales de Latinoamérica, sostengo que existe una sola alternativa: el respeto y apoyo a la libertad política y económica individual y colectiva para superarse de manera autónoma, con las únicas limitaciones que imponen las leyes concebidas para hacer posible la convivencia pacífica a través de la cooperación entre todos.

Capítulo III
El caudillo autoritario
practica el Egoísmo Político

1. El caldo de cultivo para la generación del caudillo

Históricamente, los vicios de la democracia se han convertido en caldo de cultivo para la aparición del caudillo interventor, autoritario y totalitario, cuando el pueblo maltratado y empobrecido ansía ser reivindicado por el político mesiánico.

Aquel semidiós, que Aristóteles califica como loco, bestia y autárquico de la política. Y demagogo y adulador del pueblo.

Su extracción social puede ser de cualquiera de los tres niveles más conocidos; de escasos recursos, de clase media o potentada, en donde ha padecido alguna carencia tangible o intangible, real o ficticia, que le ha generado resentimiento.

A diferencia de otros ciudadanos que, al haber padecido carencias reales, incluso experiencias negativas superiores en su infancia y adolescencia, las han tomado como impulso, motivación positiva y desafío para superarse en la vida. El caudillo ha guardado sus malas experiencias o sus personales apreciaciones negativas de la vida como fuente de rencor y deseos de revanchismo, confundiendo o combinando sus demandas personales con los desposeídos por los que luchará políticamente.

Por su discurso político, el caudillo está convencido de tener la solución para el atraso y la pobreza del pueblo a través de la lucha de clases, el igualitarismo y la redistribución de la riqueza. Ya sea por defectos en su formación política o por debilidades constitutivas de la razón, se considera iluminado para pensar y decidir por el pueblo, apoyado, generalmente, por un grupo de allegados y cercanos que manifiestan las mismas creencias totalitarias o están convencidos de proceder bien obedeciendo los dictados del caudillo. El caudillismo puede ser una acción personalista en lo intelectual o en lo supuestamente revolucionario.

Puede ser por diversas razones, que llevan al caudillo a identificarse personalmente con los padecimientos de los pobres, lo cual es plausible. Pero a diferencia de un líder que está dotado de la sabiduría que dan las virtudes políticas para gobernar con sentimientos positivos y obtener las satisfacciones definitivas de ese pueblo, el caudillo no democrático se empecina en utilizar los vicios políticos para moldear su conducta. Llega a construir su propia realidad y trata de concretarla sin importar el dolor que pueda causar por los métodos injustos e ilegítimos que aplica. En la práctica, sus fantasías degenerarán todo lo que esté bajo su poder.

Para ejercer el totalitarismo, el caudillo utiliza su inteligencia y no la sabiduría de la cual carece, para plantear como verdad sus vicios personales, contrarios a las virtudes necesarias para vivir en sociedad. Está dotado de carisma y dones para practicar el paternalismo, el mesianismo y la manipulación, así como de fácil oratoria para convencer astutamente y ser capaz de cambiar incluso los principios y valores culturales de los pueblos, hasta crear su propio idioma y lenguaje con tal de revestir de racionalidad sus falacias. El caudillo, históricamente, y de manera especial en el siglo XX, fue capaz, incluso, de disponer de la vida ajena bajo el justificativo del «bien común» o el «bien de los desposeídos»; aunque en la realidad, hayan sido estos los primeros en pagar las consecuencias de sus errores y desaciertos.

En los siguientes apartados de este capítulo paso a describir algunas características que configuran la personalidad del caudillo tomando en referencia sus manifestaciones públicas y por los resultados de sus fracasadas gestiones. Una de las características más nefasta del caudillo político, por ejemplo, es la soberbia, que junto con el egocentrismo, narcisismo y vanidad lo lleva a pensar que la política gira a su alrededor, por lo que la institucionalidad democrática y el Estado de derecho no existen. Está convencido de que la seguridad jurídica es un invento o creación de sus enemigos. Es impresionante escucharlos decir: «quien no está conmigo es mi enemigo» y «dialogar es claudicar».

Veamos más a fondo estas manifestaciones.

2. El caudillismo del Egoísmo Político

Para que el Egoísmo Político tenga espacio es necesario que, dentro de la sociedad y el Estado, surja el caudillo. Aquel ciudadano que de tiempo en tiempo, por alguna y otra razón, se considera predestinado para conducir el destino del pueblo y de sus mayorías en la forma que él cree posible para lograr de manera rápida y permanente la justicia social, a través del dirigismo político. No cree en el largo plazo, sino en los atajos, aunque se pierda en el camino y se acerque al precipicio. No cree en la evolución democrática y espontánea, sino en el aceleramiento revolucionario del ahora o nunca.

Me refiero al caudillo con sus propias características personalistas que se apartan del estadista o del líder republicano y democrático que respeta los valores morales de la política pura. El caudillo, en cambio, cree estar sobre la institución, y sobre la constitución y las leyes que los hombres voluntariamente redactan y aprueban para la convivencia en unidad, orden y paz. El caudillo pretende imponer su «personalidad» sobre la investidura del gobernante y la promesa que le hizo al pueblo y a la constitución y sus leyes. De allí nace su voluptuosidad política o disfrute del poder que le promueve a cambiar de parecer de un momento a otro.

El caudillismo del Egoísmo Político antirrepublicano y antidemocrático, de manera inherente, es inseguro en sí mismo, porque debe imponer sus ideas sin ninguna persuasión de quienes tienen un criterio propio sobre las mejores formas de gobierno. Quienes tienen su propio criterio y son fuertes para enfrentarlo, pasan a ser un estorbo si no le rinden pleitesía al caudillo. Por lo que tanto, el máximo conductor, como caudillo, y el grupo que lo acompaña en ejercer un mandato autócrata y totalitario deberán imponer sus ideas políticas sin importar el costo que infrinja en contra de los ciudadanos. A sabiendas de que debe apartarse de las normas morales de la conducción de los pueblos con el irrespeto a la dignidad humana de los demás, aplicando el principio del maquiavelismo, como sinónimo de «astucia, doblez, cinismo y deslealtad» para conquistar y mantener el poder sobre el pueblo; actitud que llevó a Napoleón Bonaparte a escribir, en las notas que hizo en su ejemplar de *El Príncipe*, la frase: «el fin justifica los medios», que en lo posterior ha sido considerada como frase original del mismo Maquiavelo.

La frase «el fin justifica los medios» se ha convertido en la conducta del caudillo para expresar las emociones perjudiciales que destruye el convivir pacífico y productivo de las organizaciones humanas. Mientras paulatinamente refuerza su propia inseguridad emocional y la sensación de malestar, nerviosismo o temeridad que siente al experimentar con su propio pueblo sus personales conclusiones como forma de alcanzar las promesas demagógicas que les ha ofrecido. Y en la medida que los resultados no se concretan, continúa tomando decisiones negativas cada vez más radicales en un afán de demostrar que tiene la razón y de que no se equivoca jamás. Para el caudillo político cada una de sus mentiras deben ser sustentadas con más mentiras antes de reconocer su error. El Egoísmo Político nace de una idea que el caudillo intenta imponer totalitariamente a las de los demás, por lo que se apoya en sentimientos negativos, como el odio, la envidia, la venganza, entre otras formas de manifes- tar y justificar su descontento. Cuando aparecen los estragos de sus decisiones, el caudillo totalitario, en su mente, no reconoce sus propios errores, sino que los traslada a otros, primero a sus opositores y termina achacándolos a sus más cercanos colaboradores. Siente que cualquier crítica a su gestión es una crítica de enemigos a su propia autoimagen o a su «yo» personal.

El caudillo político cree y está convencido de que el Estado comenzó cuando inició su régimen de Gobierno. Y sus aplaudidores, débiles mentales y sin sentido común, lo creen también a pesar de las injusticias y atrocidades que comete.

Al contrario de la humildad, que implica reconocer los propios defectos, manteniendo una buena dosis de confianza en sí mismo y de férrea personalidad y carácter del líder republicano y democrático al sentirse parte de una comunidad de iguales, la inseguridad emocional del caudillo conlleva una autodevaluación subjetiva que puede promover estados de paranoia y aislamiento social, llegando a desarrollar conductas compensatorias, como la arrogancia, el narcisismo, la vanidad o la agresividad en niveles cada vez más enfermizos.

El Egoísmo Político del caudillo para anular las potencialidades de los individuos y de las comunidades se da en la medida que combina el caudillismo autoritario y totalitario, con expresiones de paternalista, sabelotodo y manipulador. Su autoritarismo y mala gestión de mediano y largo plazo dependerá del grado que imponga estas formas de conducta; podría destacar más en una de ellas o irá variando el peso de sus componentes dependiendo de las circunstancias y de su inseguridad personal. Ninguno de estos caudillismos crea valores humanos, por el contrario, los elimina.

Deseo aclarar que para hacer las siguientes descripciones de los modelos prevalecientes de caudillismo he tomado como fuente las biografías de varios caudillos que históricamente han ejercido el poder. Más la observación de los comportamientos de algunos de ellos conocidos en la segunda parte del siglo XX y del actual siglo XXI. En algunos casos, los caudillos podrán tener todas las características aquí anotadas en su personalidad y comportamiento y en otros casos estarán parcialmente descritos. Posiblemente, los detalles puedan parecer exagerados, pero en todo caso el lector sabrá identificar las características como un compendio de todas las experiencias caudillistas que se han dado y los políticos profesionales que se reconozcan en estas formas de conducta y deseen sinceramente no ser calificados con alguna de ellas, ojalá que les sirvan a manera de espejo para detectar y corregir sus comportamientos que destruyen sus imágenes y perjudican sus gestiones.

El caudillo autoritario o autócrata y totalitario

El caudillo autoritario y totalitario da órdenes simplemente y espera obediencia inmediata, exacta y sin cuestionamiento a su autoridad. Evita el diálogo y no permite preguntas o explicaciones de sus decisiones y órdenes. Su prototipo, además del ámbito político, se encuentra en las organizaciones militares y en algunas instituciones particulares donde no existe diálogo.

Obedece a un modelo mental «yo ordeno, tú obedeces», o «aquí mando yo», «aquí se hace que lo que yo digo». En su expresión más radical piensa que dialogar es claudicar. Mira al opositor político, no como adversario, sino como enemigo a quien debe destruir.

El autoritario finge respetar la constitución y las leyes, pero más como una formalidad y no en la realidad. Generalmente, el autoritario deriva en totalitario, quien se impone a las normas legales y las decide bajo su propio criterio y rompe las formas democráticas para apoderarse sin ningún maquillaje de la voluntad nacional.

Si en su Gobierno se cometen errores o existe corrupción, la prensa no podrá informar. En el congreso y en las instituciones de control estará prohibido fiscalizar. La clave es mantener la imagen del régimen, sin importar el costo. El denunciante podrá ir a prisión luego de un juicio oscuro, pero el culpable no puede ser desenmascarado.

La policía política tiene a cargo el espionaje de ciudadanos y la represión de opositores en las marchas de protesta. Algunos regímenes totalitarios han llegado a armar a los sectores civiles que están de su lado, en una especie de militares paralelos a las fuerzas oficiales.

La promoción estatal mediante la propaganda tiene claro el objetivo de defender la gestión del Gobierno, descalificar a la oposición y convencer a la población de que todo está bien a pesar de las realidades que dicen lo contrario. En el régimen nazi fue implementado el Estado de propaganda.

Sus subordinados obedecen por intereses personales políticos o económicos, miedo, sumisión, resentimiento o rebeldía. En ocasiones de manera abierta y en otras, de forma oculta. Tal como en los días de la esclavitud, o del empleado eventual que dice «sí, patrón» a todas las órdenes, o el empleado que oculta la información a sus compañeros y a sus jefes para boicotear el trabajo del equipo para granjearse el favor del caudillo. La iniciativa individual es virtualmente desconocida por el caudillo. La solidaridad, el altruismo, la generosidad, la colaboración y otros tipos de actitudes de equipo se las realiza a veces por obligación, miedo o conveniencia más que por motivación interior o cultural. Es más común el adulo y la murmuración.

Debido a los sentimientos negativos y de rebeldía provocados por el caudillismo autoritario y totalitario, no se crea la unidad de grupo ni se desarrollan las potencialidades de los miembros del grupo. Tampoco es una manera eficaz para lograr las metas del equipo, debido a la falta de compromiso de sus miembros. La comunidad, como principio de la política pura, no existe en ese ambiente.

En la actualidad, este tipo de caudillismo está desacreditado, nadie desea ser llamado autoritario. Sin embargo, la realidad es otra, por lo menos en algún grado. Dentro del núcleo familiar, en las instituciones educativas, en las empresas y muy especialmente en los Gobiernos, y en aquellas organizaciones en donde la administración continúa siendo vertical, el caudillismo autoritario aún tiene vigencia.

El caudillo paternalista

El caudillo paternalista utiliza una condolencia aparente para engañar y lograr sus objetivos personales. Bajo este modelo mental, un individuo hasta puede desear sinceramente el bienestar de los miembros del grupo y estar motivado en su gobierno por un sentimiento de cariño hacia ellos, especialmente por los más desvalidos o los más pobres. Puede tratar a los miembros de la comunidad como un padre sobreprotector trataría a sus hijos. Él los cuida, los protege, quita él mismo todos los obstáculos de sus caminos, hace cosas para y por ellos y les dice que no se preocupen porque él ya ha resuelto todo. A veces, parece ser un líder democrático cuando pregunta a los miembros del equipo su opinión, pero en el análisis o discusión del tema hace prevalecer la suya absorbiendo para sí las responsabilidades de todo el grupo. Así, no ayuda a los miembros del equipo o a sus subordinados, a desarrollar sus propias capacidades. Probablemente, crea que sus dirigidos no tengan capacidad o se solaza pensando que él es imprescindible para el grupo.

El prototipo de este caudillismo aparece constantemente en las organizaciones gubernamentales a través de bonos y ayuda que en la mayoría de las ocasiones no llegan a los verdaderos necesitados, sino que son un foco de corrupción. De esos beneficios se aprovechan los malos ciudadanos que fingen ser desvalidos para acogerse a los beneficios de las personas con discapacidad. Lo que no obsta que se mantenga la ayuda estatal, pero siempre que se haga mucho esfuerzo sincero para que no sea una dádiva a cambio del voto ni que sea de manera incontrolada. Lo más lamentable de este tipo de ayuda gubernamental mal administrada o entregada a cambio de retribución política en las urnas, es la condena que se hace al pobre a disfrutar de la pobreza y no a apoyarlo para salir de ella. En el paternalismo se apoya el caudillo para mantenerse en el poder en una supuesta democracia, cuando el voto popular no es razonado políticamente, sino otorgado a cambio de ayudas sociales. Allí radica la eliminación de la alternancia democrática del poder en la república.

El caudillo paternalista, dentro de su carisma, parece ser participativo, pero no confía en las capacidades de sus subalternos y teme que el control se le puede ir de las manos. En el fondo existe una inseguridad personal, a veces muy íntima y bien disimulada. No le dará alas a sus cercanos para que vuelen solos sin su tutela.

Con este tipo de caudillismo, puede ser que existan logros del equipo, pero en realidad los obtuvo el «padre-caudillo». Por lo tanto, el paternalista ha cultivado subordinados dependientes y desvalidos sin iniciativa y responsabilidad personal. Cuando este tipo de caudillos desaparece del grupo, este se desbarata porque ningún otro miembro tiene la capacidad, conocimiento, experiencia o iniciativa para tomar el lugar. Suele darse de manera inevitable entre quienes fundan un movimiento o partido político solo para las elecciones para llegar a su propio Gobierno con su propio plan y que se desaparece cuando el caudillo paternalista sale de la palestra política.

Puede ser cómodo ser subordinado de un caudillo paternalista; así se trabaja poco, se está protegido y se comparte los méritos del grupo o se aprovecha de sus beneficios materiales e inmateriales. Por eso, existe resistencia al cambio de ese caudillo y es muy complicado cambiar el estilo de la noche a la mañana. Los miembros del grupo pueden sentir que es su «derecho adquirido». A menudo, ni siquiera se les pasa por la mente que son ellos mismos los llamados a resolver sus problemas y, en caso de fracaso y ante la falta de logros, consideran que han sido explotados, mal atendidos y que la vida los ha tratado con injusticia o que no han tenido la suerte de otros. Algunos se preguntan: ¿por qué tenemos que esforzarnos y renunciar a nuestros derechos? Y harán lo imposible para que el caudillo paternalista no deje el gobierno.

Cuando se presenta un nuevo proyecto político en estas circunstancias, la primera pregunta que a menudo se escucha es: ¿qué beneficios nos está ofreciendo? Si el que propone el proyecto no provee de beneficios tangibles, inmediatos y continuos, algunos miembros de organizaciones comunitarias y de empleados no están interesados en trabajar para su propio progreso. Los pobres así, desvalidos y dependientes, incluso hipotecan su vida a través del voto no razonado. Consideran a su caudillo paternalista como un «héroe» irreemplazable. Casi como una divinidad.

Grupos así no pueden ser transformados de la noche a la mañana en organizaciones verdaderamente participativas, en las que se comparten las decisiones y las responsabilidades. Sus miembros no tienen la confianza y las capacidades necesarias. Si ha de ocurrir el cambio, el grupo necesita conocer un nuevo marco conceptual de liderazgo, asumir responsabilidades, ser estimulados a trabajar, desarrollar sus capacidades y compartir el liderazgo democráticamente.

El caudillo sabelotodo

El caudillo sabelotodo a menudo surge cuando existe una marcada diferencia de experiencia, conocimientos y habilidades personales entre él y los miembros del grupo. Como resultado, la persona con mayor capacidad trata de dominar al grupo en base a su superioridad, real o supuesta. Los títulos profesionales, maestrías y doctorados juegan un papel tremendo de convencimiento, a sí mismo y a sus dirigidos, a su pueblo, de que él es el mejor, que él lo sabe todo. Que sin él muy difícilmente la comunidad saldrá adelante. Algunas universidades se prestan a concederle doctorado *honoris* causa por identificación ideológica y a cambio de alguna contribución o donación monetaria o en especies.

Su relación con la prensa será tormentosa, a la que califica con los epítetos más ofensivos para restarle credibilidad. No acepta una opinión contraria. Dicta leyes y reglamentos que impidan cuestionamientos y crea la autocensura so pena de clausuras y retiros de autorizaciones para la utilización del espectro radioeléctrico.

Si acepta entrevistas será con periodistas cercanos y si es con independientes sus asesores de comunicación exigirán previamente al entrevistador el cuestionario de preguntas. Para calificarlas y aceptar las que el cadillo deberá contestar apoyado por fajos de hojas con las respuestas. Lo importante es que la audiencia tenga la impresión de que el mandatario sabe todo. Durante la entrevista sus asesores estarán atentos para pasarle datos que rectifiquen o que llenen los vacíos que tiene al momento, con lo que mantendrá su imagen.

Este modelo se encuentra a menudo, en los círculos políticos y también en los académicos, en los maestros, consultores y asesores técnicos, y otras personas que comparten sus conocimientos y experiencias. Pero también suelen darse en las empresas donde el jefe tiene muchos años trabajando en el mismo puesto y sus subalternos son nuevos o han demostrado poco interés en mejorar sus capacidades y actualización de conocimiento. Para qué hacerlo, si el jefe tiene todas las respuestas.

En su relación con el grupo, el caudillo sabelotodo aprovecha cada oportunidad para jactarse de sus conocimientos, estudios, o experiencia previa y de sus títulos. Le gusta hablar de sus habilidades. A la vez que trata de disminuir a los demás al ridiculizar sus ideas y sugerencias, de forma evidente o sutil, haciendo bromas acerca de sus contribuciones. O, simplemente, en su actuación puede llevar implícito el mensaje de que él sabe más que cualquier otra persona sobre el tema a tratar. Peor aún si lo hace de manera evidente y en sus propias palabras de descalificación a quien no piensa como él. El caudillo sabelotodo aparta a los sabios, no tolera que le hagan sombra. Termina especializándose en insultos y descalificaciones de todo el pueblo, de sus opositores y de sus excercanos que se atrevieron a separarse de él.

Esta actitud de superioridad tiende a crear sentimientos de inferioridad si el grupo es débil, y si dentro del grupo existen miembros que también desean imponer sus ideas e intentan discutir la autoridad del caudillo se crean controversias que se superan con la separación del contradictor, perdiéndose el aporte que en base a razones podrían aportar incluso mucho más que el sabelotodo. Los que se someten al caudillo sabelotodo tienden a reprimir sus sugerencias, aun cuando el caudillo se las pregunte, perdiendo así la riqueza del conocimiento vivencial que el grupo pueda tener con respecto al tema. En ocasiones, el caudillo sabelotodo se desanima ante la incapacidad de sus dirigidos o se mantiene a la defensiva ante los miembros que se oponen a sus ideas. La falta de integración entre el caudillo sabelotodo y los otros miembros del grupo afecta la unidad del grupo y el logro de los objetivos propuestos. Al final de cuentas, el caudillo sabelotodo siempre tendrá un sumiso a quien culpar por las consecuencias de sus propios errores.

El caudillo manipulador

En contraste a las tres conductas revisadas, el caudillo manipulador actúa conscientemente desde principio a fin, aparentando pensar en el bienestar de los demás para lograr sus propios objetivos a costa del interés de los miembros del grupo y de la comunidad.

Porque quien practica cualquiera de las tres clases de caudillismo hasta aquí reseñados, en determinados momentos podría tener buenas intenciones. Quizás en la combinación de su conducta como autoritario, paternalista o sabelotodo, aunque sea en una mínima parte de su personalidad pueda actuar de buena fe. En algunas ocasiones puede ser sincero en su deseo por ayudar al grupo o estimular su participación, aunque no se dé cuenta que sus propias actitudes obstaculizan su éxito en el logro de objetivos grupales y comunitarios. Podría atribuirse su fracaso a su ignorancia o poca experiencia combinada con su soberbia y vanidad. En la mayoría de las ocasiones se trata de un teórico que se cree saber todos los secretos del ejercicio del poder o no hizo carrera desde abajo y le tocó la oportunidad de gobernar sin estar realmente preparado.

Pero, en cambio, de por sí el caudillo manipulador se debate entre la mentira patológica y la mitología. Para mantenerse en su posición es capaz de agregar una serie interminable de nuevas mentiras para no retirar la primera.

A menudo se ve este tipo de esquemas mentales en la política mal entendida, cuando la motivación no es servir a los demás, sino servirse de los demás, glorificando su ego personal. Existe una lucha camuflada e hipócrita por obtener beneficios materiales y psicológicos con el poder mal utilizado. También se da en las organizaciones con o sin fines de lucro, cuando son dirigidas por personas con claras intenciones de ocupar cargos directivos con el afán de obtener beneficios propios, aparentando que se sacrifican por los demás. Son hábiles manipuladores para engañar y para, a veces, incluir a otros miembros del grupo en su favor. Sus decisiones más obedecen a la mala política que al verdadero interés de los miembros de la organización.

Cuando los miembros de la organización sienten o descubren este estilo de caudillismo, reaccionan con desilusión y desconfianza. Cuando las personas se dan cuenta de que han sido manipuladas, o «usadas», se sienten ofendidas en su amor propio y se someten a una posición de crítica soterrada o abierta, a veces cínica, si no pueden huir de este tipo de gobierno. Lo que constituye una mala experiencia para participar en el futuro en otra organización y costará adaptarse a un cambio positivo. Habrá desconfianza.

El caudillo manipulador calcula quiénes son los más débiles o contra quiénes puede tener un éxito inmediato para atacarlos y engañarlos primero. Mientras se apoya en la voluntad de los otros miembros más fuertes del grupo o institución humana con algún respeto o complicidad. Luego, paulatinamente, va ampliando su círculo de enemigos reales o imaginarios, hasta que abarca a todo el grupo. Quienes no son afectados al inicio, en algún momento lo serán, tarde o temprano cuando ya sea muy tarde para reaccionar a la manipulación.

Los más débiles en una comunidad o Estado son los pobres. Sobre todo, los desempleados que ante el mínimo discurso político se ilusionan y no descubren las malas intenciones del manipulador. No reparan en que el bono de ayuda, el viático para asistir al mitin político, la inscripción al partido y a las listas para entrega de viviendas gratuitas y otros beneficios son a cambio de su voluntad soberana. De esto sí conoce el caudillo político y sus asesores de campaña lo dominan.

Después de que se haya dañado seriamente el espíritu de cooperación y la credibilidad del grupo o de una comunidad o empresa, como resultado de haber confiado en las falsas promesas de un caudillo manipulador, es sumamente difícil recuperar la confianza de la gente.

3. Diferencias entre liderazgo y caudillismo

Con la finalidad de reforzar la tesis que planteo en esta obra, estimo necesario incorporar una comparación entre las actitudes del líder y del caudillo para establecer sus diferencias, como forma de clarificar el análisis de sus características. Tomando en consideración que en ciertas ocasiones no es fácil diferenciarlos en las formas de hacer política y administrar en democracia, cuando el caudillo aparenta respetar las normas o argumenta que sus decisiones están enmarcadas para el bien de la sociedad.

Para evitar equívocos en la apreciación de uno y otro político, utilizaré la descripción de la sabiduría del líder y de la simple inteligencia del caudillo, al no ser factible hacer una descripción total de sus manifestaciones.

Diferencias entre liderazgo sabio y caudillismo de inteligencia simple

Para que un líder esté dotado de sabiduría debe practicar las virtudes políticas, siendo la justicia la más importante porque guía a las demás. El caudillo de inteligencia simple, en cambio, practica los vicios de la política.

Un primer fundamento de esta aseveración es que la política, la economía y otras ciencias que tienen relación con el desarrollo de las naciones son ciencias sociales trasversales a todas las manifestaciones comunitarias, por lo que deben ser utilizadas como herramientas para obtener el bien común incluyendo a mayorías y minorías para que la democracia funcione.

Estas herramientas en manos del líder republicano y democrático las usa para generar riqueza y repartirlas equitativamente entre todos los ciudadanos en base a las virtudes políticas. Sin mirar diferencias entre quienes lo apoyan y quienes no fueron parte de sus electores en las urnas, siendo capaz de apoyar las mejores iniciativas sin mirar de dónde proceden. Respetando las libertades de emprendimiento y de opinión, entre las principales fortalezas democráticas.

El líder sabio es capaz de reconocer los méritos del opositor y conformar su gobierno con los mejores ciudadanos sin mirar la orientación ideológica, para lo que dará preeminencia a la agenda mínima previamente concertada.

El caudillo, en cambio, usará la política y la economía para favorecer a sus apoyadores, sin incluir a quienes él considera enemigos y no adversarios políticos, porque no comparten su mismo pensamiento. Las usará como herramientas para ejercer el intervencionismo y, paulatinamente, gobernar en el autoritarismo y en el totalitarismo.

El líder sabio es quien conduce a la autorrealización de cada individuo y de la comunidad haciendo uso de sus propias virtudes humanas en su conducta personal, y a través del ejemplo en la comunidad; para hacer realidad la felicidad que merece cada individuo acorde con su dignidad humana y de la comunidad como institución.

En el Estado moderno, el líder sabio es democrático como forma de gobierno y republicano en la organización de su mandato. Ambos sistemas, que permiten a la política promover y garantizar el desarrollo y las potencialidades de cada uno de los individuos sirviendo y respetando la vida, la libertad y la propiedad, como miembros que conforman el Estado mediante la conservación y el fortalecimiento de la unidad para mantener el orden y la paz. El líder sabio suma voluntades y multiplica los beneficios individuales y comunitarios. Incentiva la acción humana en lo individual y la cooperación humana en la sociedad.

Por el contrario, el caudillo de inteligencia simple utiliza sus habilidades y astucias para imponer sus defectos personales en aplicación de su errado criterio paternalista, sabelotodo, manipulador y totalitario. El caudillo de inteligencia simple irrespeta la institucionalidad democrática y el Estado de derecho, la separación de poderes, la alternancia, el control popular y la igualdad ante la ley, anulando las voluntades individuales y comunitarias, irrespetando la vida, la libertad y la propiedad de los ciudadanos, provocando desunión, caos y violencia. El caudillo de inteligencia simple resta voluntades y divide los beneficios individuales y comunitarios. No genera nueva riqueza para su distribución, sino que reparte la riqueza ya existente producida por otros, provocando el descontento y el desincentivo general.

Diferencia entre sabiduría e inteligencia simple

La sabiduría es necesaria para ejercer el liderazgo del progreso. No es suficiente la inteligencia simple, porque ser inteligente no es suficiente ni es garantía para ser un virtuoso de la política. El líder sabio lo es de manera consustancial: el liderazgo es sabiduría y la sabiduría es liderazgo. Porque es imposible separar al líder de la virtud, especialmente de la justicia. De la humildad para hablar con la verdad, la paciencia para dominarse a sí mismo, la generosidad para el desprendimiento político y la caridad para alegrarse por el bien ajeno. Para ser un líder se requiere ser virtuoso, porque la virtud busca el bien de todos quienes hacen la comunidad, mientras el caudillo puede tener inteligencia, pero no la perfecciona con la virtud para ser sabio, y si la usa para el mal con astucia y sagacidad, sería una inteligencia simple, y no sabiduría. El liderazgo es progreso y el caudillismo es el atraso y pobreza de los pueblos.

Además, si la inteligencia es: «Capacidad de entender o comprender, capacidad de resolver problemas, conocimiento, comprensión, acto de entender, sentido en que se puede tomar una proposición, un dicho o una expresión, habilidad, destreza y experiencia.» (DRAE, http://dle.rae.es/?id=LqtyoaQ|LqusWqH, consultado el 14 de febrero de 2018); tanto el líder como el caudillo deben ser inteligentes, porque en sus actos manifiestan estas capacidades, pero mientras el líder da el paso adicional al perfeccionamiento de esas cualidades para el bien común perfeccionado en su férreo carácter por la humildad, la paciencia, la generosidad y la caridad, el caudillo degenera sus cualidades, que lo conducen al fracaso político, aupado por la soberbia, la ira, la envidia y avaricia.

Huelga aclarar que dos personas que sean inteligentes actuarán de manera diferente ante el mismo estímulo dependiendo de si están inspirados por sentimientos positivos o negativos.

La sabiduría es el «Grado más alto del conocimiento, Conducta prudente en la vida o en los negocios. Conocimiento profundo en ciencias, letras o artes.» (DRAE, http://dle.rae.es/?id=WtBahTM, consultado el 14 de febrero de 2018). Y en un grado mucho más superior: «la sabiduría eterna o sabiduría increada: El Verbo Divino.» (DRAE, http://dle.rae.es/?id=WtBa-hTM, consultado el 14 de febrero de 2018). Es decir, Dios.

En otras palabras, un caudillo político se caracteriza por usar su inteligencia con entendimiento, conocimiento y habilidad dentro de una conducta de intolerancia, egocentrismo sectarismo y dogmatismo, mientras que, para ser un líder democrático, en esencia, debe poseer un grado más alto de conocimiento y prudencia, para manifestar en el ejercicio del poder, humildad, servicio a los demás, altruismo, paciencia, tolerancia y responsabilidad; solo así garantizará ser el conductor hacia el bien común de su pueblo.

La principal virtud del liderazgo político para el progreso es la justicia, como base de las demás virtudes, en lo que han coincidido grandes filósofos como Sócrates, Platón y Aristóteles, así como los santos padres de la Iglesia como santo Tomás y san Agustín, entre otros. Santo Tomás dice que el hombre posee virtudes naturales como son: prudencia, justicia, el valor y el control propio. Pensamiento que siglos antes había expresado Platón en su filosofía, para quien todas las virtudes se basan en la justicia, y la justicia se basa en la idea del «bien», el cual es la «armonía» del mundo. A su vez, la filosofía moral de santo Tomás proviene de la ética aristotélica de la virtud, es decir, un conocimiento y práctica constante de la buena conducta que lleva a ejecutar hábitos beneficiosos para la persona y para todos los que la rodean; tal como debe ser un líder sabio. Quien en la política manifiesta las virtudes no solo en épocas electorales, sino de manera permanente ya sea antes, durante y después de ser gobernante, en comportamiento habitual. Para Aristóteles la virtud es un hábito que lo adoptamos de la práctica y experiencia como vivencia personal e íntima, más que de la comprensión racional, o de asimilar intelectualmente las verdades sobre la virtud sin ningún compromiso de practicarlas.

El comportamiento ético y moral del líder sabio es basado en la justicia que en sentido general es la virtud por la cual un ser humano dirige sus acciones hacia el «bien común» o el «bien vivir» aristotélico. La virtud de la justicia sobresale entre todas las demás, porque apunta a la rectitud de la voluntad en la interacción con todas las personas. No puede ser líder ni ser sabio quien dice aplicar la virtud solo a favor de sus aplaudidores y el vicio furibundo contra sus críticos. Dentro de la definición clásica de justicia santo Tomás nos dice que «es dar a cada uno lo suyo» (respetar su dignidad humana, por ejemplo), la justicia debe dirigirse siempre al bien común.

Aristóteles nos dice en la Ética Nicomaquea (349 a. C.):

> Así pues, en un sentido llamamos justo a lo que produce y protege la felicidad y sus elementos en la comunidad polí- tica (...).
>
> La justicia así entendida es la virtud perfecta, pero no absolutamente, sino con relación a otro. Y por esto la justicia nos parece a menudo ser la mejor de las virtudes (...). Lo cual decimos en aquel proverbio: *En la justicia está toda virtud en compendio* (2013: 79).

Quien no es virtuoso, no es un líder político, sino un caudillo. Con todas las virtudes políticas, por la fuerza de carácter que le dan, el líder virtuoso es íntegro, o hecho de una sola pieza, con lo que jamás optará por la corrupción, porque en su espíritu impera la solidez de la virtud. Se dice que la honestidad está hecha carne en el cuerpo y el alma del líder. En cambio, el caudillo caerá en la tentación ante el mínimo atractivo de riqueza o de vanidad en el poder. Algunos piensan que el poder es el que corrompe, como John Emerich Edward Dalberg-Acton (1834-1902), conocido como Lord Acton, quien acuñó el conocido aforismo «El poder tiende a corromper y el poder absoluto corrompe absolutamente», pero otros pensamos que quien se corrompe en el poder es porque ya estaba corrupto esperando nada más la oportunidad o la deshonestidad que estaba latente en su mente y pensamiento que lo hará sucumbir a la mínima oferta de enriquecimiento ilícito.

Después de establecer las diferencias entre el líder y el caudillo, ya podemos tratar el tema de la soberanía del pueblo entendiendo por qué el líder la respeta como un encargo temporal que recibe de sus electores y por qué el caudillo se apodera de ella como de su exclusiva disposición.

4. ¿La soberanía le pertenece al pueblo o al Estado y sus gobernantes?

Esta pregunta es clave responderla para determinar que solo en un Estado totalitario se puede pretender que la soberanía le pertenece al Estado y a sus gobernantes. La soberanía debe ser entendida como la facultad que se tiene para conducir sus propios pasos sin más condicionamiento que su propia voluntad.

Sabemos que la soberanía le pertenece al pueblo, pero no más es un enunciado cuando lamentablemente en la práctica se confunden los conceptos. Como dueño de la soberanía, el pueblo al elegir a un gobernante únicamente le encarga la administración del Estado y no su posesión, por lo que no le endosa la soberanía; solo se la encarga para que mediante su uso pueda ejercer las funciones y logre los objetivos que le ordena. La soberanía es la autoridad que le delega el pueblo al gobernante para que le asegure el bienestar general.

Sin embargo, la expresión de soberanía puede ser convertida en ambigua cuando quien la interpreta y aplica lo hace de acuerdo con su conveniencia, porque está engañado pensando que el cargo de mandatario es el jefe del pueblo o del mandante. Debido a esto, ambos términos han caído en la ambigüedad por su connotación degenerada. En su habilidad, el caudillo termina por ser más poderoso bajo el argumento de que el pueblo le ha confiado su destino y su voluntad y que puede hacer uso de la soberanía a su personal criterio para el bien del pueblo.

En esos casos se han dado gobiernos tiranos o totalitarios que han provocado la reacción del pueblo a la usurpación de la soberanía. Históricamente, se conocen algunas revoluciones que se han dado por parte del pueblo o para restablecer su soberanía en las revoluciones contra los monarcas o para recuperarla cuando la ha perdido y le ha sido usurpada.

Un gobernante tirano actúa como si la denominación presidente significa que en él recae toda la potestad como jefe de todas las funciones a través de las que se ejerce la soberanía como poder político en la república. Es decir, como si fuera el jefe de la república y, por lo tanto, jefe de las funciones ejecutiva, legislativa y judicial o cualquier otra función del Estado, con lo que se pierde la separación de poderes necesaria en la república.

Segunda parte

Los estragos del egoísmo político

La anulación del individuo y de la sociedad

Capítulo IV

El intervencionismo del Egoísmo Político

1. El intervencionismo, autoritarismo y totalitarismo del Egoísmo Político

El caudillo es intervencionista como parte de la expresión práctica de su personalidad, porque se considera facultado para estar enterado, imponer orden, controlar y castigar las conductas y actos de sus gobernados, como si se tratara de un monarca que dirige la vida de sus súbditos.

Paulatinamente, su espíritu intervencionista lo conducirá a ser autoritario fingiendo ser un demócrata con poderes relativos y a ser un totalitario abiertamente con poderes absolutos.

Para el intervencionismo de cualquier sistema de caudillismo, revisaremos la definición de Ludwig von Mises (1949/2015) y para los conceptos de autoritarismo y totalitarismo he tomado las definiciones de Simona Forti (2008). Que veremos a continuación y que es necesario tener presente para ubicar los caudillismos del Egoísmo Político en sus diferentes características en el ejercicio del poder político. Debo aclarar que en ambos casos incluiré citas textuales un tanto extensas con el propósito de que estos conceptos queden totalmente definidos para utilizar su orientación como refuerzo en la argumentación de la tesis de este libro.

Ludwig von Mises introduce el concepto intervencionismo en su libro *Crítica del intervencionismo (El Mito de la Tercera Vía)*, publicado en 1949. Como una forma de autoritarismo de Estado que regula la libertad económica, donde los empresarios son propietarios nominales. En donde el Estado que anuncia tomar lo mejor del capitalismo y del comunismo, termina imponiendo las reglas del juego. No sin antes hacer una diferenciación entre el socialismo ruso, totalitario, y el socialismo alemán, o autoritario, que en el espectro político es reconocido como social democracia o tercera vía, al ser alternativa intermedia entre el comunismo y el capitalismo extremo.

Mises lo expresa de esta manera:

> En un orden socialista todos los medios de producción son propiedad de la nación. El gobierno decide qué se va a producir y cómo ha de producirse, y distribuye a cada individuo una parte de los bienes de consumo.
>
> Este sistema puede ponerse en práctica de acuerdo con dos modelos diferentes.
>
> Un modelo —que podemos llamar modelo marxista o modelo ruso— es puramente burocrático. Todas las empresas son departamentos del Estado, como las administraciones del Ejército, de la Marina o de Correos. Cada fábrica, tienda o granja mantiene la misma relación con la organización central superior que la que mantiene una estafeta de correos con el sistema postal. Toda la nación constituye un solo ejército de trabajadores en servicio obligatorio; el comandante en jefe de este ejército es el jefe del Estado (1949: 252-253).

Para el otro modelo, Mises describe aquellas formas de intervencionismo que aparentan ser liberales, pero que en la práctica en menor o mayor grado toman decisiones centrales en el Gobierno para que los empresarios las cumplan:

El otro modelo —al que podemos denominar sistema alemán— se diferencia del primero en que, en apariencia y nominalmente, conserva la propiedad privada de los medios de producción, los empresarios y los intercambios en el mercado. Los empresarios realizan compras y ventas, pagan a los trabajadores, contraen deudas y las amortizan, pagando los intereses. Pero sólo son empresarios nominales. El gobierno dice a estos aparentes empresarios qué deben producir y cómo deben producirlo, a qué precios y a quién deben comprar y vender. El gobierno dispone a quién y en qué términos deben confiar los capitalistas sus fondos y dónde y por qué salario deben trabajar los obreros. Los intercambios en el mercado no son más que una parodia. Como todos los precios, salarios y tipos de interés son fijados por las autoridades, no son más que una mera apariencia; en realidad no son otra cosa que relaciones de cantidades determinadas autoritariamente. Las autoridades, y no los consumidores, dirigen la producción. Se trata de socialismo con la apariencia exterior del capitalismo. Se mantienen los distintivos de la economía capitalista de mercado, pero aquí tiene un significado completamente diferente al que poseen en una verdadera economía de mercado (1949: 253).

Más adelante, Mises, ante una posible confusión, incorpora la diferencia entre el socialismo y el intervencionismo en lo económico, que es nada más una similitud a la expuesta por Forti entre el autoritarismo y el totalitarismo político. Mises dice:

> Tenemos que llamar la atención sobre esta posibilidad para evitar confundir socialismo con intervencionismo. El intervencionismo, un sistema de economía de mercado lastrada, se diferencia del socialismo precisamente en que aún es una economía de mercado. Las autoridades pretenden influir en el mercado por medio de su poder coactivo, pero no desean eliminar completamente el mercado. Quieren que la producción y el consumo sigan líneas diferentes a las que un mercado sin trabas prescribiría, y pretenden lograrlo introduciendo en el mercado órdenes, directrices y prohibiciones, para cuyo cumplimiento cuentan con el poder y el aparato coactivo (1949: 254).

Este intervencionismo descrito por Mises es muy común en países en que se aplica una forma débil de democracia. Ya sea porque el partido de gobierno cree tener la respuesta a todos los problemas de la comunidad o porque es manipulado por alguna élite, de derecha o de izquierda, que busca el beneficio para los simpatizantes de su orientación política o definitivamente caen en actos de corrupción en contra de los intereses comunitarios. En Latinoamérica es muy común esta forma de Gobierno con la Economía Social de Mercado, porque se la considera la más justa por su aparente equidad. Su discurso político es más fácil de asimilar que el del sistema de Economía de Mercado, simplemente.

Por su parte, Forti (2008) dice que el autoritarismo es el monopolio de la autoridad y la administración. Donde sobreviven los elementos de «una sociedad legalmente reconocida» en su residual pluralismo y del totalitarismo que le anima la voluntad de hacer desaparecer toda forma de pluralismo real y legal, arrogándose un poder sobre la sociedad que no conoce ningún límite. Forti lo dice en estas palabras para describir primero el autoritarismo:

> La primera característica general de los sistemas autoritarios es su residual estructura pluralista, a diferencia de los totalitarismos, que están marcados por un monismo absoluto. Como sostiene Linz, en una definición que será muy compartida y que acabará por hacer escuela, los regímenes totalitarios son «sistemas de pluralismo limitado, cuya clase política no rinde cuenta de su actuación». Un Estado autoritario, aún centralizado fuertemente el poder, no logra, y tal vez no quiere, llegar al aniquilamiento de todos los grupos sociales y políticos existentes. Por tanto, junto a un Estado que monopoliza la autoridad y la administración, sobreviven elementos de «una sociedad legalmente reconocida» (2008: 101-102).

Y sobre el totalitarismo en sí, dice Forti:

> Por el contrario, al totalitarismo le anima la voluntad de hacer desaparecer toda forma de pluralismo real y legal arrogándose un poder sobre la sociedad que no conoce ningún límite. Si el autoritarismo es, en ciertos aspectos, un intento de solución fuerte de la crisis del Estado, el totalitarismo se alimenta de esa crisis llevándola hasta sus últimas consecuencias. Eso significa que, por arbitrario que pueda parecer un régimen autoritario, siempre se mantiene vinculado al valor del orden y de la soberanía estatal: reconoce, e incluso refuerza, el papel simbólico representativo del Estado. El sistema totalitario, en cambio, sea cual sea la retórica que utiliza, se sirve del aparato estatal como mero órgano funcional vaciándolo de su prerrogativa soberana y oponiéndole primero el movimiento y, luego, el partido, los únicos en los que recae la vocación de representar a la totalidad. Si bien es cierto que también los regímenes autoritarios

casi siempre son monopolistas, el partido único se mantiene, no obstante, en una posición subordinada, y no alternativa o conflictiva, frente al poder estatal (2008: 102).

Una vez aclarados estos conceptos, se hace factible la introducción de los aspectos más amplios que le doy en este libro al tema del fracaso del Egoísmo Político. Analizado en una combinación de todos los aspectos de una sociedad, como son los derechos civiles, políticos, económicos y ambientales de los ciudadanos. Teniendo en cuenta que en cualquiera de los niveles de autoritarismo y totalitarismo según Forti o intervencionismo y socialismo según Mises, la comunidad tiene el derecho irrenunciable, imprescriptible e intangible de revocar el mandato del Gobierno que irrespete esos derechos, obviamente usando la misma vía democrática, mediante el referéndum en los casos en que aún se respete alguna forma democrática, lo cual no es posible en un totalitarismo o socialismo radical.

Si el individuo posee dignidad humana por su propia naturaleza, el atentado en contra de ella es contra natura y debe ser rechazado.

De acuerdo con la tesis que aquí expongo, atribuyo al Egoísmo Político de las ideologías radicales ser el origen del intervencionismo parcial o autoritarismo y del totalitarismo absoluto, así como del intervencionismo centralista. Los que aparejado con una exultante dosis de soberbia han desconocido la dignidad humana y han pretendido imponer su propia lógica y razón sobre los conglomerados ciudadanos a través del «dirigismo social», creyendo que los pueblos llegan a la razón mediante la obediencia de manera directa y no por la reflexión y persuasión a partir de las emociones y sentimientos de sus actividades cotidianas antes de llegar a la razón.

El Egoísmo Político de las ideologías radicales soslaya que la realidad del individuo llega a la razón solo mediante su propia reflexión íntima y personal, partiendo desde una posición abierta a los estímulos externos u objetiva, y desde una posición íntima o subjetiva. En la objetiva, ve, escucha y palpa las ideologías de los demás, especialmente de los líderes políticos y sus discursos. En la subjetiva, procesa ese discurso ideológico, los planes de gobierno propuestos o formas de convivencia por modelos políticos, económicos y sociales, y escruta al mismo político que le hace conocer sus planteamientos; previo a unas elecciones populares y durante el ejercicio del poder político y jurídico encargado.

En ambas situaciones, la actitud del ciudadano se ve condicionada por sus emociones y sentimientos, porque no hay decisión razonada sin una fuerte dosis de emoción. Luego, paulatinamente, con mayor o menor profundidad, el individuo como elector va creando su propia realidad y su papel como ciudadano mediante la reflexión hasta adoptar sus razones o motivaciones para actuar, con su propia opinión y posición política mediante su participación como ciudadano, consignando su voto.

En ese ambiente democrático y republicano, el individuo como sujeto político, entonces, acepta o rechaza la invitación a determinada acción. Si la acepta, será coincidente con las propuestas ideológicas, y si las rechaza buscará otras alternativas hasta encontrar la que emocionalmente, o a veces intuitivamente, lo convenza, porque no tiene todos los elementos de juicio completos o evidentes. Todo esto como una manifestación de su soberanía.

Pero también se pueden dar otras situaciones que no respeten su propia reflexión basada en la verdad. Cuando, por ejemplo, la invitación ha sido engañosa y manipuladora de su subjetividad desde lo objetivo, por medio de un discurso político mentiroso revestido de visos de verdad o medias verdades y premisas falsas con conclusiones erradas, es decir de falacias y sofismas. Igualmente, cuando se lo persuade a través de beneficios, regalos o subsidios que explotan sus necesidades físicas y su pobreza, así como sus emociones y sentimientos negativos a través de la exaltación del odio contra supuestos enemigos creados por el mensaje manipulador. También se da el irrespeto a su dignidad humana cuando simplemente se le impone criterios a través del totalitarismo; ya sea a través de la persuasión dadivosa o por medio del terror y la violencia. De esto se nutre el caudillo de inteligencia simple que explota con su retórica engañosa y con la demagogia.

La libertad y la verdad, como bienes preciados por el individuo, tienen en sí una permanente debilidad como valores humanos, porque son intangibles y porque al estar necesitado de los elementos básicos de subsistencia, el individuo es por lo tanto vulnerable al engaño. Muy parecido a lo que le sucede mientras dispone de oxígeno y de los nutrientes necesarios para la vida, porque el individuo no los valora por sí mismos, sino por los beneficios de salud y energía que le dan cuando están a su disposición, pero cuando se da cuenta de que ya no dispone de ellos, al estar enfermo y débil por falta de una buena alimentación, recién allí repara que le hacen falta y los comenzará a valorar una vez perdidos. Asimismo, la república y la democracia no son valorados como dones por sí mismo hasta que se los ha perdido.

Pero nunca serán valorados por sí mismo, aunque se los haya perdido, porque son conceptos abstractos e intangibles, sino por los beneficios que han dejado de proveernos, como la libertad, la propiedad y la seguridad. Y cuando las mayorías se debaten en el desempleo y la pobreza al ser secuestrados por los Gobiernos totalitarios. Debido a ello, el individuo no valora y no defiende los beneficios democráticos cuando el Egoísmo Político de las ideologías radicales se los va quitando paulatinamente, casi de manera inconsciente. Las ideologías radicales tienen una ventaja: se presentan como verdades eternas que exigen obediencia sin reflexión.

Erich Fromm (1900-1980) en su libro *El Miedo a la Libertad* (1947) hace un estudio del significado de la libertad para el hombre en un período posterior a la Segunda Guerra Mundial. En el que los sucesos políticos de aquel entonces habían puesto en evidencia «los peligros que entrañan para las más preciadas conquistas de la cultura moderna —la individualidad y el carácter singular y único de la personalidad— (...)» (1947: 22). Fromm se refiere al nazismo en Alemania y al fascismo en Italia que conculcaron la individualidad y la personalidad de los individuos dentro de sus formas de totalitarismo, por lo que expresa refiriéndose a su obra, que:

> La tesis de este libro es la que el hombre moderno, liberado de sus lazos de la sociedad preindividualista —lazos que a la vez lo limitaban y le otorgaban seguridad—, no ha ganado la libertad en el sentido positivo de la realización de su ser individual, esto es, la expresión de su potencialidad intelectual, emocional y sensitiva. Aun cuando la libertad le ha proporcionado independencia y racionalidad, lo ha aislado y, por lo tanto, lo ha tornado ansioso e impotente. Tal aislamiento le resulta insoportable, y las alternativas que se le ofrecen son, o bien rehuir la responsabilidad de esta libertad, precipitándose en nuevas formas de dependencia y sumisión, o bien progresar hasta la completa realización de la libertad positiva, la cual se funda en la unicidad e individualidad del hombre (1947: 23).

Más adelante, en el inicio del «Capítulo V» que con el título *Mecanismos de Evasión,* refiriéndose a las opciones que tienen los individuos para rehuir la responsabilidad de la libertad y preferir la dependencia y sumisión, no solo se refiere al fascismo y al totalitarismo, sino a la misma democracia. Fromm: «Hemos llegado en nuestra exposición hasta el período actual y nos corresponde ahora pasar a ocuparnos del significado psicológico del fascismo y del sentido que tiene la libertad en los sistemas autoritarios y en nuestra propia democracia» (1947: 141), como una introducción a su estudio de la conformidad que adoptan los individuos ante el totalitarismo como forma de evasión de la libertad individual:

> El primer mecanismo de evasión de la libertad que trataremos es el que consiste en la tendencia a abandonar la independencia del yo individual propio, para fundirse con algo, o alguien, exterior a uno mismo, a fin de adquirir la fuerza de que el yo individual carece; o, con otras palabras, la tendencia a buscar nuevos «vínculos secundarios» como sustitutos de los primarios que se han perdido (1947: 146)

Penoso diagnóstico, ¿verdad? Pero Erich Fromm trabajó en muchos casos individuales de sus pacientes como el destacado psicoanalista, psicólogo social y filósofo humanista que fue en su vida. Explica así las razones por las que algunos ciudadanos prefieren el autoritarismo y el totalitarismo a la libertad, y también explica la conducta de los mismos caudillos de ambos sistemas intervencionistas, mediante la cual expresan sus propias frustraciones.

La moral y el paternalismo del régimen autoritario

En otra de sus grandes obras *El Amor a la Vida*, originalmente publicada en 1985, Erich Fromm (2011) expresa su posición contra las limitaciones del crecimiento humano, refiriéndose dentro de la crisis moral que se atraviesa, al particular rol que tiene la generación joven, especialmente los ya adultos radicalizados no solo en lo político, sino en lo infantil, aclarando que con la palabra «radical», dice Fromm: «no me refiero a quienes así se denominan y parecen creer que la justificación de cualquier clase de violencia puede reivindicar para sí la denominación de radical. Muchos hombres jóvenes son sólo infantiles y no radicales» (2011: 65), para agregar que «Lenin ya se pronunció al respecto en su artículo sobre las enfermedades infantiles del comunismo» (2011: 65), en donde la moral de un régimen autoritario convierte a la obediencia al autoritarismo como una virtud y a la desobediencia a sus postulados como un pecado, y en una carga moral de conciencia, restándole al individuo su autodeterminación para progresar en la vida.

Veamos en la siguiente cita para conocer a qué se refiere Fromm (2011) sobre quienes rechazan al autoritarismo como dueño de los destinos de los ciudadanos:

Pero hay amplios círculos entre los hombres jóvenes que no sólo son radicales en lo que respecta a sus exigencias políticas, sino también en un aspecto que tiene una estrecha vinculación con el tema que estoy tratando, o sea, con el rechazo de la moral autoritaria. Esa insurgencia no cuestiona meramente la autoridad (pues en todas las revoluciones se protestó contra las autoridades), sino también el principio patriarcal y la moral que en él se enraíza y fundamenta, según la cual la obediencia es una virtud y la desobediencia un pecado. Como secuela de esta moral se desarrolló un fenómeno de gran significación: el hombre experimenta sentimientos de culpa cuando no hace lo que debe. En lugar de lo que el hombre debería hacer si siguiera el impulso de su propio corazón, de su propio sentimiento, de sus propias tendencias humanitarias, se lo somete a un orden autoritario que no puede transgredir sin culpa (2011: 65-66).

Recordemos que, bajo el aparente amor y sutileza de lo patriarcal, se esconde un deseo autoritario, que especialmente en la antigüedad se imponía sobre la descendencia y la familia, por parte de un padre autoritario que se convencía a sí mismo de conocer qué era lo bueno para sus allegados y disponía del destino de ellos más allá de sus responsabilidades ordinarias. Ese supuesto amor paternal quita al individuo su verdadero desarrollo en un Estado autoritario que no concede la oportunidad a sus ciudadanos de decidir su destino siguiendo sus propias tendencias humanitarias, el impulso de su propio corazón y de su propio sentimiento.

Un Estado patriarcal es a los ciudadanos, lo que el paternalismo es a los hijos en el hogar. De allí que en lo político se ha usado el término paternalismo como el ejercicio del poder de un Gobierno totalitario como si fuera el padre de los ciudadanos para suplir sus necesidades a cambio de su invalidez política e intelectual y de sumisión y obediencia. En ocasiones, no existe empacho de utilizar el término «tutelaje» de los ciudadanos por parte del Estado y del Gobierno de turno que lo administra, tal como si los componentes del pueblo no tuvieran ni siquiera el uso de su propia razón o no tuvieran la edad necesaria para decidir su propio destino. El Estado totalitario llega a tratar al ciudadano como a un infante o adolescente que aún no ha llegado a la mayoría de edad.

Una forma efectiva de ejercer el tutelaje del ciudadano es redactando una constitución y sus leyes, que coarten las libertades básicas y la imparcialidad necesaria para su aplicación equitativa a todos los ciudadanos. Situación que se profundiza cuando no solo se invalida al ciudadano que puede hacer uso de sus facultades físicas y mentales para aprovechar las oportunidades que el Estado debe crear y asegurar, sino que además se adopta prácticamente a quien sí necesita la ayuda del Estado, a cambio de sumisión del ciudadano con capacidades especiales y de su familia. Para hacerlo efectivo, en dicho tutelaje se aprueban una larga serie de normas jurídicas y políticas que regulan hasta los aspectos más íntimos de la vida de las personas que son de su exclusivo interés y que no implican riesgos para la integridad de terceros o para la comunidad.

El paternalismo justifica en la mente del caudillo totalitario un Estado cada vez más grande e interventor, porque necesita dejar pocos aspectos sin regulación o afectados por su acción y omnisciencia. Detrás del paternalismo se esconden las ideas del patriarcado de siglos anteriores a la modernidad, al promover que el padre se encuentra «mejor preparado» para decidir en los asuntos de los miembros de la familia. Se arroga capacidades como algo «natural» o «predestinado» por la supuesta superioridad del hombre frente a su esposa e hijos; un padre que jamás se equivoca, porque sus decisiones son resultado del amor.

Ante el totalitarismo se impone el rescate de la política pura

Por el momento dejo planteado lo que una política pura, basada en el republicanismo y en la democracia verdadera, debe ser para guiar a un buen gobierno. Principio que es discutible, es cierto, pero, así como hago la crítica a El Egoísmo Político del caudillo generador de atraso y pobreza, como contrapartida hago el elogio a la política pura, la misma que guía al Gobierno de un Estado hacia una gestión que asegura la economía de mercado que garantice la vida, la libertad y la propiedad privada de los ciudadanos contra el engaño y el fraude. Un Estado que use el poder coactivo legalmente instituido para armonizar los intereses en la economía de mercado, pero absteniéndose de rebasar los límites de las libertades civiles, políticas, económicas y ambientales de los ciudadanos. Un Estado que se autoimponga la disciplina del respeto a la constitución, incluidos los principios de la república y de la democracia verdadera.

Como se podrá apreciar más adelante, mi exposición argumentativa se fundamenta en el respeto a la dignidad humana del individuo y de la comunidad, así como en el uso de la Economía Política, no como herramienta para imponer ideologías políticas y económicas como lo hace el Egoísmo Político, sino para hacer realidad el pensamiento original de la economía clásica, en que el Estado debe abstenerse de interferir en la libertad de acción de los individuos que se ocupan a su cuenta y riesgo por esforzarse en la producción y distribución de la riqueza por voluntad propia, con el único límite de que sus acciones no impliquen el uso de la violencia o el fraude en contra de la vida, la libertad y la propiedad privada de los demás. Si no se cumplen estos postulados de la economía clásica, no es ella la responsable, sino los malos operadores que también caen en el Egoísmo Político del que hago crítica. Si la Economía Política genera riqueza, corresponde a los líderes republicanos y democráticos utilizarla adecuadamente para crear la economía de mercado o economía del capital en una comunidad de cooperación social a partir del altruismo y solidaridad del individuo en su propia familia. Como lo voy a tratar.

Lo más paradójico de esta realidad, es que las ideologías radicales se fundamentan en el «racionalismo», exaltando la razón y la racionalidad para imponer el «racionalismo constructivista de las soluciones sociales». Si el individuo no acepta la imposición de las ideas, para los totalitarios es porque ese individuo no es razonable o es ignorante y debe ser o tutelado o violentado por el Estado. Para ello, el totalitarismo crea mitos que justifican su acción de irrespeto a la dignidad humana.

De allí parte la necesidad de elogiar a la sabiduría y a la virtud política, para rescatar la pureza de la política y su beneficio para la comunidad; para devolverle al ciudadano su dignidad humana y permitirle su reflexión personal de los estímulos externos e internos; para rescatar el respeto a su familia, a su acción libre y voluntaria en la comunidad con las oportunidades y circunstancias que más le convenga; para fortalecer su compromiso humanista de altruismo y solidaridad con su familia y de cooperación social con los demás, no por obediencia, sino por conciencia, persuasión y decisión libre y voluntaria y, ¿por qué no?, por conveniencia; para respetar que cada una de sus decisiones racionales, primero fueron decantadas desde la emoción y sentimiento, para ser respetables desde todo punto de vista por el solo hecho de ser humano con dignidad.

En la historia de la humanidad se han dado diferentes revoluciones como cambio de la relación del poder político y la soberanía de los pueblos. Revoluciones que han durado largos plazos aportando a la comunidad, porque respetaron las emociones y sentimientos de los individuos, como paso previo para aceptar su compromiso social de manera sustentable y permanente hasta nuestros días. Y revoluciones que duraron corto tiempo, porque fueron más nefastas que las condiciones sociales que inspiraron su accionar, para degenerarse en más totalitarismo por el miedo, terror y fracaso que provocaron y utilizaron para intentar mantenerse en el poder político y en la manipulación de la voluntad de los pueblos que decían liberar o dar libertad, porque no respetaron a mediano y largo plazo las emociones y sentimientos y de manera soberbia intentaron imponer su propio razonamiento, cual falsos dioses.

Por el momento, dejo planteado que es la política pura, basada en el republicanismo y en la democracia verdadera, la que debe guiar a un buen gobierno.

A diferencia de la política pura, el Egoísmo Político se ha anquilosado en la visión de sus pensadores en una especie de competición intelectual «racional», soslayando a la misma humanidad de los individuos que conforman las comunidades, quienes, más que intelectuales y racionales, son humanos con sus virtudes y defectos, con miedos y alegrías, con pensamiento, emociones y sentimientos y con errores y aciertos para dirigir sus propias acciones humanas. Porque la expresión de la naturaleza humana rechaza el dirigismo de la autoridad política cuando esta invade en demasía el ámbito comunitario y afecta al ámbito cercano, familiar y personal. El humano como animal político ansía la solución de sus problemas, pero anhela ser protagonista de su propia vida y ser él mismo quien escoja el destino de su plan personal, y ser guía directo de los seres más cercanos a él en el plano conocido y de manera indirecta en el plano des- conocido de su prójimo que complementan el accionar de la comunidad.

En política y economía hay premios y castigos de corto plazo que generan consecuencias y efectos colaterales de largo plazo. Los premios y castigos de corto plazo son de fácil exposición y persuasión, porque se los vive a diario y sus consecuencias son inmediatas y palpables. Son utilizados por los caudillos dema- gogos y mesiánicos para apoderarse del poder político y perma- necer en él.

En cambio, las consecuencias y efectos colaterales de largo plazo son difíciles de entender y el pueblo no se percata de ellos para atribuirlos al error cometido previamente por el caudillo. Esos costos de largo plazo son los que obligan a los estadistas liderar a las comunidades pasándoles las facturas de la fiesta que gozó el caudillo, y el pueblo se sentirá molesto porque no lo re- laciona con el anterior gobernante. En medio de los demagogos y los estadistas se ubica la ciudadanía, con beneficios y castigos de corto y de largo plazo. Sobre todo, algunos castigos, cuyas facturas deberán ser canceladas por las futuras generaciones como la deuda pública, por ejemplo.

2. El intervencionismo del Egoísmo Político anula al individuo

Víctor Frankl (1991), psicólogo y sobreviviente del campo de concentración nazi en Auschwitz, en su obra *El hombre en busca de sentido,* escribió: «(...) al hombre se le puede arrebatar todo salvo una cosa: la última de las libertades humanas —la elección de la actitud personal ante un conjunto de circunstancias— para decidir su propio camino» (1991: 41). Más adelante referencia las palabras de Nietzsche: «Quien tiene algo por qué vivir, es capaz de soportar cualquier cómo» (1991: 46). Ambas expresiones son usadas por Frankl para explicarnos «cómo» pudo soportar la prisión en un campo de concentración sin perder su deseo de vivir y sin caer en la desesperación y en la desmotivación como muchos de sus compañeros de cautiverio. Actitud que nos orienta para entender la diferencia que existe entre aquellos que pierden la motivación para progresar y los que mantienen su actitud de superación personal aún en circunstancias desmotivadoras bajo regímenes intervencionistas, autoritarios y totalitarios. Y de paso nos da argumentos para compadecer a aquellos que, teniendo libertad, no la aprecian y la entregan a los caudillos políticos.

Seguramente, la historia de Víctor Frankl en Auschwitz es una situación extrema que los humanos deben enfrentar en casos como el totalitarismo nazi. Pero en la vida común, los ciudadanos, además de enfrentar cada día los obstáculos naturales para superarnos y encontrar un nivel de vida digno, también debemos luchar contra las dificultades que a diario son creadas por Gobiernos que no tienen una orientación cierta de las medidas que se deben tomar para permitir y apoyar al individuo en su progreso. El ciudadano honesto y responsable le dice al Gobierno interventor: «por favor, déjame trabajar».

De por sí y por naturaleza, los obstáculos que debe superar el ciudadano como individuo para progresar hacia un mejor nivel de vida son múltiples. Tanto para mejorar su entorno familiar cercano y conocido, como para contribuir al progreso de la comunidad en un entorno amplio y desconocido. El Estado que tiene en cuenta esta situación, tiene la obligación de allanar este camino creando las condiciones adecuadas para el progreso individual como forma de lograr un desarrollo de la comunidad en base a la aplicación de la política pura. Tarea que el Estado interventor y totalitario, en cambio, la complica al aumentarle más dificultades a las de por sí complicadas situaciones del emprendimiento.

En este apartado anotaré seis obstáculos principales que el Egoísmo Político de las ideologías radicales ha impuesto sobre el individuo hasta modificarle su conducta llevándola desde una posición de aspiración personal para el desarrollo propio y de la comunidad, hacia una actitud de indiferencia, desidia e inmovilismo. Esto en un estado en que el ciudadano renuncia a su dignidad humana y a su soberanía política y se convierte y prefiere ser considerado como víctima o parásito de un sistema político. Así tenemos: a) bajo nivel cívico; b) estigmatización del individualismo o egoísmo verdadero y sano; c) racionalismo constructivista; d) conculcación de libertad y verdad; e) destrucción del altruismo, solidaridad y cooperación social; y f) anulación de la moral y ética ciudadana.

Bajo nivel cívico y político creado por el Estado totalitario contra el individuo

Un Estado gobernado por una idea intervencionista y totalitaria anula al individuo con un primer obstáculo a través de la baja educación cívica y política.

134

Si es un ideal el propender a que la sociedad se desarrolle armónicamente, es necesaria, entonces, la aplicación de la política pura para que pueda tener cabida el trabajo de todos los ciudadanos en beneficio de todos. El Estado debe propiciar que el ciudadano conozca desde muy joven cuáles son las obligaciones y derechos que le corresponde para convivir armónica y pacíficamente con los demás. Se trata de que el civismo lo guíe voluntaria y libremente a cumplir sus deberes ciudadanos para respetar las leyes y contribuir así al funcionamiento de la sociedad y al bienestar de los demás miembros de la comunidad, así como a conocer sus derechos para luchar por ellos y hacerlos respetar por los funcionarios públicos. Aspecto que no siempre se tiene en claro cuando se habla de la cultura de los pueblos y no se incluye en ella el comportamiento, la conducta, ordenada y responsable dentro de la comunidad. Y para esto, se debería aspirar a que la conducta ciudadana sea bien orientada en la política pura, de la que nos habla Aristóteles.

Estos conocimientos deberían ser provistos por la familia y por la sociedad desde la niñez y adolescencia y se los debería perfeccionar en la escuela y en las instituciones que lo acogen hasta lograr un título profesional. Porque sabemos que el individuo nace en una familia que lo prepara para incorporarse a la sociedad mediante la enseñanza de la tradición familiar y el estudio que adquiere con su apoyo en los centros educativos. El conocimiento que el individuo adquiere en los primeros años de educación lo marcará para toda la vida y se reflejará en su conducta como adulto, aunque jamás se deja de aprender de acuerdo con las experiencias que cada uno vive. Esto no sucede en un Estado totalitario que toma al individuo desde su niñez y lo educa en función de la idea dominante, creando la única referencia de la ideología del partido único y el agradecimiento al caudillo y el culto a su personalidad.

Shepard, et. al. (2010), en su *Tratado de Sociología*, dicen que hay dos teorías que tienen el propósito de explicar algunos aspectos de la realidad social: la del conflicto y la funcional. Textualmente manifiesta que: «La teoría del conflicto y la funcional son dos de las principales perspectivas de la sociología actual. Hasta hace poco, el funcionalismo dominaba el campo. La teoría del conflicto trata ahora de aventajarla» (2010: 28). Según los mismos autores, el funcionalismo propone que las partes de una sociedad están organizadas formando un todo más o menos integrado, que aunque no sea perfecta, se requiere cierta integración para la supervivencia de la sociedad a pesar del conflicto e incongruencias. Las sociedades buscan un equilibrio o estabilidad después de alguna perturbación o cambio, y que para satisfacer sus necesidades ha ido desarrollando determinadas funciones con los sistemas económicos, tipos de familia, gobiernos, religiones y algún medio de educación formal e informal. Finalmente, toda sociedad se apoya en un acuerdo o consenso general con respecto a los valores para lograr cierta integración social.

En cambio, quienes creen que la realidad social se explica a través de la teoría del conflicto y no del consenso, aseguran que existen algunos miembros de la sociedad que oprimen a otros. Lo que explica por qué algunas personas actúan forzadas por otros y no por la convicción de que van por el «buen» camino. Afirman que permanentemente conviven en un conflicto de valores y que no poseen un acuerdo general de intereses, porque cada parte de la sociedad tiene los propios que entran en conflicto con los de otros segmentos. Conciben la sociedad como un concurso por el «poder», que es la capacidad de controlar la conducta ajena en contra de sus deseos. Los grupos de interés emplearán el poder para satisfacer sus propios valores y cumplir sus aspiraciones. Así, debido a que hay tantos cambios de poder, la condición constante será el cambio social y no la estabilidad, por lo que no se puede sostener que la mayor parte de la sociedad contribuya al bienestar de la comunidad (Shepard et al, 2010).

Esto último es precisamente lo que el Egoísmo Político cultiva a mediano y largo plazo en la sociedad y por esto el individuo aprende a vivir en el conflicto y no en el consenso. Especialmente, el caudillo y su grupo de seguidores cercanos, conduciendo al ciudadano a un estado de pérdida de amor por la sociedad, que lo lleva al desencanto por todo lo que se relaciona con la política y con los políticos. Es muy común escuchar a los ciudadanos desencantados de la política que solo desean saber cómo solucionar sus propios problemas y no los de la sociedad, tal como si no fueran parte de ella, por lo que son fáciles presas de los demagogos ante el discurso facilista y paternalista del primer mesías que hace proselitismo ante ellos.

Igualmente, es común que los ciudadanos participen en una campaña electoral como electores indecisos de última hora y que elijan a los candidatos «menos malos», sin tener ninguna información sobre ideologías, planes de gobierno y de los mismos candidatos, creyendo que los electores no son parte de las decisiones que los elegidos tomarán una vez posesionados de los cargos públicos y que tomarán el rumbo del destino de los ciudadanos a su arbitrio. Desinterés que llega hasta la expresión de aceptar como normal la corrupción con la frase: «que roben no más, si todos hacen lo mismo» o que «roben, pero que hagan obras», como si robar los recursos públicos fuera algo consustancial a la política, demostrando con esto su escasa cultura cívica propiciada por una situación de desencanto de la política.

En situaciones así, el ciudadano ha adquirido sentimientos negativos para con la sociedad, ampliamente riesgosos y contrarios a la razón. De allí surgen los futuros caudillos que utilizan la política y se sirven de los electores y no llegan a los cargos públicos a servir a la sociedad, cambiando los valores positivos por negativos, como producto de su propia frustración. Aquel que termina atrofiando el amor a la comunidad y llega al poder con deseo de venganza y «reivindicación» política.

Más aún, esta situación de falta de valores hace que el ciudadano común se acostumbre a la falta de servicios básicos y a la pobreza por la falta de empleo, por lo que al creer que no tiene derechos ciudadanos y que no tiene nada que perder, fácilmente se sumará a esa mayoría motivada por una especie de venganza en contra de los demás que algo tienen e incluso en contra de la misma sociedad entera votan por los caudillos que destruirán la democracia. Así, difícilmente podrá generarse los sentimientos positivos en un individuo de corazón endurecido a fuerza de golpes propinados por una realidad social provocada por el Estado totalitario, exacerbado, además, por la cultura del conflicto de la lucha de clases.

El errado estigma del individualismo

Un segundo obstáculo creado por el Estado totalitario en contra del individuo es haber creado un estigma ficticio contra la iniciativa y el emprendimiento personal con el término «individualismo» de manera peyorativa. Propiciado por quienes lo han desvirtuado desde una acepción positiva que originalmente lo ha entendido como «la fuerza personal a progresar intelectual y materialmente por sus propias capacidades especiales y únicas, por ser diferente» para ser calificado como sinónimo de «egoísmo o explotación y afán de enriquecimiento por avaricia». Al punto de que quien por naturaleza y vocación se siente emprendedor y con iniciativa propia, se cuida de no ser calificado de cultor del individualismo para no ser mal visto y vilipendiado por su comunidad. Cambiando su conducta emprendedora a una conformista y parasitaria que brinda más réditos en bonos de pobreza y sin mayor esfuerzo.

Se confunde, en definitiva, al individuo empresario como sinónimo de explotador. Es decir, que a la virtud de emprendimiento entendida como el «inicio de una actividad que exige esfuerzo o trabajo, o tiene cierta importancia o envergadura», según la RAE, lo cual implica estar dispuesto a correr riesgos con la inversión de tiempo, esfuerzo y dinero, se lo califica de mal intencionado como forma de perjudicar los derechos de quienes buscan en el empleo la subsistencia y su mejoramiento de vida; obviamente a cambio de verse entre las partes como colaboradores mutuos.

La confusión negativa en la relación entre el empresario y el trabajador, la puedo clasificar como uno de los logros, si no el principal, de los «intelectuales» de las ideologías radicales de izquierda. Sobre todo, desde que los intelectuales del socialismo crearon la vergüenza de ser empresario y al orgullo de ser «progresista». Esto dentro de la posición política que descalifica al capital sin que hayan creado un solo puesto de empleo en toda su vida o administrado por lo menos una tienda de barrio; es decir, sin conocer las interioridades del empresariado. Sin que esto signifique una valoración absoluta del capital sin darle su importancia natural al trabajo como generador de riqueza.

La anulación del individuo como emprendedor es un logro malsano de los ideólogos de izquierda y también de algunos de derecha. Si son de izquierda, lo hacen para denostar al «burgués» identificado por Karl Marx y Friedrich Engels en su momento y en sus testimonios de una época en que el empresariado se debatía en sus primeros pasos y explotaba ciertamente al trabajador. Si son ideologías de derecha, por sus apreciaciones erróneas sobre el emprendimiento, que lejos de resaltar los propios méritos de un «individualismo verdadero», abonan para destacar las cualidades de un «individualismo falso», como los califica para diferenciarlos Friedrich A. Hayek, porque no corresponde a la idea original de los economistas clásicos, tales como Adam Smith, David Ricardo y otros que jamás utilizaron el término individualismo, sino el de ciudadanos que buscaban el desarrollo propio generando riqueza para sus naciones.

Preocupado por rescatar lo positivo del individualismo, el economista de la Escuela Austríaca de Economía, Friedrich A. Hayek (1949/2009), denomina como «individualismo verdadero» a lo propuesto por John Locke, Bernard de Mandeville, David Hume, Josiah Tucker, Adam Ferguson, Adam Smith, Edmund Burke, Alexis de Tocqueville y Lord Acton e «individualismo falso» al mal entendido vocablo creado por Saint-Simon y sus seguidores socialistas, en una línea de pensamiento influenciada por el racionalismo cartesiano dominante en el pensamiento de los enciclopedistas, Rousseau en *El contrato social* (1762) y los fisiócratas franceses.

Hayek (1949/2009), refiriéndose al racionalismo cartesiano, dice: «semejante racionalismo individualista tiende siempre a transformarse en lo opuesto del individualismo, es decir, en el socialismo o en el colectivismo» (2009: 51). Dicho «individualismo racionalista» es un término creado como tantos términos por las ideologías de izquierda para denostar la sociedad competitiva y proponer sus principios de socialismo y cooperativismo. Lo irónico de todo esto, es que los defensores del «individualismo» desde la bancada «liberal progresista» o los denominados «neoliberales» usan el término con ciertas reservas, como si el individualismo en sí fuera pecaminoso, tal como sus contrarios lo plantean.

Siendo así, quienes se oponen a que el individuo genere riqueza para sí mismo por su propia iniciativa y creen que este no debe trabajar para sí mismo sino para la sociedad, terminan anulando al individuo. Porque al utilizar los postulados de las ideologías radicales mediante el poder coercitivo o uso de la fuerza legítima del Estado, con el pretexto de eliminar el supuesto egoísmo de los que creen en el liberalismo económico como forma de mejorar el nivel de vida de los pueblos, en la práctica terminan anulando al mismo individuo y su aporte a la sociedad, como sucedió en el socialismo real practicado en Rusia y otras naciones, donde el único empresario era el Estado y los ciudadanos eran trabajadores únicamente.

Las ideologías de izquierda justifican un Estado interventor porque están persuadidos dogmáticamente de que es posible regular al individualismo, según ellos, sinónimo de egoísmo, como un defecto humano que requiere ser controlado, normado y penalizado. Y aún algunas ideologías de derecha porque prefieren un liberalismo económico planificado desde los Gobiernos y no escuchando al individuo. Ambas ideologías radicales e interventoras estructuran la Economía Política desde lo macroeconómico y, en menor o ninguna proporción, desde lo microeconómico. Encuentro que Karl Marx y John Maynard Keynes, compartieron el mismo pensamiento: lo material y macroeconómico impuesto sobre el individuo a través del «dirigismo económico».

Ludwig von Mises (1956/2011), economista perteneciente a la Escuela Austríaca de Economía como Hayek, lo explicó muy didácticamente en su libro *La mentalidad anticapitalista,* publicado originalmente en el año 1956.

En el apartado que tiene por título *El consumidor soberano,* dice*:*

> La economía basada en el lucro hace prosperar a quienes, en cada momento, por una razón u otra, logran satisfacer las necesidades de la gente del modo mejor y más barato posible (...).
>
> Esto es lo que el moderno concepto de libertad social significa. Cada uno puede moldear su vida de acuerdo con los propios planes (1956: 16).

Más adelante, en el apartado «El ansia de mejora económica», Mises dice:

> El hombre de la calle, bajo el capitalismo, disfruta de bienes desconocidos en tiempos pasados, inaccesibles incluso para los más ricos. Los automóviles, las televisiones y los frigoríficos, sin embargo, no dan la felicidad. Al adquirir tales accesorios, el hombre se siente más feliz que antes; pero, en cuanto satisface cualquier deseo, le asaltan nuevas apetencias. Tal es la naturaleza humana.
>
> (...) Conformarse con lo poseído, absteniéndose apáticamente de toda mejora, no es virtud, sino más bien actitud propia de irracionales. Lo característicamente humano consiste en no cejar nunca por aumentar el propio bienestar (1956: 17)

El editor del libro de Mises en su nota dice que el autor, «el gran economista austríaco, expone en esta pequeña obra, de manera clara y fácilmente accesible, su pensamiento sobre la importancia y eficacia del sistema capitalista de economía de mercado; su superioridad frente a toda forma de socialismo, intervencionismo, y economía planificada para la creación de riqueza y la elevación del nivel general de bienestar económico, social y espiritual» (Mises, 1956/2011: 11).

De cuya cita podemos extraer que Mises no solo dirige su crítica contra el socialismo propuesto por Marx, sino que también critica al pensamiento capitalista de los planificadores intervencionistas y a la economía centralizada, ejercida por los burócratas de los Gobiernos que en su turno van tomando el poder político.

Mises atribuye este error a la falta de conocimiento de la verdadera esencia de una nueva ciencia que, además, está en permanente evolución y siendo adaptada a diversas realidades en tiempo y espacio, entre diferentes países. Como lo es la Economía Política creada por Adam Smith en el siglo XVIII y estudiada e investigada como nueva ciencia desde las primeras décadas del siglo XIX hasta el mismo siglo XX. Es decir, en una evolución y perfeccionamiento permanente y dinámica, lo que la ha llevado a corregir y enmendar los errores de aplicación, pero manteniendo siempre su aporte a la riqueza de las naciones.

Primero, porque las naciones que se beneficiaron de la nueva ciencia económica y de la economía de mercado, la libertad de emprendimiento y la propiedad privada lo hicieron de manera espontánea, conocida como el *laissez faire*, pero sin conocer realmente los verdaderos mecanismos de la economía de mercado. Todo fue por experimentación en la prueba y error. Es decir, sin ánimo de manipular el mercado.

Segundo, porque el estudio de la Economía Política no debe ser exclusivamente encasillada como ciencia bajo el estudio de la razón, sino también en lo inmaterial del ser humano para entender las motivaciones que mueven sus decisiones económicas. Al contrario de aquellos que buscaron las respuestas a las distorsiones naturales de la economía, exclusivamente en laboratorios, bibliotecas y archivos, dice Mises. En una fanática estrechez de miras del positivista o científico, entendido como esa visión filosófica que considera que el único medio de conocimiento es la experiencia comprobada o verificada por la razón a través de los sentidos y que rechaza lo no comprobable.

Mises (1956/2011) nos dice al respecto de los intelectuales de laboratorio:

> Desearían todos estos hallar en los libros de economía razonamientos coincidentes con su preconcebida imagen epistemológica de la ciencia; quisieran creer que los temas económicos pueden abordarse por las vías de investigación de la física o la biología. Cuando advierten que por ahí no es posible

progreso alguno en economía, quedan desconcertados y desisten de abordar seriamente unos problemas cuyo análisis requiere singular tratamiento mental.

A consecuencia de tal ignorancia epistemológica, el progreso económico lo atribuyen normalmente a los adelantos de la técnica y de las ciencias físicas. Creen en la existencia del impulso automático que haría progresar a la humanidad. Tal tendencia -piensan- es irresistible, consustancial al destino del hombre, y opera continuamente, cualquiera que sea el sistema político y económico prevalente. No existe para ellos, relación de causalidad alguna entre el pensamiento económico que prevaleció en Occidente a lo largo de las dos últimas centurias y los enormes progresos conseguidos paralelamente por la técnica. Tal progreso no sería, pues, consecuencia del liberalismo, el librecambismo, el *laissez faire* o el capitalismo; se habría producido inexorablemente bajo cualquier organización social imaginable (2011: 42-43).

La tesis del Egoísmo Político en economía, en esencia, está explicada por Mises. Y no se trata solo de la crítica al intervencionismo del Estado socialista, sino también al Estado capitalista o al que aplica una economía capitalista dirigida, racionalista y constructivista. Aquella que solo beneficia a quienes pueden optar por financiar las regulaciones y perjudica a quienes, teniendo iniciativas personales, no las pueden llevar a cabo por las normativas que impiden la incursión en los mercados ante los monopolios y oligopolios creados por las excesivas regulaciones estatales en beneficio de un sector de la economía en contra de otros.

Algunas de esas medidas el interventor cree que son supuestamente pensadas para «democratizar» los mercados cuando en la práctica solo sirven para cortar las ideas realmente productivas de mercados inexplorados por las grandes corporaciones. Pero de manera especial, este escenario se conforma erradamente con mayor fuerza en los Estados socialistas y los que fueron tomados fácilmente por los ideólogos radicales de centro, centro derecha e inclusive de derecha-derecha desde la época colonial en Latinoamérica. Desde mucho antes de la aparición del pensamiento de Marx en su filosofía del «Materialismo Dialéctico», y en la ciencia económica que supuestamente desarrolló denominada «Materialismo Histórico» en lo que incluso lo ético se desarrolla teniendo como núcleo lo material.

¿Qué diferencia podríamos determinar entre el materialismo de Marx y el de los políticos «dirigistas» de la actualidad con lo que hacían los monarcas de la Edad Media? Cuando el individuo y la comunidad sojuzgada obedecía los designios de la corona. Condición que no se ha modificado necesariamente hasta la actualidad. Hoy, esos designios son ordenados por los políticos que llegan al poder con la creencia de que son ellos los elegidos para pensar por el bienestar de su pueblo mediante su propia «razón» y «ciencia», olvidando las aspiraciones del individuo, que son más guiadas por lo espiritual o intangible que por lo material.

Fue tanta la convicción de los «dirigistas y arquitectos sociales» basados en la «razón» y la «ciencia» y no en la voluntad y acción del hombre, que Mises (1956/2011) asevera que, a partir del pensamiento de Marx, se sumaron partidarios para obligar a la humanidad a readaptar al orden social a los cambios propuestos y que le dieron nuevas formas al totalitarismo a partir de la publicación del *Manifiesto Comunista* en 1848:

Las doctrinas marxistas sumaron partidarios precisamente porque prohijaron esta popular creencia, vistiéndola con un velo pseudofilosófico grato tanto al espiritualismo hegeliano como al crudo materialismo. Según Marx, las *fuerzas productivas materiales* constituyen una realidad fundamental, independiente de la voluntad y la acción del hombre; siguen el curso que les marcan leyes inescrutables e insoslayables, emanadas de un desconocido poder superior; mudan de orientación misteriosamente, obligando a la humanidad a readaptar el orden social a tales cambios, rebelándose cuando cualquier poder humano pretende encadenarlas. La historia esencialmente no es otra cosa que la purga de las fuerzas productivas por liberarse de opresoras trabas sociales (1998: 43).

Es necesario tener presente que en su pensamiento original Marx y Engels creyeron que para hacer realidad el socialismo se debía cumplir dos etapas. En una primera etapa, era necesario que el capitalismo se desarrollara y en la segunda, que una vez desarrollado el capitalismo, llegaba a su máximo nivel, por lo que la humanidad podía compartir sus beneficios de manera equitativa convirtiéndolo en comunismo, aunque Lenin y Stalin no lo creyeron así y se adelantaron sin esperar el desarrollo del capitalismo. Ellos pensaron que era posible acelerar el proceso y pasar directamente al socialismo real. En la práctica no sucedió ni lo uno ni lo otro. Porque jamás se ha dado la experiencia de que en un país se desarrolle el capitalismo para convertirse en socialismo como lo pensó Marx, ni dio resultado el comunismo directo que pensaron Lenin, Stalin y otros marxistas.

Una de mis hipótesis, que planteo para apoyar la idea del Egoísmo Político de los caudillos como el causante del atraso y de la pobreza, es que la soberbia intelectual de los pensadores marxistas los llevó a creer que era posible cambiar la realidad social para adaptarla a sus postulados políticos de reivindicación proletaria, sin reparar lo imposible de hacerlo, porque no se puede cambiar la naturaleza del hombre y conculcar su dignidad.

Basta memorizar y recordar en cada capítulo de este libro, el lema de un socialismo utópico que después de una primera etapa bajo el principio «a cada cual según su aporte» pasaría al principio «de cada quien según sus capacidades, para cada quien según sus necesidades». Como representación de la «fase supe-

146

rior» de la «sociedad comunista». Manifestación que llegaría a ser realidad supuestamente cuando por la permanente «lucha de clases», el trabajador pasaría de ser el explotado a ser el rector del mundo como un hombre nuevo y solidario, sin contar con la participación del Estado. Porque, incluso este desaparecería en la etapa culminante de la revolución comunista y pasaría a ser la «dictadura del proletariado» por su propia voluntad, como culminación de su lucha dialéctica, incluida la violenta si era necesario.

Pensamiento que me parece un contrasentido total, porque ¿cómo puede imperar la generosidad y otros sentimientos positivos como producto de la lucha de unos contra otros? Con lo que se propende a que una mayoría empobrecida tome los destinos de la sociedad en contra de los explotadores, de quienes se tomará la riqueza para repartirla. Es decir: ¿creyeron que era posible promover una generosidad colectiva financiada con la obtención de recursos generados por otros, de los cuales se han apoderado por la fuerza? ¿Y que será superior o virtud de un hombre nuevo el sentimiento negativo del individuo que así procede solo con el ánimo de estigmatizar al individualismo ajeno y alienarse a sí mismo en un plano más profundo? ¿No será mejor promover el desarrollo individual para generar riqueza por su propio esfuerzo y ser generoso con su propia riqueza?

Sin embargo, al no considerar la naturaleza humana, este sueño de Marx y Engels no se ha hecho realidad. Más bien, el caso de Rusia y China, líderes comunistas en el siglo XX, hoy han optado por el sistema capitalista, la economía de mercado, el libre comercio y la propiedad privada. Aunque algunos ideólogos socialistas, todavía considerados «de buena voluntad», continúan pensando que el comunismo es capaz de solucionar el hambre y la pobreza a través del errado pensamiento de la «redistribución de la riqueza» mediante los designios estatales, logrando solo el efecto contrario: más pobreza y hambre, como lo demuestran los pocos casos de países que aún insisten en los principios marxistas. Solo mantienen la anulación del individuo, al tratarlo como objeto y no como sujeto del Estado.

El verdadero y el falso individualismo

Ya que he incluido el pensamiento del economista Friederich A. Hayek (1949/2009), creo necesario ampliarlo haciendo referencia a su conferencia *Individualismo: el verdadero y el falso,* pronunciada el 17 de diciembre de 1945 en el University College de Dublín. En esa ocasión explicó que los «racionalistas constructivistas» o los que propugnan el dirigismo estatal de la voluntad del individuo a través de la «ingeniería social» tratan al humano de manera colectiva como un ser inteligente y racional, fomentando así el falso individualismo; proposición que llama la atención en principio por ser aparentemente contradictoria en sí misma. Pero a lo que Hayek se refiere es que los «racionalistas constructivistas» no aceptan que el individuo en su espontaneidad vaya formando su propia cultura de manera evolutiva a través del tiempo, mediante la prueba y el error de manera espontánea al obedecer a sus sentimientos y no exclusivamente por ser racional y planificador, como si fuera un ser perfecto, radicando allí la diferencia entre un «falso individualismo» y el «verdadero individualismo». Diferencia que no es detectada y se la prefiere mantener en la confusión y en la ambigüedad, no solo por quienes atacan al «individualismo», sino aún por aquellos que lo intentan defender o por lo menos legitimar.

Aclara su preocupación personal que le surgió cuando se dedicó a investigar las diversas definiciones que habían publicado por igual los enemigos y defensores del término político «individualismo». Al punto, según lo confesó en sus propias palabras, que empezó a lamentar: «el haber ligado los ideales en los que creo a un término del que tanto se ha abusado y que ha sido tan mal entendido» (Hayek, 1949/2009: 47-48).

Lamenta que el término «individualismo» haya sido mal entendido, tal como lo habían hecho con otros innumerables términos políticos caídos en la ambigüedad y que eran utilizados en diferentes momentos por grupos opuestos, sean estos de izquierda o derecha, dependiendo y adaptándolos a sus personales intereses.

Hayek lo reflexiona así:

La dificultad que tenemos que afrontar no es sólo el archisabido hecho de que los términos políticos actuales son notoriamente ambiguos, o también que, a menudo, el mismo término tiene significados opuestos para grupos diferentes. Está la circunstancia, mucho más grave, de que con frecuencia la misma palabra parece reunir a personas que creen en ideales contrapuestos y no conciliables. Términos como «liberalismo» o «democracia», «capitalismo» o «socialismo», hoy no definen ya sistemas de ideas coherentes, sino agregaciones de principios en cierto modo heterogéneos y hechos que la causalidad histórica ha asociado a tales palabras, pero que tienen poco en común aparte del hecho de haber sido defendido por las mismas personas en tiempos diferentes o también simplemente reunidos bajo el mismo término (Hayek, 1949/2009: 49).

Hayek, en una nota explicativa a pie de página, aclara que quienes defienden al «individualismo» utilizan este término quizá sin percatarse que fue creado por sus contrarios de izquierda para denostar la sociedad competitiva como estigma y para expresar algo diferente al verdadero y necesario individualismo.

En la nota, Hayek (1949/2009) dice:

> Tanto el término «individualismo» como el término «socialismo» fueron originalmente creaciones de seguidores de Saint-Simon, fundadores del socialismo moderno. Primeramente, acuñaron el término «individualismo» para describir la sociedad competitiva a la que se oponían, y luego inventaron la palabra «socialismo» para describir la sociedad centralmente planificada en la que todas las actividades son dirigidas mediante el mismo principio aplicado en una fábrica (1949/2009: 50).

Más adelante, agrega que el falso individualismo del ser racional termina por transformarse en el socialismo o en el colectivismo:

> Esta segunda y totalmente diferente línea de pensamiento, también conocida como individualismo [falso], está representada principalmente por escritores franceses y por otros pensadores de la Europa continental; hecho debido, a mi entender, al papel dominante que desempeñó entre ellos el racionalismo cartesiano. Los principales representantes de esta tradición son los enciclopedistas, Rousseau y los fisiócratas; por razones que veremos en seguida, semejante racionalismo tiende siempre a transformarse en lo opuesto del individualismo, es decir, en el socialismo o en el colectivismo (1949/2009: 50).

La generación de oportunidades para todos como forma de progreso

John Rawls (1921-2001), considerado un gigante de la filosofía del siglo XX, en su libro *Teoría de la Justicia* en el año 1971 explicó sobre las libertades básicas de los ciudadanos y sus prioridades para que exista la justicia como sistema que determine las libertades y obligaciones y la distribución de los ingresos de manera justa, cuya redacción sobre los principios de la justicia la perfeccionó en su obra *Liberalismo Político,* que vio la luz en el año 1993 en su primera edición.

Rawls (1993/2011) nos dice respecto a los principios de la justicia dentro de su objetivo inicial como imparcialidad a favor de todos los ciudadanos y de las desigualdades sociales y económicas de toda sociedad, que:

a. Cada persona tiene igual derecho a un esquema plenamente adecuado de libertades básicas iguales que sea compatible con un esquema semejante de libertades para todos.
b. Las desigualdades sociales y económicas tienen que satisfacer dos condiciones: primera, deben relacionarse con puestos y posiciones abiertos para todos en condiciones de plena equidad y de igualdad de oportunidades; y segunda, deben redundar en el mayor beneficio de los miembros menos privilegiados de la sociedad (2011:271).

Por un lado, entonces, la justicia se basa en las libertades básicas que deben ser iguales para todos, como en las desigualdades sociales y económicas que tienen que contar con dos condiciones: la igualdad de oportunidades en condiciones de equidad para optar por puestos y posiciones y en el mayor beneficio para los miembros menos privilegiados de la sociedad.

Más adelante, Rawls (1993/2011) detalla cuáles son las libertades básicas del principio de justicia:

> (...) las libertades básicas iguales, del primer principio de la justicia, se especifican mediante la lista siguiente: libertad de pensamiento y libertad de conciencia; las libertades políticas y la libertad de asociación, así como las libertades que especifican la libertad y la integridad de la persona; y, finalmente, los derechos y libertades que protegen las reglas de la ley (2011: 271-272).

¿Puede un Gobierno intervencionista, autoritario y totalitario garantizar estas libertades básicas? Es obvio que la respuesta es negativa cuando se conoce como inherente al pensamiento único la necesidad de limitar e impedir la libertad de pensamiento y conciencia a aquellos que no comparten las ideologías radicales impuestas por el Egoísmo Político. Peor aún podría permitir la libertad de asociación, porque ante su inseguridad intelectual, necesita imponer el pensamiento político del partido único sin ninguna oposición ni razonamiento.

El individualismo bien entendido en la cooperación humana y la división del trabajo

Uno de los pretextos utilizados por los totalitarios es la supuesta lucha en contra del egoísmo del individualismo, que hace necesaria la intervención del Estado para asegurar la solidaridad y el altruismo.

Aunque suene un tanto extraño, los totalitarios paradójicamente llaman egoísta al emprendedor que a través de su propio esfuerzo trata de buscar el beneficio personal y de su familia. Esta posición anticipada a los hechos obviamente es absurda y trastoca los principios de un verdadero humanismo que debe respetar la dignidad humana y el libre albedrío del individuo, como libertad individual que demanda reflexión consciente. El totalitarista menosprecia el sentido más fundamental que todos tenemos para orientar cada una de nuestras acciones, como seres emprendedores que buscamos satisfacer nuestras necesidades, desde las más elementales hasta las más sofisticadas. En el fondo, los humanos antes de cada acción, primero evaluamos y hacemos nuestros propios cálculos, desde nuestra exclusiva y propia visión, en lo cultural, profesional y económico.

Al contrario de las acusaciones que los socialistas hacen al liberalismo, lo que busca esta ideología es respetar la voluntad individual y su deseo de superación personal.

Mises (1949/2015) deja claramente posicionada la propuesta del liberalismo en su advertencia terminológica que incluyó en el prefacio de la tercera edición de su obra *La Acción Humana, Tratado de Economía:*

> En primer término, debo señalar que empleo siempre el vocablo «liberal» en el sentido que se le atribuye a lo largo del siglo XIX y que aún le reconoce la Europa continental. Es necesario proceder así porque no disponemos de otra expresión para definir aquel gran movimiento político y económico que desterró los métodos precapitalistas de producción e implantó la economía de mercado y de libre empresa; que barrió el absolutismo real y oligárquico instaurando el gobierno representativo; que liberó a las masas, suprimiendo la esclavitud, las servidumbres personales y demás sistemas opresivos (1949: VII).

En base a este concepto «liberal», Mises nos explica en su libro *La Acción Humana* la forma en que el individuo opera en una sociedad a través de la cooperación social y la especialización del trabajo.

El error de los racionalistas constructivistas

El tercer obstáculo que un Estado totalitario impone sobre el individuo es considerarlo como un ser exclusivamente racional, al que se despoja de sus emociones, sentimientos y creencias para dogmatizarlo en la línea del pensamiento dominante. Este apartado tiene relación directa con el anterior en que tratamos el estigma al que ha sido sometido el individualismo verdadero, pero es necesario explicar que los «arquitectos sociales», aquellos que se consideran semidioses para «pensar» y decidir el pensamiento y la acción de los ciudadanos, creen erradamente que solo mediante la razón es como se puede construir una sociedad mejor, soslayando que el humano es imperfecto y que está dotado de su propia dignidad humana.

El exceso que se comete al creer que el hombre llega al conocimiento exclusivamente a través de la razón ha llevado a las ideologías radicales a creer que se puede planificar su conducta y que a través de un ordenamiento centralizado o del «centralismo» aplicado por los Gobiernos sobre los individuos, la sociedad alcanzará el desarrollo para bien de toda la humanidad, para lo que solo bastará el decreto gubernamental.

No se dan cuenta, o no quieren aceptarlo, que el individuo tiene virtudes y defectos y que actúa y toma decisiones entre el bien y el mal como parte de sus manifestaciones cotidianas. Si sus intenciones son negativas, deberá ser juzgado bajo el régimen del derecho, pero si sus intenciones son sanas, debería ser motivado, pero siempre dentro de los límites del respeto a su propia decisión.

En el acervo de la cultura latinoamericana existe un refrán popular que dice: «la vaca no se acuerda cuando era ternera», para expresar la idea del intervencionismo de un padre de familia que peca de ser «paternalista», «sabelotodo» o «manipulador» de la voluntad de sus hijos al tomar las grandes decisiones, contradiciendo lo que precisamente pensaba a su vez de sus propios progenitores, cuando aspiraba a un plan de vida personal, tomando las experiencias familiares como referencia para acertar en su plan y acoger los consejos reflexionados, pero no impuestos por la autoridad paterna y materna. ¿Puede cambiar esta actitud si ampliamos el escenario a uno como el Estado? ¿Tienen la facultad los administradores del Estado para imponer su propio criterio «razonable» en contra de los ideales de las personas que lo conforman?

Hayek (1949/2009), expresa:

> La diferencia entre este punto de vista, que explica el orden que hallamos en las cosas humanas como resultado imprevisto de acciones individuales, y la concepción que interpreta todo orden posible como un proyecto deliberado, es el primero y gran contraste entre el verdadero liberalismo de los pensadores ingleses del siglo XVIII y el llamado «individualismo» de la escuela cartesiana (1949/2009: 56).

Descartes había publicado su libro *Discurso del método* en 1637, con el que inauguró la modernidad del pensamiento al aseverar que el «conocimiento es racional, deriva de la razón, es independiente del trabajo de la sensibilidad, es obra de la razón» (1999: 14). Descartes pensó que algunos hombres con un razonamiento más fuerte y con buena oratoria podían persuadir mejor a los demás: «Los que poseen un razonamiento más fuerte y digieren mejor sus pensamientos, a fin de hacerlos claros e inteligibles, pueden siempre persuadir mejor de lo que se proponen, aunque sólo hablaran el bajo bretón y nunca hubiesen aprendido retórica» (1999: 25). Posición que en mucho se asemeja a la de Platón, quien había propuesto el gobierno de los mejores. Descartes distingue a algunos ciudadanos con un razonamiento superior al de los demás y poseedores de oratoria para persuadir a otros.

Descartes pensó y así logró influir sólidamente en los ideólogos racionalistas que hombres de razonamiento fuerte podían dirigir la vida de los demás a partir de su personal razón y buena oratoria, y que los demás, al ser perfectos, ya sabrían cómo proceder siguiendo las leyes que diferenciaran el bien del mal. Es decir, un completo círculo virtuoso que se justifica a sí mismo mediante la razón. En esto se incluiría un «voluntarismo» y un «dirigismo» radical de los «racionalistas constructivistas».

Descartes (1999) en su obra publicada en 1637 concluye que bastaba la razón para dirigir al mundo. Lo que fue tomado como verdadero por abundantes intelectuales desde la era de las luces. El pensamiento de Descartes y la enseñanza de su método era suficiente para lograr una sociedad perfecta, porque bastaba la decisión del individuo para optar «racionalmente» por el bien y no por el mal, incluso desoyendo la enseñanza de los demás y la tradición de las costumbres. En otras palabras: el «pienso, luego soy» de Descartes en su máxima expresión para una vida mejor.

Descartes lo dice en estas palabras:

> Además (...), pues habiendo dado Dios a cada uno alguna luz para distinguir lo verdadero de lo falso, no hubiera creído tener que contenerme un solo momento con las opiniones de los demás, si no me hubiese propuesto emplear mi propio juicio en examinarlas a su debido tiempo; siguiéndolas, no hubiese podido liberarme de escrúpulos si no hubiera esperado aprovechar cada ocasión para encontrar otras mejores, en el caso de que las hubiera. Y por último no hubiera podido limitar mis deseos y estar satisfecho si no hubiese seguido un camino por el cual, pensando estar seguro de la adquisición de todos los conocimientos de que fuera capaz, y pensaba, estarlo, por el mismo medio, también de la adquisición de todos los verda-

deros bienes que estuviesen en mi poder: puesto que nuestra voluntad no se inclina a seguir ni a huir de algo sino cuando nuestro entendimiento se lo representa como bueno o malo, basta con juzgar bien para actuar bien y juzgar lo mejor que se pueda hacer también lo mejor, es decir, para adquirir todas las virtudes y conjuntamente todos los otros bienes que se puedan adquirir; y cuando se tiene la certeza de que eso es así no puede uno menos que estar contento (1999: 47).

¿No suena el pensamiento de Descartes a dirigismo racional y a la vez a utopía? ¿El hombre nuevo «de cada quien según sus capacidades, a cada quien según sus necesidades» del comunismo propuesto por Marx es posible solo racional y materialmente?

¡No, Descartes y sus seguidores! El humano es más que razón. Tanto el hombre como la mujer, el joven y el adulto, sin importar razas ni ubicaciones geográficas y estratos dentro de la comunidad, tienen sus propios sentimientos. Tan dispares entre uno y otro individuo por su propio ADN como arquitectura individual, cuyo destino es imposible ser determinado por los de fuerte razonamiento y mejor oratoria. El individuo, único en su especie, no puede ser obligado a ser igual en el razonamiento a todos sus congéneres, ni siquiera con sus propios padres. El humano, dotado de razón y sentimientos adopta su camino de vida, de acuerdo con sus inclinaciones personales y a sus talentos diferenciados.

El Estado únicamente, a través de leyes generales y universales, no personalizadas y sin dedicatorias, deberá reglamentar los derechos fundamentales y garantizarlos, penalizando proporcionalmente a quien los irrespete en perjuicio de los demás. Pero debe dar libertad al individuo a tener emprendimiento propio.

Según Hayek, el perjuicio que provocó el racionalismo cartesiano es haber influido en la creación del confuso y falso individualismo en el pensamiento de Jean-Jacques Rousseau, por ejemplo, como uno de los grandes racionalistas que fríamente hacen uso excesivo de la razón para proponer soluciones de lo social y político, cuando según su idea el ciudadano se somete a las leyes dictadas por el soberano, pretendiendo reglamentar el pensamiento individual a un contrato con los demás basados en la razón y en el conocimiento del bien y del mal. A Rousseau le debió bastar a favor de la humanidad su aporte de las ideas del consenso y del contrato social, pero no abundar con la reglamentación de la vida de los individuos. Quizá podríamos entender su pensamiento, porque aún la sociedad se debatía en las experiencias recientes de las monarquías y aristocracias convertidas en tiranías y oligarquías totalitarias.

Rousseau fundamenta su idea de contrato social entre el Estado y los ciudadanos que lo conforman en el racionalismo. María José Villaverde, editora de *El contrato social*, en su estudio introductorio destaca el tono frío y metódico de Rousseau y califica de mítico a su libro y comenta que fue tomado como guía e inspiración de la Revolución francesa y de varios gobernantes como Simón Bolívar, Fidel Castro y Hugo Chávez, aunque ese racionalismo no haya garantizado los derechos civiles para los ciudadanos. Nuestro respetable Bolívar no tuvo la oportunidad de conocer los avances del republicanismo y de la democracia, que se lograron luego de su corta vida. Quizá esto explica su decepción expresada en el lecho de su muerte cuando dijo: «he arado en el mar», abatido por lo que él creyó que debía ser nada más un compromiso constitucional, aunque tuvo atisbos de los defectos del humano cuando no confiaba en la posibilidad de que los latinoamericanos pudieran gobernarse como lo hacían los anglosajones en los Estados Unidos, mediante el sistema federal o descentralizado.

Volviendo al racionalismo, Villaverde (2004) opina sobre el contrato social de Rousseau:

> El contrato social desprende racionalidad por los cuatro costados. Es una utopía trazada con tiralíneas, a lo Platón, que dibuja un mundo perfecto de ciudadanos perfectos en una comunidad perfecta. Una colectividad de hombres libres e iguales, de ciudadanos que se gobiernan a sí mismos, reunidos en asamblea bajo un roble, son Estado y sin ejército, dispuestos siempre a sacrificar su vida por el interés general (2004: 9).

Evidentemente, la reflexión de Villaverde considera que el contrato social propuesto por Rousseau no consideró la imperfección humana. Por lo que aún una constitución que puede perfeccionar la democracia como gobierno de muchos para todos, pero que, si exageradamente llega hasta la reglamentación racional, en la práctica no perfecciona, sino que debilita a la democracia.

En parte, Villaverde explica la experiencia de Bolívar en su propia utopía de crear una gran nación en base al constitucionalismo, aunque ya hemos anotado que el Libertador era consciente de la falta de talento y virtud de los habitantes de los nuevos territorios libres. Más adelante, Villaverde agrega la influencia que el misticismo del contrato social ha llevado a varios líderes que se inspiraron en el racionalismo y confiaron ingenua o dictatorialmente, en que las ideas que ellos proponían, con errores y aciertos, debieron ser acogidas por todos sus gobernados de manera racional. Conviene acotar que la mención que Villaverde hace de Simón Bolívar, seguramente se refiere a las opciones que analizó, incluso no solo optar por las presidencias republicanas que ejerció, sino hasta aceptar la dictadura que sus seguidores le propusieron para llevar a cabo su idea de integrar varias naciones liberadas por él, aún en contra de las posiciones de sus detractores, de quienes se decepcionó al final de su vida.

Villaverde (2004) nos dice sobre el libro de Rousseau que marcó un antes y un después de la administración de los Estados, en base al racionalismo del contrato social:

> El contrato social es un libro mítico. Se ha dicho que era el libro de cabecera de Fidel Castro y Simón Bolívar, en su testamento, legó su ejemplar a la Universidad de Caracas (...). El escrito se esgrimió para atacar los fundamentos del Antiguo Régimen y en su nombre se llevó a cabo la Revolución (francesa) de 1789, una revolución que buscó hacer a todos los seres humanos libres e iguales aunque ni las mujeres, ni los no propietarios ni los esclavos consiguieran los derechos políticos. Robespierre, el discípulo de Rousseau, buscó hacer realidad su ideal, pero todos sabemos en qué orgía de sangre terminó su intento. Aún hoy (2004), la República bolivariana de Chávez se inspira en los presupuestos rousseaunianos, aunque enfocados a través del prisma de Bolívar, y todos hemos visto el desgarro social que vive Venezuela (2004: 10).

¿Por qué el tutelaje de los «racionalistas constructivistas» no funciona y únicamente logran lo contrario a lo que se proponen? Para iniciar una respuesta a esta interrogante, quisiera recordar que el ser humano posee dos facultades primordiales: voluntad e inteligencia; que pueden ser tomadas como facultades o también como capacidades individuales. Son innatas y, por lo tanto, es la propiedad de cada persona. La voluntad es la intención o el deseo de hacer algo, lo cual significa también «libre albedrío». Viene del vocablo latino voluntas, que significa «querer». Por su lado, la inteligencia es la capacidad de entender, razonar, saber, aprender y de resolver problemas. En este sentido, se asemeja a conceptos como «entendimiento» e «intelecto». La razón, entonces, es posesión de los seres inteligentes. El hombre posee razón a diferencia de las especies animales.

Pero también está dotado el hombre de instintos como los animales. En el caso del hombre, los instintos mueven su voluntad por emoción o por sentimiento. Aquí cabe una reflexión: ¿por qué los políticos que para gobernar apelan al «racionalismo constructivista» a través de sus constituciones, leyes, reglamentos y decretos, en las campañas electorales apelan al sentimiento del elector con las formas de la retórica, más que al razonamiento del fondo de sus propuestas? Es decir, que, para la obtención de la voluntad popular en las elecciones, vale la emoción sobre la razón y para gobernar a los mismos electores, vale la razón sobre la emoción. ¿Habrán pensado, siquiera, que un verdadero estadista no interventor debería ser muy racional en las elecciones y una combinación, por lo menos, entre racional y emotivo en el Gobierno?

Las emociones, según la neurociencia, son las respuestas de nivel básico a los estímulos externos temporales, que crean reacciones bioquímicas en el cuerpo. Los sentimientos, en cambio, son emociones razonadas, que permanecen en el subconsciente, que van apareciendo según el cerebro va interpretando las emociones, sus orígenes y beneficios o perjuicios que provocan a la persona.

Imaginemos por un momento cómo se conduce una comunidad en que prima mayoritariamente una población con sentimientos producto de emociones razonadas y, a la inversa, una población donde primen las emociones y no los sentimientos razonados. En el primer caso, primará una intervención ciudadana positiva y ordenada, mientras en el segundo sobresaldrá una ciudadanía negativa y caótica. ¿Cuál de las dos opciones propician los verdaderos estadistas y cuáles los políticos interventores y tutores «racionalistas constructivistas»?

Conculcación de la libertad y verdad como los bienes más preciados del individuo

El cuarto obstáculo que los Estados interventores y totalitarios utilizan para bloquear al individuo y dominarlo es restarle o eliminar su libertad y el ocultamiento de la verdad mediante el uso de la mentira estatal, conculcándolos por «Quebrantar una ley, obligación o principio.» (DRAE, http://dle.rae.es/?id=AAZJoDW, consultado el 14 de febrero de 2018).

La demagogia es consustancial con estas formas de gobierno, para dominar al individuo y someterlo a la idea dominante, utilizándola como «Práctica política consistente en ganarse con halagos el favor popular.»; y como «Degeneración de la democracia, consistente en que los políticos, mediante concesiones y halagos a los sentimientos elementales de los ciudadanos, tratan de conseguir o mantener el poder.» (DRAE, http://dle.rae.es/?id=C8V3LG9, consultado el 14 de febrero de 2018). Todo vale para el Estado totalitario en el afán de persuadir bajo el engaño que oculta sus errores y deficiencia para mantener alienado al individuo ante una imagen ficticia del caudillo.

La libertad destaca entre los valores como el bien más preciado por la humanidad para la autorrealización individual y su contribución sólida al bien común. Al que se subordinan todos los demás valores y bienes; como un don inherente sin el cual simplemente no hay existencia. En la escala de valores del humano, después de la vida, la libertad es el valor básico y el derecho fundamental para hacerla productiva. Sobre la libertad se ha dicho y escrito abundantes reflexiones, desde todos los ángulos coincidentes en demostrar su validez para que en el mundo exista la convivencia pacífica entre los humanos. Es la base del respeto de los derechos de cada uno entre todos los ciudadanos. A la libertad le deben su teoría todas las ideologías políticas, económicas y sociales. Pero no existe libertad si no se fundamenta en la verdad como su principal valor de causa y efecto. No puede haber libertad sin verdad, como tampoco verdad sin libertad. Quien rechaza una verdad, como personaje de papel activo o pasivo, se somete a la esclavitud de la mentira.

Sin embargo, cuando se habla de la verdad política existe un nivel de desconfianza al definir el término. Porque incluso los Estados totalitarios que evidentemente despojan de la libertad a sus ciudadanos, pregonan que sus actos son para garantizar «su verdad» en beneficio de la libertad del pueblo. No de su propio gobierno, sino del país imperialista que según el caudillo está por quitarles la libertad, restringiendo la libertad de prensa y de opinión, por ejemplo, para que supuestamente no sean contaminados por la información de los enemigos de sus regímenes. Lo que nos lleva a plantear la pregunta: ¿qué es la verdad? Y, por lo tanto, también preguntar: ¿qué es la libertad? Y ¿por qué los Gobiernos totalitarios prohíben la libertad de prensa para proteger a su pueblo de la invasión imperialista?

Y ¿es la verdad lo que sustenta la libertad? Jesús lo dijo: «la verdad os hará libres». Es cierto que se refería como verdad al bien del Reino de los Cielos que predicó y como mentira, por defecto, al mal que esclaviza en el pecado. Pero vemos también en el *Génesis* que Adán y Eva desobedecieron a Dios cuando escucharon a la serpiente decirles que si comían el fruto del árbol del conocimiento se convertirían en dioses. Así los primeros padres de la humanidad, en ese acto libre y voluntario, de acuerdo con esta figura bíblica decidieron conocer el bien y el mal, a pesar de perder el paraíso terrenal como consecuencia del pecado de la desobediencia.

Mijaíl Gorbachov (2003), expresidente de Rusia, escribió en su libro *Carta a la tierra* sobre este hecho en la siguiente referencia:

<blockquote>

En el libro del Génesis se narra que Dios instaló a Adán y a Eva en el jardín del Edén. Les permitió probar los frutos de todos los árboles excepto los del árbol del conocimiento del bien y del mal. Sin embargo, Adán y Eva desobedecieron y comieron el fruto prohibido y Dios los expulsó del paraíso, condenando a los hombres a ganarse el pan con el sudor de su frente (2003: 115).

</blockquote>

Este pasaje de la *Biblia* lo podría haber tomado directamente de ella, pero he preferido transcribir la referencia que hace Gorbachov para explicar su opción por la verdad a pesar del costo que políticamente generó su decisión para el sistema comunista que dominaba la Unión Soviética en aquel entonces. Con esa referencia bíblica, Gorbachov quiso compartir con el mundo sus razones por las que propició el *glasnost* o transparencia, como arma de verdad y conocimiento para derrumbar al socialismo de su patria, forzado por las mentiras de las que había sido objeto al igual que todos los soviéticos que no eran parte del Gobierno. Opción que tomó a pesar de los costos que su acción significó para el sistema y para él mismo por sus consecuencias políticas.

Inicialmente, Gorbachov provocó el cambio del sistema político y económico totalitario de su país en 1985, luego de anunciar que la economía soviética estaba estancada y que la reorganización era necesaria. Sus primeras reformas fueron llamadas *uskréniye uskorén* (aceleración), pero después ante la realidad que conoció de primera mano como presidente, los términos cambiaron a *perestroika* (reconstrucción) y a *glasnost* (liberalización, apertura, transparencia) cuando descubrió que sin la verdad no era posible mejorar la situación de los rusos.

Gorbachov (2003) escribió sus memorias con el ánimo de prevenir al mundo en el cuidado de la naturaleza, después de haber vivido la fatal experiencia de Chernóbil y enterarse de la verdad de aquella tragedia, solo cuando llegó a ejercer la presidencia de Rusia:

> A medida que yo iba subiendo por la escalera de mando, se me iba haciendo evidente la magnitud de la catástrofe económica, social y ecológica en que se había hundido la Unión Soviética. Es necesario recordar que casi toda la información por aquel entonces y sólo en 1970, cuando me convertí en diputado del Soviet Supremo de la URSS, y miembro de la comisión para la protección de la naturaleza, tuve acceso parcial por primera vez. Fue sólo al ocupar el puesto de secretario general del Comité Central del Partido Comunista de la Unión Soviética que ese acceso fue completo (2003: 36).

Nótese que Gorbachov debió llegar a la Secretaría General del Comité Central del Partido Comunista para enterarse de la verdad sobre la realidad económica, social y ecológica de la Unión Soviética. A continuación, revisemos un pasaje sobre la mentira, la censura y el ocultamiento del abuso totalitario del Estado soviético en contra de su propia población en palabras del mismo autor:

> Nuestra tierra «nutricia» como la llamaban tradicionalmente los campesinos, era víctima de la más absoluta negligencia. Estaba agotada y abandonada. Las principales prioridades del gobierno eran la industria pesada, alimento del complejo armamentismo y la explotación de los yacimientos minerales, la exportación de cuyos productos permitía financiar la carrera armamentista. Millones de hectáreas fueron «expropiadas» por el

ejército para realizar ensayos nucleares (…). ¡Y la población de las regiones que fueron convertidas en campos de prueba de armas nucleares y químicas, como es el caso de la región de Cheliabinsk, sin que se avisara a la población de los peligros que corría! Recordemos que, en 1959, en la ciudad «prohibida» de Kyshtym, en las inmediaciones de Cheliabinsk, explosionaron las materias químicas almacenadas en un depósito militar de desechos radiactivos, lo que provocó una grave contaminación del medio ambiente ocasionó severos daños a la población de la zona. Estos hechos se mantuvieron en secreto durante casi treinta años (2003: 36-37).

Gorbachov también hace evidente una de las principales plataformas en las que se asentó el totalitarismo comunista de la Unión Soviética, la censura de la prensa:

> Confieso que cuando ese episodio fue hecho público me sentí horrorizado. La falta de transparencia informativa permitía a los dirigentes del país perpetrar los más diabólicos abusos, contando con el más absoluto silencio de una prensa controlada por la censura. ¡Y encima los funcionarios del gobierno y el partido obtenían condecoraciones por tales «hazañas»! (2003: 37).

Hay muy poco que agregar a lo dramático del relato de Mijaíl Gorbachov para demostrar que un Estado totalitario es capaz de todo para imponer y mantener su ideología radical. Solo al ocupar el cargo de secretario general del Partido Comunista Soviético pudo enterarse de la verdad. Acaso, ¿el control de la prensa contribuye a la verdad necesaria para el desarrollo de un país como creen los fanáticos totalitarios?

Y en esa misma línea el papa Benedicto XVI, mientras fue el cardenal Joseph Ratzinger (1999), tomó como referencia a lo expresado por Karl Marx sobre la libertad:

> ¿Qué queremos realmente decir al exaltar la libertad ubicándola en el pináculo de nuestra escala de valores? A mi modo de ver, el contenido en general asociado por las personas con la exigencia de libertad está explicado muy acertadamente en los términos de un pasaje de Karl Marx en el cual éste expresa su propio sueño de libertad. En el estado de la sociedad comunista del futuro —dice— será posible «hacer una cosa hoy día y otra mañana, cazar en la mañana, pescar en la tarde, criar ganado en la noche y criticar después de la cena, simplemente a gusto de cada uno...» (1999: 2).

Ratzinger (1999) parte de esta expresión de Marx para luego anotar que el marxismo no cumplió con lo prometido y que, a pesar de la caída del «socialismo real» en lo político y económico, aún no ha sido derrotado intelectualmente:

> Con la caída del «socialismo real» de las naciones de Europa Oriental, no han desaparecido enteramente esas esperanzas, que subsisten silenciosamente en distintos lugares buscando un nuevo rostro. Junto con el fracaso político y económico no ha habido una verdadera derrota intelectual, y en ese sentido la interrogante planteada por el marxismo está todavía lejos de resolverse. No obstante, está claramente a la vista de todos, el hecho de que el sistema marxista no funcionó en la forma prometida. Nadie puede seguir negando seriamente que este ostensible movimiento de liberación ha sido, junto con el Nacional Socialismo, el mayor sistema de esclavitud de la historia moderna. El alcance de esta cínica destrucción del hombre y el medio ambiente se ha aquietado con cierta vergüenza, pero ya nadie puede ponerlo en duda (1999: 3).

Con su claro pensamiento, Ratzinger ya en 1999 adelantaba lo que luego sucedió con el marxismo que volvió a tomar vida a pesar del fracaso político y económico que provocó tanto sufrimiento en el siglo XX. Me refiero a que, a pesar de su derrota, el marxismo intelectual no murió, sigue buscando otros caminos de vigencia, tal como el socialismo del siglo XXI.

Pero, así como Ratzinger, luego papa Benedicto XVI, denunciaba al marxismo, también hizo lo propio contra el sistema liberal a pesar de su superioridad en la política y la economía, porque no ha podido resolver los problemas de la humanidad y porque aún se mantienen las injusticias. Ratzinger dice:

> Estos procesos han mostrado la superioridad moral del sistema liberal en la política y la economía. Sin embargo, dicha superioridad no es motivo de entusiasmo. Ciertamente, es demasiado grande el número de aquellos que no tienen participación en los frutos de esta libertad, perdiéndola en todas sus formas. Así, el desempleo está siendo nuevamente un fenómeno masivo y la sensación de no ser necesarios, de tener un carácter superfluo, tortura a los hombres no menos que la pobreza material. Hay una propagación de la explotación inescrupulosa, el crimen organizado aprovecha las oportunidades que le ofrece el mundo libre y democrático, y en medio de esta situación nos acosa el espectro de la insignificancia (1999: 3).

¿Dónde radica, entonces, la insuficiencia del marxismo y del liberalismo para resolver los males de la humanidad? Alguien podría objetar que el liberalismo no es una idea radical cuando defiende al capitalismo como sí lo es el socialismo cuando lo ataca. Sobre todo, cuando Lenin pensó que no hacía falta esperar al triunfo del socialismo sobre el capitalismo de manera pacífica, sino a través de la Revolución bolchevique en 1917 en Rusia.

Y la respuesta es que, a pesar de no ser interventor o coercitivo de la iniciativa individual, el liberalismo a través de los Gobiernos interventores también ha conculcado los derechos de los individuos. Quizá en menor grado que el socialismo, pero igual resultado se da con la marginación y la explotación, cuando se aplican Gobiernos «racionalistas» y oligárquicos que benefician a los allegados de los mandatarios y no al bien común.

Para redondear la idea de Ratzinger, a continuación, transcribo uno de sus pensamientos sobre los sistemas jurídicos que restringen los derechos de los individuos, con los que hace una conclusión de su reflexión:

> Un orden jurídico que crea esclavitud es un orden injusto. Desde la creación el hombre tiene derechos que deben hacerse cumplir para que exista la justicia. La libertad no se otorga al hombre desde el exterior. Él es el titular de derechos porque ha sido creado como ser libre. Este pensamiento dio origen a la idea de los derechos humanos, Carta Magna de la lucha moderna por la libertad (…). En este sentido, la idea de los derechos humanos es en primer lugar de carácter revolucionario: se opone al absolutismo del estado y a los caprichos de la legislación positiva; pero también es una idea metafísica, contiene en sí misma una afirmación ética y legal. No es una materialidad ciega que luego pueda configurarse de acuerdo con un carácter puramente funcional. La naturaleza contiene el espíritu, el carácter distintivo y la dignidad, y en este sentido constituye tanto la afirmación jurídica como la medida de nuestra liberación (…).
>
> En esta línea de pensamiento, el elemento específico, propio de la Ilustración y la modernidad, reside en la noción de acuerdo con la cual el carácter jurídico de la naturaleza implica frente a las formas de gobierno existentes ante todo la exigencia de que el estado y las demás instituciones respeten los derechos del individuo. La naturaleza humana posee en primer lugar derechos en oposición a la comunidad, que deben protegerse de

la misma: la institución se visualiza como el polo opuesto de la libertad, mientras el individuo aparece como su portador, siendo su meta la total emancipación. (1999: 5-6).

Sirven estos pensamientos para respaldar la posición de crítica al absolutismo cuando no respeta la voluntad del individuo, porque al estigmatizar ideológicamente al individualismo verdadero, están anulando el sentimiento que mueve a la voluntad. Considerando al individuo como objeto del «racionalismo constructivista», anulan o restan su libertad. Momento en el que se provoca su malestar, incluso con la supuesta democracia, obligándolo a modificar su conducta a través de la anulación de la moral y la ética ciudadana, para culminar la destrucción de la comunidad y condenarla al subdesarrollo.

Destrucción del altruismo, la solidaridad y la cooperación social de los individuos

Un quinto obstáculo que el Estado totalitario impone al individuo para anularlo es la destrucción de la moral religiosa y ciudadana con lo que destruye el altruismo y solidaridad en el ambiente familiar y cercano, así como la cooperación social con la comunidad.

El costo social que representa para un Estado totalitario imponer la moral de una ideología radical es incalculable. Al destruir en el ciudadano su vocación e inclinación natural al altruismo, la solidaridad y la cooperación social por fomentar conductas negativas de unos sobre otros, el conflicto no permite la cooperación social. Porque los conflictos en esas sociedades son producto de las tensiones que se crean y fomentan a veces hasta artificialmente. Al extremo de provocar decisiones de menor calidad, pérdida de tiempo y desperdicio de otros recursos valiosos, pérdida de ciudadanos que huyen en busca de otros lugares donde el ambiente sea más propicio para el desarrollo personal y el de su familia optando por emigrar. Todo como resultado de vivir en un ambiente de constante reestructuraciones y rectificaciones al arbitrio del caudillismo que no promueve reglas claras y estables, donde existe el sabotaje abierto y escondido al emprendimiento, con la consecuente pérdida de productividad y competitividad, menor motivación para esforzarse en busca de progreso, costos en salud física y mental, delincuencia, adicción a las drogas, corrupción y otros males.

En esas circunstancias, el individuo termina perdiendo la fe en un futuro mejor y en su desesperanza pierde los incentivos para ser altruista y solidario con sus cercanos y cooperador social con el resto de la sociedad. Cuando hay demasiados conflictos, reales o imaginarios creados por los caudillos que promueven los Estados totalitarios, la relación entre individuos y estos con el Estado deja de producir satisfacción el ser parte de esa sociedad.

Esas tragedias individuales y grupales son penosamente innecesarias y jamás lograrán la satisfacción entre los componentes de una sociedad herida por la venganza, la envidia, el revanchismo, el odio, el resentimiento, como consecuencia de las heridas abiertas por los insultos, ofensas, descalificaciones, discriminaciones, etc. En muchos casos, se dan experiencias en que algunos ciudadanos prefieren renunciar a un nivel de vida mejor si esto les permite destruir la vida de los demás. Si sus sueños no son posibles por su propia decisión y falta de talentos, desean y actúan para que los demás también fracasen. En un corazón endurecido como piedra, jamás podrán florecer esos sentimientos que dicen ser necesarios para «el hombre nuevo» que pregonan aquellas doctrinas contradictoriamente totalitarias.

¿Por qué el individuo termina siendo autodestructivo? ¿Por qué los caudillos de los Estados totalitarios terminan creando una sociedad autodestructiva? Daniel Dana, en su libro *Cómo pasar del conflicto al acuerdo* dice que «En un conflicto en que alguien debe ganar o perder, el daño que nos hacemos a nosotros mismos es tan grande como el que le hacemos al Otro» (1992: 17). Precisamente porque el Egoísmo Político no le deja al ciudadano, sino únicamente las dos opciones de ganar o perder, es que las partes en conflicto no buscan la alternativa del diálogo y tolerancia para intentar el «ganar en conjunto» o el «ganar-ganar», como verdadera alternativa de solución a largo plazo de manera sustentable. El Estado totalitario y la lucha de clases no enseña otra opción, sino la destrucción del otro como forma de solución, terminando en la autodestrucción al impedir que la sociedad sea una convivencia de cooperación entre las partes.

El altruismo y solidaridad no tienen espacio en un ambiente de conflicto permanente, donde los roces por asuntos insignificantes dan paso y fomentan los choques de mediana intensidad para derivar finalmente en las crisis que amenazan hasta con desaparecer a la sociedad. Dana explica por qué sucede esto entre los individuos que conforman las sociedades:

> ¿Por qué es tan difícil aproximarnos al Otro con espíritu de mutuo beneficio?
>
> Hay ciertos obstáculos que nos impiden manejar las diferencias en nuestras relaciones de interdependencia en el hogar y en el trabajo. Estos obstáculos son de dos tipos: "Reflejos equivocados" y "Espejismos". Conjuntamente, son los culpables de buena parte de la extraña tendencia que tenemos los seres humanos a ser autodestructivos y a empeñarnos en luchas de poder que van en contra de nuestros propios intereses. Parece que somos incapaces de aprender una forma mejor de proceder pese a la multitud de episodios anteriores que ha vivido la humanidad y que no han sido otra cosa que su incapacidad para manejar bien las diferencias (1992: 17).

Más adelante, Dana nos explica qué son los «Reflejos equivocados» y los «Espejismos» y cómo obstaculizan el espíritu de mutuo beneficio. Los «Reflejos equivocados» como producto de la conducta de nuestros antepasados históricos en la época de las cavernas, pero que lamentablemente hasta hoy perviven en los Estados totalitarios impuestos por quienes gobiernan en base a sus instintos. Y los «Espejismos» como forma equivocada de percibir el comportamiento de los demás, o de las otras «clases» a quienes se les imputa la tragedia personal: a los ricos culpables de la pobreza que sufren los desposeídos y a los pobres por boicotear supuestamente a los ricos. Así como la acusación del caudillo que se hace contra países «imperialistas» que explotan a las naciones del tercer mundo, con quienes habrá que mantener el conflicto como forma de probar que se lucha por los pobres y para satisfacer las demandas de las masas.

Dana nos explica qué son los «Reflejos Equivocados»:

REFLEJOS EQUIVOCADOS. Así éramos antes. El legado de la evolución no nos abandona (...). En aquella época era correcto suponer: 1) que la mejor manera de evitar el peligro era escapando y apartándonos de la amenaza, 2) y que la vía de escape estaba bloqueada, la mejor forma de protegernos de una amenaza era usando la fuerza contra la fuerza con la esperanza de vencer al Otro. Estas dos suposiciones automáticas se conocen comúnmente como el instinto de «huir o pelear» (...).

Las formas modernas. Camuflados en formas modernas, nuestros antiguos impulsos todavía nos acompañan. Estos dos Reflejos Equivocados son los únicos dos medios de manejar el conflicto que nuestro cuerpo, movido por el instinto, nos permite conocer: 1) La Incomunicación («huida»), un esfuerzo por retirarse de la relación. 2) El Juego de Poder («lucha»), un esfuerzo por vencer al Otro (1992: 19-20).

La incomunicación y el juego de poder de los caudillos totalitarios es palpable cuando se rodean de un aire de todopoderosos y soberbios que impide el diálogo y se amparan o protegen mediante constituciones, leyes, reglamentos y decretos que restringen las formas de expresión de los ciudadanos para hacer llegar su descontento a las esferas más altas del Gobierno. En los últimos tiempos la voz oficial es la única que expone la «verdad verdadera» para manipular las percepciones que se convierten en espejismos creando interpretaciones imprecisas de la realidad. Convenciendo a las «mayorías» y a la «masa» para que se alinee en una sola verdad inventada por el caudillo mesiánico.

Según Dana (1992), hay tres espejismos que arrojan luz sobre la forma en que ocurre la autodestrucción cuando hay conflicto interpersonal:

El «Espejismo de Ganar o Perder». Nuestras necesidades son fundamentalmente incompatibles y sólo una de las dos podrá prevalecer (…).

El «Espejismo de la Mala Persona». Nuestro conflicto se debe a tu incompetencia, tu crueldad, tu estupidez u otro defecto, y solamente podemos resolverlo si reconoces y corriges esos defectos (…).

El «Espejismo del Obstáculo Insalvable». Nuestras diferencias son irreconciliables; llegar a un acuerdo es imposible (1992: 21-26).

Si hacemos una comparación de lo descrito por Dana con los postulados marxistas, veremos claramente algunas características comunes con los «Reflejos Equivocados» y los «Espejismos». De acuerdo con las experiencias vividas en el siglo XX por los diferentes tipos de socialismo que gobernaron el destino de varios países alrededor del mundo. En estos se promovió la idea de que las personas que poseían algún tipo de riqueza eran sin excepción alguna las causantes de la pobreza que padecían los proletarios, por lo que debían ser controladas bajo regulaciones estrictas o eliminados por decisión del buró político sin juicio alguno. Y sus riquezas expropiadas para ser administradas por la propiedad común.

La primera característica común del marxismo con los «Reflejos equivocados» y «Espejismos» es el repudio a la noción clásica de la armonía de intereses. En consideración a que según el socialismo la sociedad se compone de distintas clases con intereses opuestos e irreconciliables, la «lucha de clases» solo podrá terminar con el triunfo del «proletariado» y la desaparición del capitalista. La segunda coincidencia, y derivada de la primera, es que los socialistas se oponen y estigmatizan sin espacio para el debate de ideas al *laissez faire, laissez* passer, expresión originada no por Adam Smith como algunos piensan, sino por los fisiócratas franceses tenedores de la tierra y que aspiraban producir sin las trabas gubernamentales que disminuía la productividad de la tierra y creaba pobreza. Los agricultores utilizaron esa expresión francesa, que significa «dejen hacer, dejen pasar», para referirse a la libertad en la economía: libre mercado, libre manufactura, bajos o nulos impuestos, libre mercado laboral y mínima intervención de los Gobiernos. Mientras los socialistas, con excepción de los anarquistas, pensaban que el Gobierno era un representante potencial y progresivo de los intereses de los pobres, por lo que la economía no podía desenvolverse sola o con relativa libertad, por el contrario, había que planificarla de manera centralizada e intervenir en las decisiones empresariales o definitivamente en estatizar la economía en general.

La tercera coincidencia lleva a los socialistas a negar la ley de los mercados y afirman que el Estado debe regularlo o mejor planificarlo de manera centralizada; bajo la creencia de que existen humanos capaces de conocer la «subjetividad» de los consumidores para decidir qué y cuánto producir, dónde venderlo y cuándo y cómo consumirlos. En una cuarta coincidencia con los espejismos, los socialistas niegan el concepto de humanidad imperfecta que busca el desarrollo a través de una evolución espontánea y natural, sobre el cual se erigió el pensamiento clásico de la economía. En vez de eso creen en el perfeccionamiento de las personas, como un «hombre nuevo» y racional sin sentimientos y emociones como creación del Estado. El Estado totalitario cree que con el entorno apropiado dirigido por el Estado surgirán las virtudes humanas más nobles, tales como compartir el esfuerzo de su trabajo y riqueza con los demás, debido a que el capitalismo, en cambio, produce una conducta egoísta en el esfuerzo e iniciativa personal con su énfasis por la obtención de utilidades y acumulación de riquezas. Y, en una quinta coincidencia, las ideologías socialistas abogan por la acción pública y la propiedad colectiva de las empresas para mejorar las condiciones de vida de las masas. El Gobierno central, los Gobiernos locales o las empresas cooperativas pueden tomar a su cargo la administración de esas propiedades, según el ideario socialista (Brue & Grant, 2012).

Por su parte, quienes propugnan la libertad económica de los mercados consideran que es la acción humana la que provoca su desarrollo para el bien de todos. Esto se da a través de los aciertos y errores naturales del individuo al ir mejorando su aporte a la sociedad en base al diálogo y a la cooperación social que le permite poner en práctica su iniciativa y esfuerzo voluntario, así como convertir en propiedad privada el producto justo de su esfuerzo. Mientras, a la par, va desarrollando el altruismo y la solidaridad en los ambientes cercanos y conocidos de la familia y amigos para promover la cooperación social en base a los mismos valores en el ámbito general de la comunidad.

Karl Marx (1818-1883) y Friedrich Engels (1820-1895) no lo creyeron así. Marx consideraba que el capitalismo tenía tantas contradicciones internas que desaparecería por sus propias características. Como una profecía marxista que no se ha cumplido hasta la fecha, pero que sin embargo caló muy hondo en el pensamiento de muchos de sus seguidores hasta nuestros días, quienes no han doblegado su dogma a pesar de las penosas realidades que el marxismo provocó en el siglo XX en lo político, social y económico.

El siguiente pensamiento marxista continúa siendo promovido por algunos autores:

> Desde Marx sabemos por qué el capitalismo no puede ser eterno, por qué es el propio desarrollo de este sistema social lo que engendra el comunismo y por qué este cambiante estado de cosas no altera una verdad esencial: que mientras haya capitalismo surgirán, surgiremos continuamente nuevos comunistas. (Guerrero, 2009: 9).

Solo en la última parte de la anterior cita han acertado los marxistas: en la continuación y persistencia de su criterio de que seguirán surgiendo nuevos comunistas. Quizá con nuevas direcciones, pero tratando de llegar al mismo fin, sin reparar en los costos que deben pagar los pobres y la sociedad en general por los Estados totalitarios.

Además, esta cita nos clarifica el entorno en que se dio el proceso de formación del socialismo en el siglo XIX y la fuerte influencia que imprimió la personalidad de Karl Marx, quien desde una visión revolucionaria muy especial llegó a cons- truir un sistema teórico como filósofo que estudió la sociedad de explotación del siglo XIX y los efectos de la nueva forma de producción, para dar la formulación del socialismo y del comunismo con la división del mundo hasta la fecha. El socialismo y el comunismo son ideas inseparables del pensamiento de Marx, para quien el proletariado debía ser liberado de la explotación a la que lo sometía el capitalista del siglo XIX y cuyo pensamiento central era que «la emancipación de los trabajadores debe ser obra de los propios trabajadores» (Guerrero, 2009: 9). Por lo tanto, para Marx no existía posibilidad de diálogo. Solo la imposición de la fuerza revolucionaria y la desaparición del Otro.

Siguiendo a Eric Hobsbawm en la introducción del *Manifiesto Comunista* en la edición de CRÍTICA, Grijalbo Mondadori, Barcelona, podemos leer:

> En la primavera de 1847, Karl Marx y Friedrich Engels decidieron afiliarse a la denominada Liga de los Justos, una rama de la más antigua Liga de los Proscritos, una sociedad secreta revolucionaria que habían creado en París obreros alemanes —en su mayoría sastres y ebanistas— bajo la influencia revolucionaria francesa y compuesta principalmente por ese tipo de artesanos radicales expatriados. La Liga convencida por su «comunismo crítico», se brindó a publicar un Manifiesto redactado por Marx y Engels como documento político suyo y también a modernizar su organización de acuerdo con las propuestas que ellos hiciesen. Efectivamente, se reorganizó en el verano de 1847, se rebautizó Liga de los Comunistas y se declaró a favor del «derrocamiento de la burguesía, del gobierno del proletariado, del fin de la vieja sociedad basada en las contradicciones de clase y del establecimiento de una nueva sociedad sin clases ni propiedad privada» (1998: 7).

Claramente Marx y Engels aparecen a la vida política para proponer una transformación social profunda con su propuesta de eliminar a la burguesía y a la propiedad privada, estableciendo una sociedad sin clases bajo el gobierno de los trabajadores. El documento resultante con el título original *Manifiesto del Partido Comunista* consta de veintitrés páginas que pasó a ser conocido desde 1872 como *Manifiesto comunista* no obstante que se publicó originalmente en febrero de 1848 en Londres. Lamentablemente, lo único que sí lograron fue debilitar a la política pura y a la república como conceptos guías de una verdadera democracia en los países de orientación democrática y destruirla en los de orientación marxista.

Anulación de la moral y ética del ciudadano

En un Estado administrado bajo el Egoísmo Político de las ideologías radicales, se anula la moral y ética del ciudadano a través de la desculturización para dejar el campo libre a la imposición del dogma y doctrina totalitaria.

Si con los cinco obstáculos que hemos visto que se le impone al individuo, los totalitarios han logrado anularlo y quitarle su motivación personal, ahora está listo para tomar el sectarismo como su propio dogma. Será suya la conducta que no da cabida a la conciliación de intereses y que solo propone como posible la desaparición de una clase en manos de la otra. En esta etapa el individuo ya no se valora y ha perdido su cultura de ciudadano democrático. Se menosprecia por tener espíritu empresarial e intenta razonar como única forma de convivencia ocultando sus sentimientos y emociones. Aprecia no tener libertad y mentir y ser engañado a la vez, y cambia su moral y ética personal por la colectiva. Está dispuesto a ser sectario como forma de subsistencia.

Por su parte, aquellos adultos que se resistan a cambiar sus actitudes democráticas podrán optar por ser permisivos mientras no se toquen sus intereses, cruzar los brazos en la indiferencia o bajarlos resignadamente para acogerse al silencio. Su decepción le ha quitado la moral y la ética comenzando con la pérdida de la autoestima y del amor propio. ¿Ha perdido su dignidad humana?

En el caso de los niños y adolescentes, la tarea parece más fácil para el totalitario a través de la educación en escuelas y colegios, orientando su pénsum de estudio al dogma dominante. Donde es común el culto a la personalidad del caudillo como proveedor de todo lo que se consume, incluida la educación.

Como hemos visto, en su manifestación más extrema, las ideologías radicales de izquierda totalitaria o de derecha oligárquica, para imponerse, llegan al autoritarismo y al totalitarismo e incluso a la violencia intelectual y física cuando lo consideran necesario. Las ideas caudillistas se imponen, ya sea por la persuasión de la retórica y demagogia o por la imposición legal forzada con tal propósito por el «autoritarismo» y la concentración del poder, del «paternalismo» que compra la conciencia del elector ciudadano y de la «manipulación» de las conciencias a través de la propaganda, hay un paso a la imposición violenta, pero la masa y los allegados adoran al caudillo carismático y siguen su palabra a semejanza de una religión.

Como resultado, la conducta humana es deformada moral y éticamente entre quienes apoyan en masa o por conveniencias personales y corruptelas de toda índole o porque callan y son sometidos por las leyes dictatoriales e injustas y por la violencia que conculcan los derechos humanos. A la hora de imponer la ideología radical todo vale al estilo de Maquiavelo, cuyo pensamiento político inspiró la frase: «el fin justifica los medios». Sin embargo, en el camino va quedando una sociedad y un Estado fallido, al provocar las reacciones de descontento, sumisión, huida o pelea, que condenan a los pueblos al subdesarrollo al anular el aporte individual productivo en beneficio de la sociedad entera.

Oriana Fallaci, en su libro *La rabia y el orgullo*, narra al lector su experiencia y el dolor que le causó abandonar su amada Italia. Decepcionada de la política sin ideales de su patria, donde la integridad y probidad no tenía espacio. Como ciudadana y periodista eligió el silencio y el autoexilio político. Luego se fue a residir en Nueva York, ciudad que le permitió ejercer su periodismo con libertad, a cambio de la soledad en una isla de cemento, según ella:

AL LECTOR:

Yo había elegido el silencio, ya había elegido el exilio. Porque en América ha llegado el momento de decirlo alto y claro, resido como una expatriada. Vivo en el autoexilio político que contemporáneamente a mi padre me impuse hace muchos años. Es decir, cuando ambos nos dimos cuenta de que vivir codo a codo con una Italia cuyos ideales yacían en la basura se había convertido en algo demasiado difícil, demasiado doloroso, y desilusionados ofendidos heridos cortamos los lazos con la mayoría de nuestros compatriotas. Él, retirándose a una remota colina del Chianti adonde la política a la que había consagrado su vida de hombre íntegro y probo no llegaba. Yo, vagando por el mundo y después escogiendo Nueva York donde entre mí y aquellos compatriotas estaba el océano Atlántico. Este paralelismo puede parecer paradójico, lo sé. Pero cuando el exilio habita en un alma desilusionada ofendida herida, créeme, la situación geográfica no cuenta. Cuando amas a tu país (y sufres por él) no existe diferencia alguna entre hacer de Cincinnato en una remota colina del Chianti, junto a tus perros y tus gatos y tus gallinas, o ser escritor en una isla de rascacielos apretujados por millones de habitantes. La soledad es idéntica. La sensación de fracaso, también (2002: 8).

La vida de Oriana Fallaci fue exitosa en Nueva York, pero jamás se repuso de la frustración que sufrió cada día por el totalitarismo producto de la mala práctica política que vivía su patria. Es sabido que las emociones y los sentimientos de los humanos dependen del entorno en que se desenvuelve la vida cotidiana de las personas. Manifestaciones que pueden ser perfeccionadas si la experiencia es positiva y deformadas si es negativa. En gran medida, es fácil concluir que, si el ambiente es positivo y sano, los pueblos se preparan y se desarrollan mejor, y a la inversa, no se desarrollan si el ambiente no es el más propicio y donde existe una cultura de confrontación, peor si es permanente como estímulo negativo para una distorsión de la cultura. Los sociólogos Shepard, Odom, Bruton dicen que: «El término *cultura* se refiere a patrones de pensamiento, sentimiento y *conducta* de los seres humanos que se transfieren de una generación a otra entre los miembros de una sociedad» (2010: 40).

Una ideología radical, entonces, que fomenta un ambiente negativo de convivencia en una determinada sociedad, ¿qué quiere generar en los ciudadanos sometidos a ese ambiente? Algunas de sus reacciones podrán ser conscientes y otras inconscientes dependiendo del grado de reflexión y las conclusiones que de las experiencias hayan sacado. Sus acciones, en consecuencia, para bien o para mal personal y de sus relacionados cercanos o lejanos y desconocidos como son sus compatriotas, serán el resultado de los estímulos positivos o negativos que hayan recibido. La palabra acción expresa que alguna persona está actuando, está realizando algún acto voluntario o involuntario de acuerdo con los sentimientos que experimenta.

Esas acciones con el tiempo y por su repetición ante los mismos estímulos del entorno y por sus sentimientos culturales se convierten en costumbres o hábitos y el individuo se comportará de acuerdo con ellos. Su conducta ciudadana dependerá de la formación o de la deformación de sus emociones y sentimientos. Pero la bendición de la naturaleza humana le dice que en el fondo tiene un espíritu que lo golpea constantemente. Aunque debido a la anulación de su propia moral y ética, el hombre se acostumbra a vivir de manera deformada por el totalitarismo, y al no poder manifestarse lo frustra y lo hace caer en la postración latente a la espera de brotar de cualquier forma y en el momento menos pensado.

Daniel Goleman, psicólogo y periodista de *The New York Times*, comenta en su libro *Inteligencia Emocional* que para escribirlo dedicó una década siguiendo el avance de nuestra comprensión científica del reino de lo irracional. Una de sus primeras conclusiones es que a través de leyes y normas se ha tratado de dominar las emociones, pero que, no obstante, las nuevas realidades de la civilización son más veloces que la evolución, por lo que las emociones aplastan a la razón.

Sin duda, el mensaje de Goleman es contundente para los «racionalistas estructuralistas». Estos lo deberían tener presente para desechar su arrogancia de creer que a través de la imposición de ideologías radicales podrán lograr el «hombre nuevo», justo, altruista y solidario, que pretenden mediante sus utopías y espejismos, logrando tan solo una deformación de las emociones de los pueblos a los que tratan de sojuzgar, dominar o someter en contra de su voluntad.

Goleman asevera:

> Pero mientras nuestras emociones han sido guías sabias en la evolución a largo plazo, las nuevas realidades que la civilización presenta han surgido con tanta rapidez que la lenta marcha de la evolución no puede mantenerse al mismo ritmo. En efecto, las primeras leyes y declaraciones de la ética —el Código de Hammurabi, los Diez Mandamientos de los Hebreos, los Edictos del emperador Ashoka— pueden interpretarse como intentos por dominar, someter y domesticar la vida emocional. Como describió Freud en *El malestar en la cultura,* la sociedad ha tenido que imponerse sin reglas destinadas a someter las corrientes de exceso emocional que surgen libremente en su interior.
>
> A pesar de estas limitaciones sociales, las pasiones aplastan a la razón una y otra vez. Esta característica de la naturaleza humana surge de la arquitectura básica de la vida mental (1996: 23).

Si esta es la forma en que la naturaleza humana, por medio de las pasiones aplasta la razón, ¿qué debe esperarse de un Estado dictatorial guiado erróneamente por una ideología radical que fomenta el autoritarismo y el totalitarismo en contra de la voluntad de los humanos que conforman la sociedad? He allí la razón del fracaso de aquellas formas de gobierno que no respetan los derechos individuales, incluyendo especialmente las libertades en todas sus formas hasta las mínimas y básicas que jamás afectan el bienestar de los demás.

Lastimosamente, los totalitarios continúan defendiendo esas posiciones en el siglo XXI, sin haber asimilado la historia del siglo XX, que está llena de fracasos que fueron causa y efecto de desastres provocados por las mismas ideas, en una suerte de sucesión de errores para corregir errores previos. Situación que la humanidad podría repetir en determinados países que no sufrieron las dos guerras mundiales que sufrió Europa y el fracaso del comunismo en la Unión Soviética y sus satélites; que deberían servir como advertencia a los países de Latinoamérica para no permitir que la rebeldía intelectual del totalitarismo ofenda nuevamente las conciencias mundiales con sus fracasos económicos, políticos y sociales.

3. El intervencionismo del Egoísmo Político y la anulación de la comunidad

En el apartado anterior hemos visto que el Egoísmo Político anula al individuo hasta en sus más íntimas percepciones de sí mismo, como la autoestima y el amor propio, por la aplicación errada de la política totalitaria del caudillismo. En el presente apartado pasamos a revisar la anulación de la comunidad, como suma de individuos deformados en su moral democrática y republicana al unirse a otros individuos que sufren la misma carencia. Veremos algunos aspectos como la familia y las instituciones que forman la comunidad que también son anuladas por la democracia cuando no se respeta la institucionalidad democrática y el Estado de derecho.

Antes de entrar en este análisis, me parece necesario establecer el concepto de comunidad como algo más personal para cada individuo que el término sociedad que a veces es más percibido como algo impersonal.

Para que exista la cooperación social del individuo con la comunidad, pienso que la debemos ver como un conglomerado humano que nos brinda un beneficio más efectivo cuando la sentimos nuestra y nos identificamos con ella. Cuando sentimos que nuestra felicidad y la de nuestra familia depende de una interrelación sana con los demás, estamos mucho más dispuestos a solidarizarnos con el destino de nuestros amigos, conocidos del barrio, de la empresa donde laboramos, de la parroquia y la ciudad donde vivimos y en su mayor extensión con el país entero, e incluso con otros países sin importar de qué continente se trate.

Según la Real Academia Española, la sociedad es un «Conjunto de personas, pueblos o naciones que conviven bajo normas comunes», y como «Agrupación natural o pactada de personas, organizada para cooperar en la consecución de determinados fines.» (DRAE, http://dle.rae.es/?id=YCB6UHV, consultado el 14 de febrero de 2018. Respecto a la comunidad dice en su cuarta acepción que es: el «Conjunto de personas vinculadas por características o intereses comunes.» (DRAE, http://dle.rae.es/?id=A5NKSVv, recuperado el 14 de febrero de 2018).

Zymunt Bauman dice que la comunidad «es un lugar "cálido", un lugar acogedor y confortable. Es como un tejado bajo el que cobijarse cuando llueve mucho, como una fogata ante la que calentar nuestras manos en un día helado» (2008: V). Es decir, que mientras la sociedad es un ente impersonal, frío y contractual en el que la razón debe imponerse para crear los principios de convivencia, la comunidad, en cambio, es un lugar personal y cálido, donde «todos nos entendemos bien, podemos confiar en lo que oímos (…) en una comunidad podemos contar con la buena voluntad mutua» (2008: VI), con la finalidad de vincular mejor los intereses.

Para identificar más en detalle sus diferencias en la vida diaria, a lo largo de este libro he usado en mayor proporción el término comunidad que el de sociedad; como la forma original de la que dictó cátedra Aristóteles cuando habló de la *politeia* o de *La República* de Platón, en donde no existe la probabilidad de que unos luchen contra otros en una irreconciliable situación de intereses; como sucede en la sociedad contractual o en la democrática en la que la mayoría gobierna sobre los intereses de las minorías en una suerte de conflicto permanente y estéril.

En una comunidad se aspira a que el adversario político sea tratado como uno que piensa diferente y no como un enemigo a quien se debe denostar o desaparecer. Reconozco, sin embargo, que será difícil que la sociedad actual regrese al concepto aristotélico de comunidad, pero no estará demás decir que cuando hablemos de sociedad tengamos en mente las características de la comunidad basada en el amor y en la cooperación social como forma de convivencia pacífica y armónica de por sí misma en su esencia.

En todo caso, el término sociedad para mantener un significado positivo debería ser repensado, no como una asociación humana impersonal en base a leyes, sino como una forma de comprometernos en la cooperación personal de unos a otros. Recordemos que la política pura, desde esa visión aristotélica propuesta en este libro, es la búsqueda del bienestar general que no podría lograrse si no existieran los sentimientos positivos que, adecuadamente reflexionados, nos lleven a razonar con sentimientos de hermandad de manera correcta y procedamos a actuar en el bien común y no en el mal.

También considero necesario establecer el proceso que experimentó la comunidad humana en sus diferentes estadios, desde la horda, el clan y la tribu hasta ser convertida en nación, país y luego en Estado. Con la finalidad de tener presente su proceso histórico. En este proceso, el individuo debería mantener su soberanía, desde lo personal o individual a lo grupal o comunitario en un marco político que busque el bienestar general.

Entendiendo claramente este proceso, se podrá interpretar el paso de los intereses personales para alcanzar los intereses generales o del bien común. Entendiendo que el individuo en el ejercicio de la ciudadanía tiene derechos y también obligaciones que cumplir con la comunidad. Determinado, así, si el supuesto egoísmo del individualismo es lo que debe ser controlado o normado por el Estado y sus gobernantes, o si es el Estado el que invade los intereses del individuo y su familia, logrando desde el plano cercano al extenso la anulación de la comunidad impidiéndole resolver sus propios problemas por sí misma y con su activa participación.

La anulación de la comunidad por el Estado totalitario

El intervencionismo estatal ejercido por el Egoísmo Político logra en la comunidad el efecto contrario a los propósitos supuestamente programados, esto es: la pobreza en mayor o menor nivel, acorde con el grado de intervencionismo estatal. Ya sea articulado a través de ideologías en movimientos y partidos políticos o por el dominio de gremios y de grupos que se han apoderado de la administración del Estado, dando forma y fortaleciendo el conflicto permanente entre los intereses del individuo, de la familia y de los grupos de ciudadanos contra la comunidad en general y esta contra los individuos. Cada uno priorizando los beneficios propios y en ocasiones sobre los intereses de los demás sin importar los medios, incluso el despotismo y la corrupción abierta y descarada. En nombre de las revoluciones políticas, el Egoísmo Político utiliza a la Economía Política más como si fuera un arma demagógica y no una herramienta productiva, confundiendo el liderazgo democrático y republicano con el caudillismo autoritario, paternalista, sabelotodo y manipulador. El liderazgo democrático no existe ni tiene espacio en esas circunstancias. No solo en el pensamiento comunista, sino aún en el mismo capitalista extremo, como es obvio.

Joseph E. Stiglitz, en el prólogo del volumen I del libro *Capitalismo, socialismo y democracia,* de Joseph Alois Schumpeter, dice:

En cierto sentido, Schumpeter tuvo las de ganar. Nadie piensa hoy que el «socialismo» sea superior al capitalismo como sistema de organización de la producción de bienes y de los servicios. El aumento en el nivel de vida resultado de la economía de mercado ha sobrepasado cualquier pronóstico sostenido hace seis décadas. El ritmo de la innovación ha sido mayor del previsto por Schumpeter, tanto que hoy en día nos referimos a la economía de la «innovación».

Y, sin embargo, en otro sentido, Schumpeter es un *outsider* para la rama dominante de la economía, al igual que lo era hace tres cuartos de siglo. El modelo de «equilibrio» que tanto demostró permanece como el paradigma dominante. En más, la nueva amenaza para el capitalismo no proviene del socialismo, sino de la derecha, de los propios capitalistas. Hoy en día, la cuestión es salvarlo de estos y de una forma de estatismo peor incluso en determinados aspectos que el socialismo, algo que he definido como «asistencialismo corporativo»: se emplea el poder del Estado para proteger a los ricos y poderosos en lugar de a los más desfavorecidos y a la sociedad en general. Se trata de un fracaso producto de las limitaciones del tipo de democracia competitiva que Schumpeter pregonaba (2015: p. 13).

A la par, entonces, de reconocer al capitalismo como superior al estatismo socialista como sistema de organización de la producción de bienes y servicios, Stiglitz también remarca que los enemigos más peligrosos del capitalismo son los que utilizan el poder del Estado para favorecer a los ricos y poderosos exclusivamente en lugar de a los más desfavorecidos y a la sociedad en general.

Pero, asimismo, aunque Stiglitz no se lo proponga, acusa implícitamente al intervencionismo estatal de interferir en las leyes del mercado en beneficio de unos y perjuicio de otros. Precisamente, como una de las razones por las cuales el Egoísmo Político de las ideologías radicales fracasa, con el monopolio estatal en el socialismo y el monopolio y oligopolio en la economía liberal mal entendida.

Ante esta forma natural del humano, aparece el intervencionismo caudillista para imponer, ya sea por las urnas o por la violencia incluso, la «validez del orden» a través de la imposición de normas y la coacción estatal. Supuestamente, para corregir el caos del comportamiento humano que lo inclina a aprovecharse de las circunstanciales fuerzas del poder de las ideologías de derecha o de izquierda, populistas y nacionalistas entre otras, que mal utilizan las ventajas económicas del mercado. A partir de allí, lo ético-moral de cada ideología radical se atribuye la facultad de poner «orden» también en lo económico. Especialmente, el Estado socialista que para imponer sus postulados defiende la tesis de que es al Estado a quien le corresponde tomar las decisiones económicas y no a la comunidad. El socialista estatista confundido en su ideología llega a convencerse de manera errada de que el Estado, o más bien quienes lo administran por encargo de los ciudadanos, es una «súper entidad y mente suprema» que ordena a través de las constituciones, las leyes y sus reglamentos la voluntad del individuo, quien debe simplemente obedecer. Sin reconocer el derecho del individuo a autoimponerse libremente un determinado código ético-moral para decidir las normas político-económicas.

Así, la ciencia política estatista domina el Estado por una simple ingenuidad compartida entre políticos y ciudadanos, al creer que los principios políticos de los gobernantes tienen validez universal para estandarizar a los individuos que conforman el Estado.

Pero cuando la ciencia política se encara con la realidad cotidiana, recién se dan cuenta de que los ciudadanos deben ser iguales ante la ley y tener las mismas oportunidades para progresar; que cada uno es diferente a los demás con sus propias convicciones, deseos y aspiraciones. Donde el Estado y sus administradores no deben entrar a intervenir, aunque a veces puede ser tarde cuando el daño ya es inmenso y se requieren cambios traumáticos para volver a la normalidad.

John Maynard Keynes (1883-1946) soslayó al individuo, al empresario y a la microeconomía para destacar únicamente la macroeconomía o las cuentas nacionales acumuladas, con lo que a largo plazo se perjudicó a los países, a pesar de su fama y de su alta influencia en materia económica desde las primeras décadas del siglo XX. Y que continúa siendo hasta hoy el referente de algunos gobiernos estatistas. En el prefacio a la edición francesa de su obra *Teoría general de la ocupación el interés y el dinero* (1936/2012) resume su idea:

He llamado a mi teoría una *teoría general*. Con esto quiero decir que me ocupo principalmente del comportamiento del sistema económico en su totalidad —los ingresos agregados, las ganancias agregadas, el producto agregado, el empleo agregado, la inversión agregada y el ahorro agregado—, más que de los ingresos, ganancias, producto, empleo, inversión y ahorro de algunos sectores, empresas o individuos en particular. Y argumento que se han cometido errores importantes al extender al sistema en su totalidad las conclusiones que correctamente se habían derivado en relación a sus partes tomadas de forma aislada (Keynes, 1936/2012: 28).

Con esta, su teoría general, si bien es cierto Keynes ayudó a algunos Gobiernos a sacar a sus países de la recesión económica, fue únicamente en un momento coyuntural y no a largo plazo. Porque al mantener la intervención de los Gobiernos para generar crecimiento económico bajo su dirección y protagonismo, el Estado paulatinamente fue apoderándose de la mayor proporción de la economía marginando a la iniciativa privada, empresarial e individual, lo cual no es sustentable en el tiempo. Debido a que sus contribuciones terminaron siendo contraproducentes de manera estructural por el alto endeudamiento que adquirieron las naciones y la alta inflación que perjudicó desde el intervencionismo estatal precisamente a quien más debió ayudar, como son los pobres. Como una clara muestra de que el Estado intervencionista anula a la comunidad.

De la familia a la conformación del Estado.

Tradicionalmente, la familia ha sido conocida como la institución básica de la sociedad, porque en ella se da inicio a la socialización necesaria del individuo para integrarse a la comunidad con la preparación adecuada que le permita aportar a su desarrollo mediante la cooperación social.

En este apartado que trata sobre la anulación de la familia por parte del Estado totalitario, conviene primero introducir la concepción que se hace de ella desde la religión, sociología y economía, como forma de contrastarlas con la visión que el socialismo tiene de la familia, a la que Marx y Engels le atribuyen ser una convención social y no natural como argumento para atribuirle responsabilidades tales como la concentración de riqueza y el inicio de la lucha de clases por la explotación que hace el hombre sobre la mujer.

La Iglesia católica en D. S. I. (2005) le atribuye a la familia la importancia y la centralidad en orden a la persona y a la sociedad:

> La importancia y la centralidad de la familia, en orden a la persona y a la sociedad, está repetidamente subrayada en la Sagrada Escritura: «No está bien que el hombre esté solo» (Gen 2,18). A partir de los textos que narran la creación del hombre se nota como —según del designio de Dios— la pareja constituye «la expresión primera de la comunión de personas humanas». Eva es creada semejante a Adán, como aquella que, en su alteralidad, lo completa para formar con él «una sola carne». Al mismo tiempo, ambos tienen una misión procreadora que los hace colaboradores del Creador: «Sed fecundos y multiplicaos, henchid la tierra» (Gen, 1,28). La familia es considerada, en el designio del Creador, como «el lugar primario de la "humanización" de la persona y de la sociedad» y «cuna de la vida y del amor» (…).
>
> La familia es importante y central en relación con la persona. (…). La familia, comunidad natural en donde se experimenta la sociabilidad, contribuye en modo único e insustituible al bien de la sociedad. La comunidad familiar nace de la comunión de las personas: «La "comunión" se refiere a la relación personal entre el "yo" y el "tú". La "comunidad", en cambio supera este esquema apuntando hacia una "sociedad", un "nosotros". La familia, comunidad de personas, es por consiguiente la primera "sociedad" humana». (2005: 109-111).

Shepard et alt. dice que desde la visión sociológica: «La institución social fundamental más antigua del mundo es la familia. (…) ésta siempre ha satisfecho la necesidad fundamental de toda sociedad, es decir la de procrear y socializar a los hijos» (2010: 159).

En economía, por su parte, se entiende a la familia como un agente económico que consume, ahorra, invierte y ofrece servicio de trabajo. Junto con las empresas, son los principales agentes a nivel microeconómico en su contribución al desarrollo de los pueblos.

Por otro lado, para hablar de la familia según la visión de las ideologías radicales, debemos revisar el pensamiento que Friedrich Engels (1884/2006) hizo de ella en su libro *El origen de la familia, la propiedad privada y el Estado,* publicado originalmente en el año 1884. A partir de unos manuscritos de Karl Marx que descubrió luego del fallecimiento de este en 1883 y que los perfeccionó en 1891. Para defender su crítica al capital ante la serie de duras observaciones que a esas alturas ya se le hacían al marxismo. Recordemos que Marx y Engels habían escrito el *Manifiesto del Partido Comunista* en 1848.

El principal argumento de Engels se basa en que la familia era creada por la burguesía para la acumulación de propiedad y que es el origen de la lucha de clases por la explotación que el hombre hace de la mujer. Por ser una formación de la burguesía con esos objetivos. Con lo que justifica la acción de confiscación de las riquezas de las familias por parte del Estado, así como su desaparición por ser monogámica a favor de la familia poligámica, a la que considera ser de formación natural.

En otras palabras: el estudio del pensamiento de Engels intentó justificar la forma en que la familia es tratada y considerada dentro del socialismo como formación burguesa, concentradora de riqueza y generadora de la lucha de clases, donde el hombre (capitalista) es el primer explotador de la mujer (proletario); esto como forma también de legitimar el accionar del socialismo sobre la familia monogámica a través de la creación de otras formas de familia como vemos en la actualidad. A su vez, Engels descubrió un guion detallado del científico Morgan entre los manuscritos de Marx, acompañado de notas críticas y opiniones propias de Marx, además de observaciones de otras fuentes.

Obviamente, sus argumentos estaban orientados al materialismo histórico o concepción materialista de la historia. El que alude al marco conceptual que Karl Marx y Friedrich Engels usaron para comprender la historia y la evolución de la sociedad humana. Para esto tenía que desvirtuar obligadamente la ley natural y la tradición que dio origen a la familia y a su patrimonio, como dos elementos fundamentales que sustentan la vida, la libertad y la propiedad misma.

Otra idea de Engels es que la familia es un elemento activo y el parentesco es pasivo. Así, la familia monogámica, según él, es creada por el convencionalismo de la sociedad a medida que evoluciona a partir de otras clases de familia previas, esas sí de formación natural; tanto por el proceso histórico desde la era de los salvajes, la barbarie y la civilización, como por ser un elemento dinámico como cualquier otro sistema o institución. Asimismo, Engels creía que el parentesco también era de formación moralista de la sociedad y no natural, pero como un elemento pasivo, por lo que en consecuencia el padre, madre e hijos son una creación de la sociedad formal y no de la naturaleza o del orden divino. Adicionalmente, para Engels, la familia es independiente del parentesco, el cual es solo mantenido por la fuerza de la costumbre.

Dentro de su escrito sobre esta idea, Engels incluye la referencia sobre la familia a la luz de las investigaciones de Lewis H. Morgan y al pensamiento de Marx, en las siguientes palabras:

> La familia, dice Morgan, es el elemento activo; nunca permanece estacionaria, sino que pasa de una forma inferior a una forma superior a medida, que la sociedad evoluciona de un grado más bajo a otro más alto. En cambio, los sistemas de pa-

rentesco son pasivos; sólo después de largos intervalos registran los progresos hechos por la familia en el curso de las edades, y no sufren radical modificación sino cuando se ha modificado radicalmente la familia.

Y, añade Karl Marx, «lo mismo sucede con los sistemas políticos, jurídicos, religiosos y filosóficos».

Al paso que la familia continúa viviendo, el sistema de parentesco se osifica; y mientras que éste se mantiene por la fuerza de la costumbre la familia sigue independiente de aquel (…).

Los sistemas de parentesco y las formas de familia que acabamos de recordar difieren de los reinantes hoy, en que cada hijo tenía varios padres y madres. En el sistema americano de parentesco, al cual corresponde la familia hawaiana, pueden ser padre y madre de un mismo hijo un hermano y una hermana; pero el sistema de parentesco hawaiano presupone una familia en la cual, por el contrario, esto es la regla.

Llegamos aquí a una serie de formas de familia que están en contraposición absoluta con las admitidas hasta ahora como únicas valederas. Según las ideas corrientes, nuestra sociedad no conoce más que la monogamia, junto a ella la poligamia de un hombre, y, en rigor, la poliandra de una mujer; como conviene al fariseo moralista, pasa en silencio que en la práctica se salta tácitamente y sin escrúpulos por encima de las barreras impuestas por la sociedad oficial (Engels, 2006: 19-21).

De tal manera que, para Engels y Marx, la familia tiene varias formas y no solo la conocida con la participación de un padre, una madre y sus hijos, y que tanto la convivencia del hombre con varias mujeres en la poligamia y la de la mujer con varios hombres en la poliandria eran sistemas de parentesco que solo el fariseo moralista los desconoce para imponer la monogamia dentro de la sociedad oficial, como llama el marxismo a la superestructura capitalista.

Además de argumentar que no debe existir propiedad privada por ser producto de un convencionalismo de la sociedad que genera conflictos, Engels le desconoce al padre y a la madre la motivación para generar un patrimonio que le asegure una mejor vida a su familia. Pensamiento que igualmente el marxismo aplica en el tema educativo, en el que piensa que es el Estado el responsable de hacerlo y no la familia.

Quizá, Engels no pretendía que se volviera a épocas del salvajismo y de la barbarie, pero el estado de la familia en esas épocas le permite objetar algunos conceptos económicos y sociales que van aparejados con la familia monogámica formada en la era de la civilización. Con esto justifica sus críticas a la propiedad privada, para destruir uno de los pilares y motivaciones del capitalismo, a la vez que justifica la lucha de clases que este genera como argumento de los proletarios para apoderarse de los medios de producción de los empresarios explotadores, según su visión. La propiedad le pertenece a la sociedad y no a la familia es su conclusión.

Y así la familia monogámica no es la célula fundamental de la sociedad para Engels; y que es el Estado o la sociedad la que ejerce la centralidad y no el individuo ni la familia.

Dicho lo mismo a manera de interrogantes: ¿puede así, con familias que comparten un parentesco entre ellas, el individuo acumular propiedad privada, de derechos propios y originarios? Y si la familia, por otra parte, no es el núcleo o la célula vital de la sociedad, una familia, constituida de la forma que Engels justifica, ¿podría constituir una sociedad que se desarrolle por la motivación de cada núcleo familiar y de la centralidad de la persona? ¿Se garantiza así, que la familia sea la primera comunidad natural donde se experimente la sociabilidad humana para el bien de la sociedad?

Pero, de acuerdo con los resultados económicos negativos de las experiencias del «socialismo real» en los países que se lo impuso en el siglo XX, algo no ha funcionado en las ideas totalitarias. Algo debió fallar en los argumentos de los intelectuales del marxismo al imponer al Estado como el único propietario de los bienes de la sociedad y el responsable exclusivo de la educación y formación de los individuos. Porque en la práctica no le fue posible al marxismo cristalizar el nuevo orden social que diseñó, ante la resistencia natural de las personas que conforman la familia, logrando, únicamente el desánimo provocado por ver su esfuerzo personal convertido en propiedad comunitaria.

En la práctica, al quitarle por decreto la propiedad y la responsabilidad de educar a sus hijos, el marxismo solo alcanzó lo contrario a sus objetivos perjudicando a toda la sociedad que se proponía beneficiar, porque el bien de las personas en la familia y el buen funcionamiento de la sociedad están estrechamente relacionados. No puede generarse un beneficio personal sin el beneficio de la sociedad y a la inversa.

Así como se requiere el respeto a la «subjetividad» del individuo para permitir su desarrollo, igualmente es dentro del núcleo familiar donde se forma el altruismo y la solidaridad que prepara al individuo para ser colaborador social en la comunidad, para lo que se requiere una relación de respeto entre la familia y el Estado: «El punto de partida para una relación correcta y constructiva entre la familia y la sociedad es el reconocimiento de la subjetividad y de la prioridad social de la familia» (D.S.I., 2005: 131).

Por esto, el Estado debe respetar y garantizar todo aquello que la fortalezca y no obligar a que la familia sea la que esté al servicio de la sociedad más allá de sus propias capacidades. Lo contrario es renunciamiento a sus valores y principios, como el respeto a la vida naciente y la libre elección de la clase y contenido de educación de los hijos. Con lo que, si bien anula a la familia, el totalitarismo marxista igualmente anuló a la sociedad conyugal quitándole el papel de gestor de riqueza en bien propio y de la sociedad.

La familia, división de trabajo y explotación, según Engels

Engels junto a Marx, además de atribuirle a la familia ser la creadora de la acumulación de riqueza, la hacen responsable del origen de la lucha de clases por la explotación a la que somete el hombre a la mujer en el hogar. Con lo que el marxismo justifica más profundamente la anulación de la familia como núcleo de la sociedad por ser perjudicial para ella.

Para analizar este postulado marxista desde otro punto de vista, debemos recordar que, en el siglo anterior a la publicación de los escritos de Marx y Engels, Adam Smith había descubierto la «distribución del trabajo» como el elemento principal para la generación de riqueza en las naciones. Al promover que cada trabajador pueda especializarse en una determinada tarea haciendo uso de sus naturales capacidades y aportarlas a un trabajo de equipo con otros trabajadores a fin de incrementar la productividad en las fábricas o talleres y en general en cualquier emprendimiento, con lo que se generaba un beneficio económico que, debidamente ahorrado, se utilizaba para incrementar la producción en el futuro y atender las demandas de poblaciones crecientes.

Pues bien, Engels aseveró que fue en la familia donde se dio la primera división del trabajo para la procreación de hijos mediante la primera opresión masculina sobre el sexo femenino. Siendo, además, la monogamia, la primera convención social y no natural, según la idea de Engels, que permitió la generación y acumulación de la propiedad privada como triunfo sobre el comunismo espontáneo y primitivo. Es decir, Engels (2006) consideró que la monogamia, era la causante de los problemas sociales de la humanidad como generadora de explotación. A la que le niega, incluso, ser producto de la reconciliación entre el hombre y la mujer y de ser fruto del amor sexual, como él lo ve. Con esto, de paso debemos ser conscientes de que en base a este pensamiento marxista nace una segunda ola del feminismo radical en el siglo XX.

La primera había sido de orden liberal, desde el siglo XIX y más profundamente a inicios del siglo XX en la mayoría de los países, cuando se luchaba para que la mujer fuera reconocida con los mismos derechos que el hombre. El marxismo, al atacar a la monogamia y a la familia, negándole su formación natural y la categoría de la más elevada, abrió la puerta a una radicalización del feminismo donde la mujer comenzó a ver al hombre como un explotador que tenía que ser vencido, provocando con mayores argumentos la anulación de su papel de núcleo de la sociedad. Un tema muy controversial y delicado, por cierto.

Dice Engels:

> Tal fue el origen de la monogamia, según hemos podido seguirla en el pueblo más civilizado, y que llegó al más culminante desarrollo de la antigüedad. De ninguna manera fue fruto del amor sexual individual, con el que no tenía nada de común, siendo los matrimonios de pura convención después, como lo eran antes. Fue la primera forma de familia que tuvo por base condiciones sociales, y no las naturales; y fue, más que nada, el triunfo de la propiedad individual sobre el comunismo espontáneo y primitivo (…).
>
> Por tanto, la monogamia no aparece de ninguna manera en la historia como una reconciliación entre el hombre y la mujer, y mucho menos aún como la forma más elevada de la familia. Por el contrario; entra en escena bajo la forma de esclavizamiento de un sexo por el otro, proclamación de un conflicto entre los sexos, desconocido hasta entonces en la historia. En un antiguo manuscrito inédito, descifrado en 1846 por Marx y por mí, encuentro esta frase: «La primera división del trabajo es la que se hizo entre el hombre y la mujer para la procreación de hijos». Y hoy puedo añadir: el primer antagonismo de clases que apareció

en la historia coincide con el desarrollo del antagonismo entre el hombre y la mujer en la monogamia; y la primera opresión de clases, con la del sexo femenino por el masculino (2006: 64-65).

Con esta idea Engels (1884/2006) introduce los temas de la esclavización y la división del trabajo en la familia ejercidos por el hombre sobre la mujer, que le permite incorporar a continuación el antagonismo de clases y la opresión de una sobre otra, vistos como el progreso de unos a expensas de la desventura de otros.

> La monogamia fue un gran progreso histórico, pero al mismo tiempo inaugura, juntamente con la esclavitud y la propiedad privada, aquella época que aún dura en nuestros días y en la cual cada progreso es al mismo tiempo un retroceso relativo, en que la ventura y el desarrollo de unos verifícanse a expensas de la desventura y de la represión de otros. Es la forma celular de la sociedad civilizada, en la cual podemos estudiar ya la naturaleza de las contradicciones y de los antagonismos que se propagan y crecen plenamente en nuestra sociedad (2006: 65).

Planteados así los asuntos de la familia monogámica, únicamente como una convención social y no natural, luego de introducir la idea de explotación del hombre sobre la mujer, le será más fácil a Engels la introducción del rechazo al matrimonio burgués, acaparador de riqueza, con lo cual pasó a usar el matrimonio del proletario, desprovisto de recursos de manutención, como el justificativo necesario para la eliminación de la sucesión de herencia y la toma de esa riqueza por parte del Estado. No sin antes plantear que en el matrimonio burgués pactado por conveniencia no impera el amor sexual, como en el caso del desposeído, lo que incluso provoca inmoralidad, infidelidad y hetairismo.

Veamos el tema de la diferencia de matrimonio de acuerdo con las clases con todos sus elementos, según Engels (1884/2006):

> (…) el matrimonio se funda en la posición social de los contrayentes; y, por tanto, siempre es un matrimonio de conveniencia. También en los dos casos, este matrimonio de conveniencia se convierte en la más vil de las prostituciones, a veces por ambas partes, pero mucho más habitualmente en la mujer; ésta sólo se diferencia de la cortesana ordinaria en que no alquila su cuerpo a ratos como una asalariada, sino que lo vende de una vez para siempre como una esclava. Y a todos los matrimonios de conveniencia le viene a molde la frase de Fourier: «Así como en gramática dos negaciones equivalen a una afirmación, de igual manera en la moral conyugal dos prostituciones equivalen a una virtud». En las relaciones con la mujer, el amor sexual no es, ni puede ser, una regla efectiva más que en las clases oprimidas, es decir, en nuestros días en el proletariado, estén o no estén autorizadas oficialmente esas relaciones. Pero también desaparecen en estos casos todos los fundamentos de la monogamia clásica. Faltan allí por completo los bienes de fortuna, para a conservación y transmisión de la cual se han instituido precisamente la monogamia y el dominio del hombre, y, por consiguiente, también falta allí todo motivo para hacer valer la supremacía masculina.
>
> Y aún más: faltan hasta los medios de conseguirlo. El derecho burgués, que protege a esta supremacía, sólo existe para los que poseen y para regular sus relaciones con los proletarios; cuesta dinero, y, por consiguiente, a causa de la pobreza del trabajador, no regula la situación de éste para con su mujer (2006: 71-73).

Y sobre el proceso histórico del matrimonio, con el dominio del hombre sobre la mujer, pasa Engels (1884/2006) a valorar el proceso económico de los intereses burgueses sobre el comunitario al culpar a la monogamia de la concentración de las riquezas, como pasaremos a ver:

> En el antiguo hogar doméstico comunista, que encerraba numerosas parejas conyugales con sus hijos, la dirección de la casa, confiada a las mujeres, era también una industria pública, socialmente tan necesaria como el cuidado de proporcionar víveres, que se confió a los hombres.
>
> Las cosas cambiaron con la familia patriarcal y aún más con la familia individual monogámica. La dirección del hogar doméstico perdió su carácter público: la sociedad ya no tuvo nada que ver en eso. Se transformó en *servicio privado*; la mujer se convirtió en una criada principal, sin tomar ya parte en la producción social. Sólo la gran industria de nuestros días le ha abierto de nuevo el camino de la producción social, y aún así sólo para las mujeres del proletariado (…).
>
> La monogamia nació de la concentración de las riquezas en las mismas manos, las de un hombre; y del deseo de transmitir esas riquezas por herencia a los hijos de este hombre, excluyendo a los de cualquier otro (2006: 75-78).

A estas alturas del análisis, pienso que es justo preguntar: ¿si la monogamia puede ser culpada como una creación humana por ser producto de una supuesta intención de acumular riquezas y por ello no heredar a sus hijos el patrimonio generado en la vida conyugal? ¿Es justo heredar a los hijos de otro matrimonio? Y ¿puede este argumento servir como justificativo para que el Estado se apodere de esa riqueza y herencia?

Para Engels, debido a que la monogamia es la culpable de las consecuencias morales y económicas, sí está justificado que todas las propiedades de las familias pasen a ser propiedad social, que se elimine la herencia y que la monogamia deje de ser la unidad económica de la sociedad, así como la guardiana y la responsable de la educación de los hijos (1884/2006):

> Pero la revolución social inminente, transformando por lo menos la inmensa mayoría de las fortunas inmuebles hereditarias (los medios de producción), en propiedad social, reducir al mínimo todos esos cuidados de transmisión hereditaria. Y ahora cabe hacer esta pregunta: habiendo nacido de causas económicas la monogamia, ¿desaparecerá con esas causas? (…).
>
> En cuanto a los medios de producción pasen a ser propiedad común, la familia individual deja de ser la unidad económica de la sociedad. La guarda y educación de los hijos, sean legítimos o naturales. Así desaparece el cuidado de «las consecuencias» que es hoy el motivo social esencial (tanto desde el punto de vista moral como desde el punto de vista económico) (2006: 78-79).

Es evidente la intención de Engels: si la familia monogámica, según su concepción, se apoderó de la riqueza que pertenecía en épocas pretéritas al comunismo, pues era obvio que se debía retomar esa riqueza y de manera especial de los medios de producción para la comunidad. La familia no debe heredarlos a sus descendientes, sino entregarlos al Estado, incluyendo el cuidado y la educación de los hijos.

Esta situación propuesta por Marx y Engels se lo intentó aplicar en el siglo XX en varias ocasiones, supuestamente para hacer justicia al proletario. En la práctica, los resultados fueron todo lo contrario, los pobres se hicieron más pobres y los generadores y tenedores de riqueza desaparecieron en los regímenes socialistas. Mientras en los Estados que respetaron la propiedad privada, se mantuvo el incentivo para el progreso desde lo individual y familiar hacia lo comunitario. La prueba está en que China y

Rusia restituyeron la propiedad privada en sus economías para mejorar sus niveles de desarrollo como Estado.

Con lo que se ratifica ampliamente que un Estado totalitario que no considere a la familia como la célula fundamental de la sociedad y que no respete su propiedad adquirida con esfuerzo, obviamente ajustado al derecho, no podrá lograr el desarrollo comunitario. La propiedad privada debe mantenerse como incentivo para el progreso de toda la comunidad, en lo social y en lo económico, asegurando que el salario que reciben los miembros de la familia permita no solo su manutención, sino además un porcentaje adecuado de ahorro.

El Compendio de la Doctrina Social de la Iglesia (CDSI, 2005: 130) se refiere al salario que reciben los miembros de una familia por el trabajo que prestan a la sociedad que, además de asegurarles la supervivencia, les debe permitir ahorrar para adquirir propiedad familiar como garantía de libertad, ligado estrechamente a la existencia de la familia.

> Para tutelar esta relación entre familia y trabajo, un elemento importante que se ha de apreciar y salvaguardar es el salario familiar, es decir, un salario suficiente que permita mantener y vivir dignamente a la familia. Este salario debe permitir un cierto ahorro que favorezca la adquisición de alguna forma de propiedad, como garantía de libertad. El derecho a la propiedad se encuentra estrechamente ligado a la existencia de la familia, que se protege de las necesidades gracias también al ahorro y a la creación de una propiedad familiar (2005: 130).

No se crea con esto que planteo al Estado liberal como la panacea total para el mal que generó el socialismo en los países en donde se impuso realmente, porque el Estado liberal debe ser administrado por un Gobierno auténticamente republicano y democrático en esencia, para que los beneficios sean comunes. En esto deben estar comprometidos los líderes de la política.

Queda planteada, entonces, la interrogante: ¿podrá desarrollarse un Estado que no reconozca el papel que le corresponde a la familia como sujeto de procreación y socialización de los hijos, así como de la propiedad privada generada por su trabajo y su capacidad de heredar? De allí surge la necesidad de estudiar al Estado totalitario moderno.

El Estado totalitario moderno

La conclusión más importante de lo visto en el capítulo correspondiente sobre las formas de gobierno es la conformación negativa de las degeneraciones que sufren las formas buenas. En este apartado veremos que cualquiera que sea la forma negativa o mala de gobierno, ejerce una anulación sobre el individuo y también sobre la comunidad. Antes vimos que comienza por anular a la familia y ahora veremos la anulación de la institucionalidad democrática y al Estado de derecho como forma de dominación de los caudillos autoritarios y totalitarios.

Siguiendo el orden de análisis, a continuación, debemos definir qué es un Estado y cuáles son sus características cuando se convierte en totalitario. Porque de su revisión podemos evidenciar que de por sí al humano le es muy difícil encontrar una forma de organización, en donde los intereses de todos sean asegurados. El humano, dentro de su imperfección, aunque sea gregario y esté convencido de la necesidad de unirse a otros de la misma especie para su protección y desarrollo, no ha podido deponer sus intereses personales a pesar del renunciamiento que hace de una parte de ellos para obtener la libertad y la protección del grupo al que libre y voluntariamente decide adherirse. Mucho más si los intereses de los ciudadanos son desvalorizados por los gobernantes en determinadas circunstancias y provocan sumisión, huidas y rebeliones.

Pasamos, entonces a revisar el concepto o la teoría del Estado, para lo que recurrimos a Rodrigo Borja, quien en su libro *Sociedad, cultura y derecho*, nos dice que el «Estado constituye el régimen de asociación humana más amplio y complejo de cuantos ha conocido la historia del hombre» (2005: 41). Amplio y complejo porque en él se ha intentado condensar las aspiraciones que históricamente se ha tenido desde la horda, el clan, la tribu, la confederación de tribus, la nación, en las que cada forma histórica de organización humana fue arrastrando sus taras y conflictos entre individuos y los grupos formados por estos, pensando que las herramientas jurídicas y políticas bastarían para darle solución a esos problemas humanos.

De lo revisado hasta aquí junto con los registros históricos sobre las formaciones sociales, podemos resumir el proceso que dio forma al Estado totalitario moderno: 1) procede como formación o institución humana de las organizaciones tales como la horda, el clan, la tribu, de las que hereda la jefatura o autoridad impuesta por la fuerza, cuando el poder recae en las manos de un caudillo, cacique o de un grupo de jefes que tienen privilegios sobre los demás miembros de esas organizaciones sociales; 2) que ya sea en la nación, en el país o en el Estado, la estructura política y jurídica es tomada por quienes gobiernan para su propio beneficio o de acuerdo a sus personales creencias sin la participación del resto de ciudadanos; y 3) la autoridad, que originalmente recaía sobre un cacique o caudillo en la horda de manera instintiva y en el clan en una forma un tanto más avanzada, pasa a un consejo en la tribu y en la nación, hasta llegar a la conformación constitucional y de las leyes en el Estado, pero no basado en el consenso con todos los ciudadanos, sino bajo la voluntad del caudillo o cacique o del partido o movimiento político que gobierna, a su propio arbitrio.

Es decir, que la voluntad de quienes dominan en un Estado totalitario ya sea de uno o de unos pocos, está sobre la ley. Situación que el caudillo y sus allegados puede transportarlo a la democracia sin institucionalidad democrática y sin Estado de derecho en la degeneración de la política y de la democracia que conforma la inseguridad jurídica para anular a la comunidad.

El Estado totalitario, entonces es aquel que toma las decisiones en contra del bien general ejerciendo el Egoísmo Político para anular a la comunidad; y aunque lo haga supuestamente en busca de ese bien general, lo hace sin contar con la voluntad de los ciudadanos, sino por la decisión de quienes lo gobiernan. El totalitarismo, ha tenido varios destacados estudiosos en el mundo en diferentes épocas, sobre todo luego de la Segunda Guerra Mundial, en que se impuso el estalinismo, el nazismo y el fascismo.

En su libro *Los orígenes del totalitarismo*, publicado en 1951, Hanna Arendt (2015) plantea el tema de la colaboración pasiva, aunque nunca deseada conscientemente, en su propia destrucción por parte de los judíos cuando surgía la dominación nazi en Alemania en 1933, como una forma de permitir el crecimiento del totalitarismo, a causa de una buena conducta y respeto a la ley ante la barbarie.

En el prólogo, Salvador Giner (2015) hace un recuento de lo escrito por Hanna Arendt. De esta dice que apenas a cinco años de la derrota del fascismo alemán, y mientras surgía un nuevo régimen totalitario en la Unión Soviética a través del estalinismo, daba cuenta del genocidio del pueblo judío por los nazis y del aniquilamiento de millones de campesinos rusos a manos de los bolcheviques estalinistas, así como de la persecución y destrucción sistemática de todo movimiento político democrático o, sencillamente, diferente del gobernante, las purgas internas de los propios partidos oficiales, el terror político de cada día, la desaparición de intelectuales, artistas y pensadores, la creación de campos de exterminio para disidentes reales e imaginarios, la supresión de una sociedad civil autónoma y tantos otros horrores que terminaron siendo similares en ambos regímenes, mientras el nazismo era derrotado y el estalinismo iniciaba su hegemonía desbastadora.

Giner (2015) agrega que el terror estalinista pudo darse porque los intelectuales comunistas consideraban como una blasfemia comparar el fascismo con el comunismo. Pero que Hanna Arendt ofreció una «teoría fuerte» sobre la naturaleza del totalitarismo nazi y estalinista como del totalitarismo «puro», que no tenía precedentes en su barbarie, a diferencia de algunos regímenes modernos de aquel entonces, como el despotismo reaccionario de Franco en España, Salazar en Portugal y Metaxás en Grecia, que eran, según Arendt, agravación de situaciones anteriores y exacerbaciones de los regímenes dictatoriales anteriores de derecha e izquierda, aunque tuvieran pretensiones totalitaria y terror político. Otros, como el fascismo italiano, según la misma autora, se habían acercado mucho más al régimen totalitario «puro» del nazismo y estalinismo, con la práctica de los pilares burocráticos del terror y la ficción ideológica absoluta destinados a crear toda una estructura social enteramente politizada por un aparato partidista, único y monolítico, que ambos regímenes compartían, aunque distintos en más de algún sentido.

Ya en el texto, Arendt (2015) analiza las raíces del totalitarismo, primero en el Capítulo 10 que tiene por título: *Una sociedad sin clases,* en el que analiza la fascinación del caudillo carismático sobre las masas y las élites intelectuales que se suman a apoyarlo en alianza con el populacho. En el capítulo 11, «El movimiento totalitario», analiza la propaganda totalitaria y la organización totalitaria. En el capítulo 12, «El totalitarismo en el poder», analiza el llamando estado totalitario, la policía secreta y la dominación total. Y, finalmente, en el capítulo 13, estudia la «Ideología y terror: una nueva forma de gobierno». No puedo decir otra cosa, que es sorprendente la similitud del proceso que la autora alemana detalla con los que se han vivido en Latinoamérica y otros continentes donde han surgido de tiempo en tiempo aquellos líderes carismáticos que degradan la *politeia* que Aristóteles proponía como el gobierno de muchos para el bien general, a uno llamado democracia en que los muchos o la mayoría se convierten en tiranos creando el caos y el desastre y barbarie de la sociedad, lo que yo he denominado como Egoísmo Político de las ideas radicales que no respetan el Estado de derecho.

Indudablemente, el pensamiento de Hanna Arendt es una denuncia contundente sobre la manipulación que hace el totalitarismo de la mente de la masa hasta lograr su apoyo incondicional a través de la exaltación de la moral degenerada por la lucha de clases. De su extenso y amplio estudio, en este apartado destacaré los orígenes del totalitarismo concentrándome en el capítulo 10, «Una sociedad sin clases», aquella que propugnaran Marx y Engels en el *Manifiesto Comunista* para las dictaduras de izquierda, que no tiene mayor diferencia con la propuesta por Hitler y Mussolini en el siglo XX, quienes explotaron los mismos principios negativos entre las masas, pero no porque ellos las inculcaron, sino porque simplemente los aprovecharon exacerbando los sentimientos negativos innatos de la masa.

Arendt (2015) comienza su análisis destacando la fascinación que despiertan los caudillos de movimientos totalitarios y asimismo la volatilidad de las masas que los apoya, para olvidarlos y reemplazarlos con celeridad. Aunque esto no signifique la conclusión del totalitarismo, que seguirá permanente por la acción de los súbditos del caudillo totalitario en una ilusión de permanencia:

Nada resulta más característico de los movimientos totalitarios en general y de la calidad de la fama de sus dirigentes en particular que la sorprendente celeridad con la que son olvidados y la sorprendente facilidad con que pueden ser reemplazados. Lo que Stalin logró laboriosamente después de muchos años y a través de ásperas luchas partidistas y de vastas concesiones al menos al nombre de su predecesor —principalmente, para autolegitimarse como heredero político de Lenin— los sucesores de Stalin procuraron lograrlo sin concesiones al nombre de su predecesor, aunque Stalin había tenido treinta años para la tarea y pudo manejar un aparato propagandístico desconocido en tiempos de Lenin para inmortalizar su nombre. Lo mismo cabe decir de Hitler, que durante su vida ejerció una fascinación ante la que, según se dice, nadie se hallaba inmune, y que tras su derrota y muerte ha quedado hoy tan profundamente olvidado que escasamente desempeña papel alguno entre los grupos neofascistas y neonazis de la Alemania de la posguerra (2015: 431-432).

Sin embargo, por el hecho de que tristemente sean olvidados y reemplazados por la volubilidad de las masas no significa que la ilusión totalitaria quede también olvidada. Arendt (2015) asevera de acuerdo con su testimonio sobre el nazismo y el estalinismo, que los caudillos totalitarios dejan contaminados a sus súbditos con el virus totalitario:

Esta falta de permanencia tiene, sin duda, algo que ver con la proverbial volubilidad de las masas y de la fama que al respecto se le atribuye; pero muy probablemente puede remontarse a la obsesión con el movimiento perpetuo por parte de los movimientos totalitarios, según la cual sólo pueden hallarse en el poder mientras estén en marcha y pongan en movimiento todo lo que exista en torno a ellos. Por eso, en cierto sentido, esta misma falta de permanencia es un testimonio más bien halagador para los dirigentes muertos en cuanto que lograron contaminar a sus súbditos con el virus específicamente totalitario; si existe algo semejante a una personalidad o mentalidad totalitarias, esta extraordinaria adaptabilidad, esta ausencia de continuidad, son indudablemente sus características relevantes. Por ello puede ser erróneo suponer que la inconstancia y el olvido de las masas significa que se hallan curadas de la ilusión totalitaria, ocasionalmente identificada con el culto a Hitler o a Stalin; lo cierto puede ser todo lo contrario (2015:432).

Igualmente, sería erróneo olvidar, según Arendt, que son las masas las que apoyan a los totalitarios por una «atracción que para la mentalidad del populacho supone el mal y el delito. Ha sido siempre cierto que el populacho acogerá satisfecho los "hechos de violencia con la siguiente observación admirativa: serán malos, pero son muy listos"» (2015: 433-434). Expresión muy cercana a la que expresa un sector de ciudadanos respecto a la corrupción de los gobiernos populistas y demagogos: «Sí, ellos también roban, pero hacen obras». Lamentablemente, el interés personal de una mayoría que recibe el mensaje de la lucha de clases termina basándose en los sentimientos negativos, de envidia, revanchismo y otros, donde una simple propaganda que propugna la lucha de unos contra otros los puede exacerbar con facilidad. Esto para llevar a esa masa a ser el apoyador más fuerte del movimiento totalitario y que marca la grave responsabilidad de los caudillos totalitarios que destruyen la moral de la ciudadanía con el uso del más poderos factor psicológico en política; al que he definido como el Egoísmo Político de las ideologías radicales.

Arendt lo expresa así:

Sería aún más erróneo olvidar, por obra de esta falta de permanencia, que los regímenes totalitarios, mientras se hallan en el poder, y los dirigentes totalitarios, mientras se hallan con vida, «gobiernan y se afirman con el apoyo de las masas» hasta el final. La elevación de Hitler al poder fue legal en términos de gobierno de la mayoría, y ni él ni Stalin habrían podido mantener su dominio sobra tan enormes poblaciones, sobrevivido a tan numerosas crisis interiores y exteriores, y desafiado a los numerosos peligros de las implacables luchas partidistas, de no haber contado con la confianza de las masas. Ni los procesos de Moscú ni la liquidación de la facción de Röhm habrían sido posibles si esas masas no hubieran apoyado a Stalin y a Hitler (…). Tampoco puede atribuirse su popularidad a la victoria de una propaganda dominante y mentirosa sobre la ignorancia y la estupidez, porque la propaganda de los movimientos totalitarios que precede y acompaña a los regímenes totalitarios es invariablemente tan franca como mendaz, y los futuros dirigentes totalitarios comienzan usualmente sus carreras jactándose de sus delitos pasados y perfilando sus delitos futuros (2015: 433).

Arendt (2015) impacta nuestra conciencia cuando atribuye al morbo y fascinación que provoca el mal del totalitarismo como el más poderoso factor psicológico de la política:

Los nazis «estaban convencidos de que en nuestro tiempo el hacer el mal posee una morbosa fuerza de atracción». Las afirmaciones de los bolcheviques, dentro y fuera de Rusia, de que no reconocen las normas morales ordinarias se han convertido en eje de la propaganda comunista, y la experiencia ha demostrado una y otra vez que el valor de la propaganda de hechos canallescos y el desprecio general por las normas morales es, independiente del simple interés propio, supuestamente el más poderoso factor psicológico en política (2015: 433).

Pero las reflexiones de Arendt (2015) no concluyen con la masa, sino que se prolongan a la élite de los ciudadanos que al igual que la masa sienten fascinación por los caudillos totalitarios y el totalitarismo. Lo que la autora denomina *la alianza entre el populacho y la élite*, para convertirse en cómplices del caudillo, en una actitud que no tiene explicación ni siquiera por la tolerancia, porque no se puede apoyar lo negativo del caudillo por el bien parcial que se pueda obtener, con la única diferencia de la masa de que los intelectuales cuentan con preparación profesional y académica, lo que los hace más responsables aún:

> Más amenazadora para nuestra paz mental que la lealtad incondicional de los miembros de los movimientos totalitarios y que el apoyo popular a los regímenes totalitarios es la indiscutible atracción que estos movimientos ejercen sobre la élite y no sólo sobre los elementos del populacho en la sociedad. Sería temerario tratar de disminuir la importancia de la terrible lista de hombres preclaros a los que el totalitarismo puede contar entre sus simpatizantes, compañeros de viaje y afiliados del partido, atribuyéndolo a extravagancias artísticas o a una ingenuidad académica.
>
> Esta atracción experimentada por la élite es una clave tan importante para la comprensión de los movimientos totalitarios (aunque difícilmente la de los regímenes totalitarios) como lo es su más obvia conexión con el populacho. Revela la atmósfera específica, el clima general en donde tiene lugar el auge del totalitarismo (…). Aquellos que voluntariamente abandonaron la sociedad antes de que se produjera la ruptura de las clases, junto con el populacho, que era un primitivo subproducto de la dominación de la burguesía, estaban dispuestos a recibirles (2015: 456-457).

La élite, entonces, pasa a ser clave en el fortalecimiento del totalitarismo, y aunque parezca sorprendente sucede porque la psicología y filosofía política de ella es similar a la del populacho. Precisamente por buscar sus propios intereses en base a una moral distorsionada por el Egoísmo Político. Arendt, mientras analiza esta alianza populacho-élite como apoyo al caudillo totalitario, abre la interrogante por el futuro de la aparición del hombre-masa, lo que explica en estas palabras:

> Los dirigentes totalitarios contemporáneos y los líderes de los movimientos totalitarios todavía presentan los rasgos característicos del populacho, cuya psicología y filosofía política son bastante bien conocidas; no sabemos todavía lo que sucederá cuando logre imponerse el auténtico hombre-masa, aunque puede suponerse fundadamente que tendrá más en común con la meticulosa y calculada precisión de Himmler que con el fanatismo histérico de Hitler, que parecerá más a la testaruda frialdad de Molotov que a la crueldad sensual y vengativa de Stalin (2015: 457).

Se refiere Hanna Arendt a ese aprovechamiento que hacen otros funcionarios colaboradores del máximo caudillo totalitario, y que resulta en mayor daño por su meticulosa y calculada precisión y testaruda frialdad, explotando la histeria y crueldad sensual y vengativa de los absolutistas y autócratas.

A esta reflexión debemos agregar y actualizar por la experiencia de nuestros tiempos, la colaboración de los intelectuales y empresarios con el caudillo. No solo se trata de la colaboración de los académicos de las universidades y científicos, literatos y artistas que aportan con su autoridad pública a los movimientos totalitarios por extravagancia o ingenuidad, sino también de los empresarios y otros miembros prestantes de instituciones profesionales, gremiales, militares, comunicacionales e incluso eclesiásticos, que por intereses económicos e ideológicos se convierten en aliados de los caudillos totalitarios. En una suerte de creencia en que a ellos no le tocará lo negativo del pensamiento único. Amplia es la experiencia que vivieron en Alemania y Rusia quienes así creyeron y que se ha replicado en otros países luego de la hegemonía de Hitler y Stalin.

Otro de los estudios más completos sobre el totalitarismo lo hace Simona Forti en su libro *El totalitarismo: trayectoria de una idea límite.* En el que comienza rechazando los pensamientos filosóficos que trataban de ubicar al totalitarismo como algo metafísico, sin reparar en su intención de apoderarse del poder total y destruir la democracia como acción necesaria para su dominio absoluto de la masa:

> Los historiadores, por su parte, y los expertos políticos, por la otra, siempre han reprochado a la filosofía el hecho de haber convertido el totalitarismo en un concepto metafísico (...). Se trata de una reflexión crítica, a menudo aporética, a veces incluso contradictoria, pero que ha puesto al descubierto, en mi opinión con éxito, la superficialidad de las antítesis —tanto liberales como marxistas ortodoxas— que identifican, por una parte, el nazismo y el fascismo con el nihilismo antihumanista e irracionalista, y, por la otra, el estalinismo con un exceso patológico de una trayectoria comunista sana, racionalista y humanista.

> De modo que «totalitarismo» no solo puede indicar un tipo de régimen que se opone a las formas democráticas, parlamentarias y pluralistas, como significa en la ciencia política, sino que también puede distinguir, en aquello que tienen en común, por ejemplo, nazismo y estalinismo, algo que no afecta únicamente a la intensidad y a la organización de la opresión política, sino que afecta, además, a la raíz de las intrincadas relaciones que vinculan vida humana y poder (2008: 10-11)

El Egoísmo Político es evidente cuando las ideologías radicales o radicalizadas van construyendo una forma de gobierno totalitario para imponer su pensamiento único a través de la opresión política. Siendo una de sus consecuencias la afectación a la raíz de la vinculación humana con el poder, como necesidad del mejoramiento de los pueblos. El totalitarismo destruye a la larga a la comunidad al quitarle, no sólo la posibilidad de autogobernarse democráticamente, sino también la posibilidad del aprendizaje necesario para el ejercicio del poder.

Al igual que Hanna Arendt, Simona Forti también atribuye que solo por la existencia de un caudillo totalitario es que se impone la idea del totalitarismo. Pero Forti le agrega de manera clara el miedo y la mentira como parte de su forma de gobierno y la transformación que el totalitarismo ejerce de la misma vida humana en su relación con el poder político. A través de la propaganda totalitaria y el cambio de la moral para ajustarla a sus fines mediante la mentira y convertir a la comunidad en un grupo amorfo de seguidores sin condicionamientos. Forti lo dice en estas palabras:

> Y está fuera de discusión que ni siguiera el populismo más poderoso podrá ser interpretado en los mismos términos en que era interpretado el vínculo totalitario: como esa especie de vínculo hipnótico vertical, centrado en la figura omnipotente del caudillo al que responde, en el otro extremo, una masa subyugada, dócil a causa del miedo, pero también a causa de la identificación fusional con la gran figura del líder (…).
>
> Las cuestiones que la filosofía política debería plantearse ahora, a través de la categoría de totalitarismo, podrían reducirse a tres preguntas fundamentales. La primera se refiere al tipo de relación que se ha establecido entre vida humana —entendida incluso en su aspecto biológico— y poder político, a partir de esos regímenes, y tal vez en particular del nazismo. La segunda

afecta a la modalidad de la relación entre realidad y ficción que se inició a consecuencia del poder ideológico y mediático de la propaganda totalitaria. En otras palabras, se refiere a las dinámicas promovidas por la combinación exacerbada de técnica y voluntad de poder. La última pregunta plantea la duda de si la filosofía moral y la teología, que a lo largo de dos mil años han gestionado el monopolio de un pensamiento sobre el mal, siguen ofreciéndonos aún instrumentos idóneos para orientarnos entre el bien y el mal. Tal vez también en este caso el totalitarismo nos constriñe a reformular el problema (2008: 13-14).

Parecerá dramático, pero las preguntas planteadas a la filosofía política por Simona Forti poseen un fundamento que ha sido posible testificarlo casi de manera exacta en las diferentes formas de totalitarismo. De manera especial aquellos que han existido luego de la Segunda Guerra Mundial, siempre con el afán de imponer ideas políticas únicas. Pero más dramático aún es constatar que Forti acierta al denunciar la imposición ideológica a través de la violencia, incluso justificando la desaparición forzada de los rivales políticos:

La ideología, mucho más que un *instrumentum regni* para obtener consenso y obediencia, es un dispositivo que permite cambiar y redefinir los límites de lo humano; de lo que está incluido y de lo que de vez en cuando está excluido del gran cuerpo de la humanidad, del organismo de la Hiperhumanidad. (…).

Los regímenes totalitarios no se limitaron a ejercer su poder sobre la vida suprimiéndola. No fue un enorme e inaudito abuso de poder lo que pisoteó los derechos de los individuos. El poder político logró transformarse en un dominio total y sutil a la vez, presentándose en primer lugar como garante de la *seguridad*, de la *salud* y la *prosperidad* de todo un pueblo, y para que éste pudiera encarnarse en el ideal de Hiperhumanidad, era necesario eliminar una «parte viva» perjudicial y destructiva (2008: 16).

Y sobre la mentira política y totalitaria, Simona Forti dice:

> ¿Es sensato afirmar que el laboratorio totalitario ha servido para hacernos pasar de una mentira política como ocultación de una realidad determinada y circunscrita, a una mentira absoluta, es decir, desvinculada totalmente de cualquier verdad de hecho? (…), sigue en pie el hecho de que no es sencillo decidir cuál es la repercusión política de la mentira cuando se cuestiona la posibilidad de identificar en la correspondencia de objeto y representación el criterio de la verdad. Y, sin discutir tampoco las diferencias de significado que existen entre mentira, error y autoengaño, es oportuno destacar una obviedad que no siempre se tiene en cuenta: la mentira es una relación. O, mejor, es una acción *relacional* e *intencional*. Va destinada al otro, a los otros, con la intención precisa de engañarles o de ocultarles algo que les resultaría útil saber.
>
> Ahora bien, si mentir siempre es relacional e intencional, ¿qué cambio se habría producido con el totalitarismo? «El hombre moderno —genus totalitario— está inmerso en la mentira, respira la mentira, es esclavo de la mentira en todos los momentos de su vida». En *The political Function of the Modern Lie*, de 1945, Alexander Koyré expresa lo que se convertirá en el sentimiento extendido respecto a la ruptura que supone la mentira totalitaria en relación con la mentira que podríamos llamar tradicional, que siempre ha sido utilizada por la política (2008:20-21).

Así, el caudillo y el movimiento totalitario va más allá de la mentira tradicional utilizada por la política. El totalitario está inmerso en la mentira, respira la mentira y es esclavo de la mentira dirigida relacional e intencionalmente a otros con la intención de engañarles o de ocultarles sus protervas intenciones.

La mentira totalitaria, para mantenerse en el poder, destruye la historia de la sociedad si es necesario, y a la moral política misma, incluso llega a cambiar hasta el lenguaje de su pueblo. Lo que explica su afán de reescribir la historia para cambiar las ideas políticas de personajes y héroes históricos, a quienes les hacen pensar y decir conceptos que jamás fueron suyos. El totalitarismo es peligroso en grado máximo cuando los publicistas logran encontrar los mensajes que cambian la memoria de los pueblos de manera fácil y constante:

Si los totalitarismos se instauran a «golpes de fusil», solo consiguen mantenerse en el poder a «golpes de lenguaje», transformándose así, paso a paso, en auténticas «logocracias de masas» (…). Porque también es totalitario el poder que, manipulando las informaciones y destruyendo la memoria histórica, destruye el criterio mismo de la verdad. Es evidente que, si la verdad cambia según las necesidades del poder, resulta imposible distinguir lo que es verdadero y lo que es falso. Se efectúa así el paso de una mentira normal a una «mentira institucionalizada», que garantiza al poder político el monopolio de las verdades históricas y fácticas. Eso es lo que vincula el estalinismo y el nazismo con los distintos «deshielos» que pueden reducir la carga de violencia, justamente porque han perfeccionado el mecanismo de la «mentira de régimen», tan variable en los contenidos como inflexible en su función.

De modo que el totalitarismo parece haber inaugurado la época de la mentira performativa. A diferencia de las menti- ras políticas «tradicionales», la mentira totalitaria no sólo puso en marcha su capacidad destructiva, sino también la posibili- dad constructiva que, desde siempre, lógicamente, le es in- herente (…).

Obviamente, lo que está en juego es mucho más que el daño provocado por la mala voluntad y la maldad de quien quiere engañar. Lo que está en juego es la consistencia misma del mundo y de su posible reparto. Esto significa que el problema es ontológico antes de ser político. Los regímenes totalitarios caminaron peligrosamente sobre el límite, con riesgo de precipitar al mundo en la indistinción, fuera de un ámbito en el que, a pesar de todas las prudencias de la hermenéutica y los recelos de la deconstrucción, todavía resulta posible distinguir entre lo que sucede y lo que la política refiere; en resumen, donde todavía es posible serparar los hechos de las construcciones ideológicas (Forti, 2008: 22-23).

A estas alturas, y después de estas reflexiones de Hanna Arendt y de Simona Forti, conviene preguntarnos si es posible que dejemos a los totalitarios ser capaces de transformar las realidades para imponer sus ideologías. Debemos seguir creyendo que la política no debe tener formas tradicionales de mentir, peor si esas mentiras son absolutas, porque la sociedad corre el riesgo de ser destruida. Forti nos dice que «Sólo mediante el uso de una "neolengua" se puede impedir toda posibilidad de resistencia al régimen. Una vez acabado el terror ideológico más destructivo, hay que pensar en ese "totalitarismo frío" que impide la posibilidad de un juicio autónomo» (2008: 22). Solo mediante la fe en la aparición de líderes democráticos que hablen con la verdad, que orienten a la sociedad a amar la verdad como se ama a la libertad, será posible. Ese es el camino en el que estamos. El periodismo, sobre todo, debe tener un campo abierto para la investigación y la denuncia al mínimo asomo de autoritaris- mo y totalitarismo antes de que tome cuerpo. El periodismo y los hombres y mujeres de buena voluntad deben despreciar la mentira caudillista, haciéndola evidente sin miedo, ni recelos y diplomacia.

Porque el caudillo y el movimiento totalitario en definitiva trastoca a la comunidad conformada por los ciudadanos en una que no corresponde a las aspiraciones de ellos, y la convierte en enemiga del mismo pueblo del que se apodera incluso hasta de su soberanía a través de la mentira.

4. Otras reflexiones sobre el individuo y la comunidad bajo el totalitarismo

Edgar Morin denuncia en su libro *Breve historia de la barbarie en Occidente* lo que el mundo vivió en el siglo XX:

En todo caso, nunca hasta el punto de olvidar que estalinismo, fascismo y nazismo, si es cierto que efectivamente nacen de la civilización, y aún de sus más altas producciones, sólo emergen en condiciones históricas determinadas. Son, esencialmente, consecuencias de la Primera Guerra Mundial. Con otras condiciones, quizá también con algunos azares felices, los mismos fermentos de civilización habrían podido evitar el totalitarismo. Sin la Primera Guerra Mundial, no habrían existido el comunismo, el fascismo, el nazismo. Sin la crisis de 1929, no habría habido éxito nazi en 1933. Fueron la guerra y la crisis las que llevaron a Hitler al poder. El nazismo es un producto retardado de la Primera Guerra Mundial, como el comunismo es un producto inmediato. En conjunto, serán productores de la Segunda Guerra Mundial (…).

Las cartas del nazismo están sobre la mesa desde *Mi Lucha,* mientras que la ideología fraternal del comunismo, explicitada en ese evangelio que es el *Manifiesto del Partido Comunista* de Marx, ha enmascarado durante demasiado tiempo los crímenes del totalitarismo soviético. Millones de seres humanos han sido persuadidos de que los soviéticos eran libres y felices (2006: 91-93).

¿Cómo resolver esos problemas permanentes, que de simples pasan a ser complejos? Es la siguiente pregunta por resolver para impedir la aparición reiterada del totalitarismo. Responder a esta pregunta nos debe permitir exponer las salidas ciertas que existen en la voluntad humana cuando se le permite ser libre hasta el punto de respetar espontáneamente el derecho de los demás, no por imposición de la ley necesariamente, sino como manifestación humana desarrollada en la ética y moral de forma natural.

Como una muestra de que sí es posible la reconciliación humana, me remito a Adam Kahane, quien ha ayudado a muchos países a superar sus conflictos extremos. Tales como los del *apartheid* en Sudáfrica y otros muy difíciles alrededor del mundo. En su libro *Cómo resolver problemas complejos, una novedosa manera de hablar, escuchar y crear nuevas realidades,* a la par que enseña su método que consiste en escuchar y hablar con la mente, el corazón y el espíritu abiertos, en la introducción que tiene un sugestivo título, *El problema con los problemas complejos*, dice:

> Los problemas (…) son socialmente complejos cuando las personas involucradas ven las cosas de manera diferente, y por ellos los problemas se polarizan y atascan.
>
> Nuestro modo de hablar y escuchar, frecuentemente, no permiten solucionar los problemas complejos. Nuestra manera más común es afirmar cómo son las cosas y cómo deben ser, sin permitir que pueda haber otras verdades o posibilidades. Y nuestra manera de oír es no hacerlo: oír sólo los que nosotros mismos decimos, no lo que dicen los otros (…). Pero un problema complejo sólo puede ser resuelto de manera pacífica si las personas que son parte del mismo trabajan juntas, con ánimo creativo, para entender su situación y mejorarla (2005: XVI).

De acuerdo con sus años de experiencia resolviendo conflictos, Kahane opina que los humanos poseemos una manera común de hablar y escuchar que no nos permite resolver los problemas complejos, pero cuando hablamos y escuchamos con la mente, el corazón y el espíritu abiertos podemos obtener lo mejor del mundo:

> Nuestra manera común de hablar y escuchar, por lo tanto, garantiza que nuestros problemas complejos sigan estancados, o sean resueltos por la fuerza (…).
>
> Nos aferramos a mantener a toda costa nuestras opiniones, planes, identidades y verdades, pero cuando nos relajamos y abrimos nuestra mente, corazón y voluntad, nos desatamos y desatascamos el mundo en derredor (…).
>
> La manera como hablamos y escuchamos expresa nuestra relación con el mundo. Cuando caemos en la trampa de decir y no escuchar, nos cerramos e impedimos que el mundo nos cambie, y nos limitamos a creer que el mundo sólo puede cambiarse a la fuerza. Pero cuando hablamos y escuchamos con la mente, el corazón y el espíritu abiertos, sacamos a relucir lo mejor de nosotros y lo mejor del mundo (2005: XVI-XIX).

Al respecto, en múltiples ocasiones he planteado la siguiente pregunta a diferentes analistas y líderes políticos durante los más de veinte años de periodismo profesional y durante los muchos años de administrador de empresas: ¿por qué no es posible tener éxito en el trabajo consensuado en algunos países? Algunas respuestas que obtuve de la mayoría hasta el año 1989, antes de la caida del Muro de Berlín, versaban sobre la diferencia de razas, religiones, idiomas, cantidad de recursos naturales, ubicación geográfica, historia y cultura en general.

Para el caso latinoamericano se atribuía por igual a la pésima herencia política de los reyes españoles y sus administradores, y al colonialismo o imperialismo de Estados Unidos. En una minoría me respondían que la diferencia era el sistema político y económico que en cada país se aplicaba, es decir, que nosotros mismos, los latinoamericanos, no habíamos hecho bien las tareas o que algo no habíamos hecho bien y había que descubrirlo. En muchas ocasiones se atribuía a las corrientes comunistas que no dejaban gobernar a los políticos de derecha y que era el comunismo el causante del fracaso en Latinoamérica. Así, los de izquierda acusaban a los Estados Unidos de imperialistas y los de derecha acusaban a la URSS y a la China de su intervencionismo; lo cual era más discutible durante la Guerra Fría, porque Rusia y otros países tras la cortina de hierro en Europa, incluidos en el grupo del «segundo mundo», aún se mantenían en pugna por el liderato mundial contra los Estados Unidos y sus aliados, incluidos en el «primer mundo».

Pero cuando Alemania se reunificó con la caída del Muro de Berlín el 9 de noviembre de 1989 y la República Democrá- tica Alemana, o también conocida como Alemania Oriental, se adhirió bajo la jurisdicción de la República Federal Alemana, o Alemania Occidental, pudimos enterarnos de tantas fallas del comunismo en la primera, recién cuando fue posible reinstaurar la libertad de expresión e información en ese país.

Fue entonces cuando los paradigmas comunistas cayeron por sí solos. Pues la diferencia de modelo político y económico era lo único que diferenciaba a la Alemania Oriental comunista de la Occidental capitalista, ya que se trataba de la misma nación, cultura, raza, idioma, más o menos las mismas religiones, etc. ¿Qué era, entonces, lo que las había diferenciado? La respuesta era obvia: mientras en la Alemania Oriental el comunismo, como ideología y partido único los había llevado a la pobreza, en la Alemania Occidental el capitalismo y el pluripartidismo ideológico los habían conducido al desarrollo económico. El mundo cambió con la caída del Muro de Berlín y pudimos conocer lo que habían padecido, sobre todo, los más pobres, a quienes el comunismo les había conculcado sus derechos y libertades bajo la utópica oferta de mejores vidas si se imponían a los burgueses. El «primer mundo» había vencido ideológica y económicamente al «segundo mundo».

Michael Meyer, periodista estadounidense, escribe en el prefacio de su libro, que tiene por título «El Año que Cambió el Mundo: La historia secreta detrás de la caída del Muro de Berlín»:

El año de 1989 fue un año de magnífica e insondable turbulencia. Estallaron revoluciones a lo largo y ancho de Europa oriental que a su vez crearon el marco para el colapso de la Unión Soviética. Fui, por tanto, testigo presencial de la historia. En Polonia cubrí el renacer de Solidaridad. Estuve con Vaclav Havel y otros amigos en Praga mientras ellos urdían la Revolución de Terciopelo. Fui el último periodista estadounidense en entrevistar a Nicolae Ceausescu y me fue concedida carta blanca para recorrer su tiranizada Rumania. Fui aerotransportado a Bucarest por la Luttwaffe alemana durante los enfrentamientos que lo derrocaron y presencié su ejecución en compañía de la policía secreta que se encargó de liquidarlo.

Pero el momento más álgido de aquel año crucial fue el 9 de noviembre: el día que cayó el Muro de Berlín. Lo vi ocurrir desde el lado Este de la frontera mientras el pueblo de Alemania oriental se alzaba para tomarse por asalto las puertas y terminar así cuatro décadas de dictadura comunista. Me uní a ellos al tiempo que hablaban sobre el muro y marchaban por las calles celebrando lo que ahora era una nueva Berlín, la famosa ciudad dividida que súbitamente había dejado de serlo. Y como todo estadounidense, me regocijé. La Guerra Fría había culminado. La democracia había triunfado (2009: 13-14).

La verdad descubierta le dijo al mundo que fueron las diferencias de las dos estructuras político-económicas que las dos Alemanias habían vivido por más de cuarenta años lo que determinó las formas distintas de vida. En Alemania Occidental, el capitalismo permitió que sus habitantes gozaran del Estado de Bienestar y de los avances tecnológicos que se producían en las empresas nacionales y en el resto de los países de Europa, de los Estados Unidos, en Japón y en los tigres asiáticos, por su propio esfuerzo y en base a sus iniciativas personales.

En Alemania Occidental la educación y el comercio habían sido libres en comparación con Alemania Oriental. Los alemanes occidentales pudieron movilizarse y viajar sin restricciones a cualquier país, pero, irónicamente, excepto a visitar a sus familiares y amigos que vivían en la zona que era dominada por el comunismo ruso. Hubo trabajo y desarrollo en todos los sectores de la economía. Mientras tanto, en Alemania Oriental, por estar bajo el socialismo de la URSS, la vida tuvo muchas más limitaciones, pues el vestuario, la comida y los desplazamientos de cada habitante eran controlados y otorgados por el Estado y sus representantes. La educación era rígida al propugnar los valores comunistas. No existió la libertad de prensa e información, porque los medios de comunicación y los ciudadanos debieron expresar su pensamiento, sus emociones, sentimientos y razones bajo el control férreo del Partido Comunista, el único existente. Partido que decidió todo sobre las características del comercio la industria y por lo tanto del consumo.

Los alemanes orientales eran los mismos alemanes de occidente con su historia y cultura común. Compartían su raza, su idioma, pero estaban divididos artificialmente por un dogmatismo de izquierda que no les permitió pensar por sí mismos. Los occidentales crearon libremente, los orientales en cambio se sometieron al pensamiento de un grupo de élite gobernante. El pensamiento y la conducta era diferente entre una comunidad y otra a pesar de sus similitudes como nación.

Capítulo V
La Economía Política, imaginada como ciencia para generar y distribuir riqueza, es convertida en herramienta y piedra de choque del Egoísmo Político

1. La ciencia Economía Política

La Economía Política se genera como ciencia a partir de la obra del economista escocés Adam Smith (1723-1790) lanzada en 1776 con el título *La Riqueza de las Naciones*, para explicar al mundo por qué Inglaterra se había desarrollado a partir de la Revolución industrial, iniciada a mediados del siglo XVI, pasando en lo económico y político de una sociedad feudal, dominada por los monarcas y aristócratas convertidos en tiranos y oligarcas a una de liberalismo económico, en un marco republicano y democrático.

Casi un siglo después, ante la explotación a la que eran sometidos los trabajadores por algunos detentores del capital y de los medios de producción, aparece en 1867 la obra *El Capital. Crítica a la Economía Política*, escrita por Karl Marx (1818-1883). Este, a pesar de tener estudios profesionales en jurisprudencia, se instruye personalmente en filosofía y economía para plantear las tesis filosóficas en el materialismo dialéctico y económicas en el materialismo histórico, provocando a partir de esa fecha un debate que se desarrolló ampliamente en el siglo XX y que hoy, a pesar del fracaso de los diferentes «socialismos reales» y del «marxismo-leninismo», se mantiene en el siglo XXI, con un Marx despojado de los «ismos» y como guía moral, según el nuevo pensamiento de sus seguidores.

En este capítulo revisaré las principales escuelas económicas que a lo largo del tiempo se han sucedido unas a otras, sin que ninguna de ellas pueda hoy decir que ha logrado humanamente los estándares de generación y distribución de riqueza para el bienestar general o el bien común de todos los miembros, o por lo menos de una mayoría, que hacen las comunidades. Sin embargo, unos países se han desarrollado más que otros, dependiendo del grado de aplicación de la Economía Política dentro del liberalismo económico, bajo un sistema institucional republicano y democrático, como es la tesis que planteo.

Paso a revisar las diferentes visiones de la Economía Política, pero antes conviene hacer una aclaración que consiste en que la Economía Política bajo los conceptos del liberalismo económico es la única que puede ser considerada como una ciencia, porque sus tesis y leyes han sido comprobadas como exitosas en los países en que mejores instituciones democráticas existen. A diferencia del «marxismo» y su vertiente principal, el «marxismo leninismo», no solo por el fracaso de su modelo económico en Rusia y en China, países que debieron adoptar el modelo capitalista para aprovechar mejor sus potencialidades económicas, sino porque las doctrinas de Marx jamás han existido a partir de una generación de principios productivos propios, sino tan solo como reacción política expresada en la crítica a la Economía Política capitalista.

Esto es que, si bien la filosofía marxista logró éxito en lo político para llegar al poder incluso democráticamente en algunas naciones, la doctrina económica de Marx se mantiene hasta la fecha solo como una antítesis a las tesis del liberalismo económico en la ciencia Economía Política. Asevero esto, porque el marxismo no presentó jamás con sus propios principios económicos una alternativa al capitalismo para generar la riqueza necesaria. Esto explica por qué en la mayoría de las experiencias del «socialismo real», para financiar sus planes de gobierno, debió recurrir primero a la expropiación de riqueza a los poseedores del capital en sus primeros años de gobierno y luego a la explotación del proletariado, como sucedió en Rusia y China y sucede aún en algunos países que aún mantienen por imposición la doctrina marxista, demostrando que el socialismo radical es una de las formas de Egoísmo Político a favor de los caudillos, ya sean en el papel de tiranos y oligarcas y no del pueblo realmente. Si la doctrina socialista hubiera contado realmente con sus propios principios y leyes económicas para garantizar la felicidad individual y la cooperación social en la comunidad, no hubiera fracasado en los países que con todo su poder político y económico trataron de imponerla.

2. La historia de los «ismos» en la Economía Política

El sufijo «ismo», según el diccionario de la Real Academia de la Lengua, en sus dos primeras acepciones sirve para formar sustantivos que suelen significar «doctrina», «sistema» y «actitud», «tendencia o cualidad». Los mismos que para la tesis de este libro, los tomamos para exponer las diferentes doctrinas económicas y los sistemas o modelos económicos que de ellas nacen, como sustantivos de doctrina y sistema tenemos al capitalismo y al socialismo como las doctrinas económicas y políticas que han generado múltiples variantes y como sustantivo de actitud, tendencia o cualidad, al egoísmo de quienes han llegado a pensar en que su idea económica y política es la superior y única. En unos casos por el caudillismo de un tirano, con el apoyo de los oligarcas, sean estos de orientación socialista o capitalista. Aquellos que no han permitido que la Economía Política funcione adecuadamente en un marco de liberalismo económico bien aplicado a través de instituciones sólidas. Es evidente que el totalitarismo ha fracasado diametralmente en Rusia y China, antes de adoptar el capitalismo, y en los países subdesarrollados, las oligarquías de turno también fracasaron al imponer los intereses de uno y de los pocos en contra de los intereses de todos, hayan sido de izquierda o derecha a través de la imposición de sus ideas radicales.

A propósito, cuando hablo de ideas radicales, me refiero a esas posiciones extremas del comunismo bien entendido y del liberalismo mal entendido. Sin embargo, existen posiciones moderadas de ambas tendencias y para poder ubicarlas en el espectro político debo recurrir como sinónimo a las denominaciones tradicionales y generalmente aceptadas de izquierda y derecha, considerando a la izquierda como la propuesta de cambio a la situación política en un determinado momento de la historia y a la derecha como a la tendencia de tradición; sin que necesariamente se haga con esto un juicio de valor positivo o negativo, sino simplemente una ubicación espacial. Por ejemplo, en los primeros años de las nuevas repúblicas de Latinoamérica el conflicto político se articuló entre conservadores y liberales; los primeros preocupados de mantener la tradición, la familia y la propiedad y los segundos de cambiar las situaciones sociales a través de un Estado laico y de las libertades civiles, políticas y económicas luego de la descolonización de España. En la clasificación mencionada los conservadores serían la derecha y los liberales la izquierda de aquel entonces.

En consecuencia, para efectos de este libro la clasificación tendría cinco posiciones políticas como mayoritariamente se ha hecho: los ultras liberales como de extrema derecha y los comunistas como de extrema izquierda. Nótese que algunos autores han ubicado en la extrema derecha al fascismo y al nazismo, aunque otros investigadores atribuyen raíces socialistas a esos dos totalitarismos, y en la extrema izquierda se ubica a los Gobiernos del comunismo en Rusia y a los de países bajo el eje moscovita de la URSS, ambos extremos totalitarios. Entre estos dos extremos existen otras posiciones moderadas que se ubican como tercera o cuarta alternativa, tales como la centroizquierda o socialismo democrático que se deriva del marxismo y la centro-derecha o liberalismo democrático. Finalmente, y aunque muy relativo de verlo en la práctica, una quinta alternativa denominada de centro político, que de tiempo en tiempo ha aparecido con sus propuestas de tomar lo positivo de ambos extremos, pero que tampoco ha logrado una permanencia en el poder político o simplemente no lo ha alcanzado, muchas veces por su ambigüedad o «acomodo» a las circunstancias de poder más que a una realidad y necesidad de justicia.

En definitiva, cuando en este libro hablamos de Egoísmo Político en la fijación de políticas económicas, es en referencia a cualquiera de las cinco posiciones de las mencionadas que egoístamente considere que su idea es la superior y única, cuyos seguidores tratan de imponerla a las demás, sobre todo aquellas que crean el conflicto entre el capital y el trabajo y que no aceptan un punto de equilibrio y de complemento o de diálogo. Me refiero, entonces, al radicalismo de las ideas y de los ideólogos, como de una parte considerable de la población que prefiere radicalizarse que consensuar, ejerciendo el intervencionismo, autoritarismo y totalitarismo que ya hemos definido.

Esta piedra de toque del Egoísmo Político nace en el conflicto entre el capital y el trabajo amparado por el liberalismo económico con la división y especialización del trabajo, que tienen origen en la Revolución industrial, cuyos principios se transparentan académicamente entre 1750 y 1820, cuando se comienza a investigar la fuente de la riqueza de las naciones, su incremento y su acumulación por parte de Adam Smith, cuyas teorías son publicadas en 1776 en Inglaterra y que provocan la discusión sobre la generación de VALOR en el beneficio o utilidad que debe recibir la inversión del capital y su acumulación en el ahorro, pero especialmente en el valor del trabajo y su justa compensación a través de los salarios.

Smith, consciente o inconscientemente, deja la compensación del trabajador no a la regulación del Estado, sino a las fuerzas del mercado de manera espontánea sin intervención del Estado dirigista, lo que, ante la falta de experiencia y control, previo a su evolución y correctivo, provoca una situación de explotación del trabajador denunciada por Karl Marx y Friedrich Engels. Marx lo hace primero en su *Contribución a la Crítica de la Economía Política* en 1859 a partir de sus propios estudios iniciados en 1842 sobre economía y que posteriormente los organiza mejor en *El Capital,* en 1867. La crítica del capital la acompaña de la propuesta de que se haga conciencia de la lucha de clases hasta que se dé la desaparición del capitalismo por la generación interna de la revolución hasta llegar a la dictadura del proletariado en que desaparecería la propiedad privada para dar paso a la colectiva en el comunismo con la desaparición del Estado por ser el garante de la superestructura capitalista, según Marx.

Desde aquel entonces hasta la fecha los seguidores de Smith y el liberalismo económico y los seguidores de Marx y el socialismo como camino para llegar al comunismo se han enfrentado con diferentes propuestas para encontrar la justicia social. Enfrascados en la posesión del poder para dirigir la Economía Política de los Estados. Sin que ninguna de las dos ideas y sus variantes haya logrado la solución a la pobreza y al hambre en todos los países, como un desafío aún pendiente.

En esta materia, pienso que la armonía de intereses puede existir en beneficio del bienestar general, si primero se logra concretar dos políticas de Estado o cooperación social que lo garanticen. La primera política de Estado es que se eleve la calidad de los Gobiernos como facilitadores que aglutinen las voluntades individuales en la conformación de sus instituciones y que permitan un nivel de vida general adecuado, justo, equitativo, libre y democrático. La segunda es la promoción permanente de una cultura individual y colectiva o generalizada que se oriente más hacia el consenso que hacia el conflicto, y que mire con visión de desprendimiento político para anular y eliminar el Egoísmo Político.

Pero esta falencia o vicio no es una actitud nueva en el mundo como lo registra la historia de la humanidad desde la época de los grandes pensadores griegos y romanos. Dos comunidades que intentaron por medio de la filosofía explicar las razones y proponer orientaciones para superar el conflicto humano y lograr la tan ansiada felicidad. Posteriormente, se han sucedido hasta la fecha una larga lista de ideas políticas-económicas intentando hacer realidad la vida en armonía; cada una de ellas con orientaciones nuevas o construidas sobre el pensamiento precedente, pero ninguna de ellas ha sido la solución definitiva para todos los países, aún para aquellos de mejor desarrollo económico, porque si bien es cierto que han logrado desarrollar sus economías de manera sostenida y superar los ciclos depresivos, no todos han logrado la distribución de la riqueza entre toda la población para asegurarles una vida digna con el cumplimiento del derecho humano y constitucional al trabajo y a una remuneración digna y no solo de subsistencia. Las interrogantes y los desafíos se mantienen vigentes.

Asumiendo que todos los actores de uno y otro bando han actuado con buenas y sinceras intenciones, la pregunta central que cabe es ¿por qué no han logrado el tan ansiado bienestar general y por el contrario se mantiene el conflicto entre el capital y el trabajo y la pobreza y miseria que ese conflicto promueve? Y ¿por qué en medio de esa pugna no se ha logrado superar el desempleo, por ejemplo? Como respuesta, he llegado y propongo una explicación simple aparentemente: porque ha faltado voluntad y compromiso verdadero; porque no puede ser que todos se hayan equivocado en todo. Conclusión que puede sonar a simpleza, pero que es la única razón que nos dice por qué en algunos países se respeta los valores de libertad e igualdad más que en otros y por qué en otros países no. La diferencia está en el grado de compromiso con el bienestar general de todos o por lo menos de la mayoría de los componentes de las sociedades. Y que, en proporción directa al mayor número de ciudadanos conocedores de sus obligaciones y derechos ante la ley, es el resultado del bienestar general. Esto es del mayor grado de virtud de la mayoría de sus habitantes.

Para expresarlo en una razón matemática: deberíamos ubicar el compromiso de todos los actores de la política económica en el puesto del dividendo en tal alto nivel que, al dividirlo para la expectativa de bienestar general como divisor, nos dé un resultado satisfactorio. Si el resultado es mayor a uno, el bienestar general es superior a lo esperado; si es menor a uno, el bienestar general es deficitario y conflictivo; y si es igual a uno está en una posición estable, pero posiblemente sin mayor avance al promedio, por lo tanto, propenso más al conflicto que hacia el consenso.

Si esta razón es aplicada de manera puntual a la creación y distribución de riqueza entre el capitalista y el trabajador, también nos explica los resultados en cada caso empresarial y de los sectores productivos que conforman un país. Para que el bienestar general sea mayor a uno, es necesario que se impongan los estadistas, o políticos virtuosos sobre los políticos viciosos, o politiqueros dicho más apropiadamente. La idea es que la mayoría de la población aprenda a mirar el plan de largo plazo, siendo cada uno un estadista, y que deseche y no se deje encantar por los planes de corto plazo de los manipuladores de la política que utilizan la economía del facilismo como herramienta de campaña.

Para que las urnas no sean la cesión del poder político absoluto a los aprovechadores y aventureros de la economía, sino un encargo de poder a los verdaderos estadistas servidores de la sociedad, ojalá todo ciudadano actuara como estadista político y económico. Todos quienes buscaron el poder político a lo largo de la historia de la humanidad, supuestamente buscaban la idea genial en Economía Política que hiciera realidad la felicidad humana en la tierra, bajo el mandato divino según el *Génesis*: «Con el sudor de tu rostro comerás el pan, (…).» (Biblia de Jerusalén, 1998. Gen. 3,19: 25), como resultado de haber comido el fruto prohibido del árbol de la ciencia del bien y del mal, pero en el caso de importantes sectores, si bien existe el sudor del rostro no está asegurado el pan con mayor facilidad como algunos teóricos lo han imaginado.

Sobre todo, el comunismo y el populismo han pretendido traer el cielo a la tierra con una serie de «ismos» como el paternalismo, el facilismo, el mesianismo, y otros más, olvidando la sentencia bíblica de la necesidad del trabajo. Pues bien, para lograr el «paraíso terrenal», la humanidad ha dispuesto del conocimiento científico, pero a pesar de las múltiples explicaciones filosóficas y de las aplicaciones científicas aún no se ha encontrado la fórmula para que el «pan» sea para todos. Algunos lo han tratado de resolver desde lo moral y otros desde lo material. Quizá lo único concluyente es que el hombre y la mujer por su conducta motivada por sus sentimientos no ha podido utilizar adecuadamente su inteligencia y aún no encuentra el camino para ser feliz y continúa en un largo peregrinar experimentando ideas llevadas hasta los «ismos». Cada una de ellas con sus apoyadores y detractores. Con sus resultados positivos y negativos en diferentes países.

Ante esta realidad, mi tesis apoya que la felicidad humana depende de la «subjetividad» del individuo, pero muy especialmente del ciudadano virtuoso que cuenta con las condiciones necesarias para ser un líder republicano y democrático y que debería decidirse a impedir el paso de los caudillos autocráticos. Son los hombres y las mujeres de buena voluntad los que pueden marcar la diferencia en el siglo XXI, si se comprometen a hacer realidad la política pura y la Economía Política que genere riqueza y la distribuya equitativamente entre todos. Porque la creación de riqueza es un asunto de decisión personal, más que de seguir discutiendo de teorías políticas y económicas.

El profesor Michael Porter buscó las claves del éxito económico de diez naciones con un estudio que tomó cuatro años, cuyos resultados los publicó para demostrar científicamente que: «LA PROSPERIDAD NACIONAL SE CREA, no es heredada. No surge de los dones naturales de un país, de su mano de obra, de sus tipos de interés o del valor de la moneda, como afirma con insistencia la economía clásica» (1999: 163). Expresión con la que debemos compartir, aunque en parte, porque solo incluye el lado material y cuantitativo de la economía clásica, y no la «subjetividad» del individuo, con lo cual su idea sería completa como lo hace más adelante.

Efectivamente, Porter agrega en las conclusiones que son los factores «que crean y mantienen las ventajas competitivas» de las naciones los que hacen la diferencia entre las naciones que prosperan con las que no lo hacen. Factores que, como sabemos, dependen de la decisión de la comunidad o del hombre para cambiar las condiciones económicas y políticas. Porter concluye que «Las diferencias de una nación en valores, cultura, estructuras económicas, instituciones e historia contribuyen todas ellas al éxito competitivo» (1999: 163). Es decir, según Porter, Alemania, Corea del Sur, Dinamarca, Estados Unidos, Italia, Japón, Reino Unido, Singapur, Suecia y Suiza, que fueron objeto del estudio, han logrado su importante presencia en el mundo del comercio exterior, por aspectos intangibles como los valores, las culturas, la historia y las estructuras e instituciones creadas por el hombre, y no por los materiales, como la raza, recursos naturales, clima y ubicación geográfica.

A esta conclusión debemos sumar que, si bien el aporte de la investigación de Porter ratifica lo dicho anteriormente sobre la competitividad de las naciones, por ejemplo, en el caso del desarrollo económico de Alemania Occidental con las mismas condiciones que Alemania Oriental no aprovechó, se complementaría aclarando que la diferencia radicó en las políticas del capitalismo y el comunismo que les reportó resultados dispares.

Por su parte, los autores Daron Acemoglu y James A. Robinson, casi un cuarto de siglos después de las publicaciones de Michael E. Porter, manifiestan a partir de sus propias investigaciones que la mayoría de las hipótesis sobre factores materiales e inmateriales conocidas no funcionan para explicar la desigualdad mundial. Su principal conclusión plantea que las naciones que progresan son aquellas que en lo político y económico incentivan al ciudadano, a diferencia de las sociedades que han creado instituciones extractivas que fomentan la pobreza. Dicen que «El éxito económico de los países difiere debido a las diferencias entre sus instituciones, a las reglas que influyen en cómo funciona la economía y a los incentivos que motivan a las personas» (2012: 95), con lo que podría abonarse al pensamiento de Porter, de que son las instituciones creadas por el hombre las que aseguran el éxito económico de las naciones. Es decir, «al César lo que es del César», pero con las virtudes republicanas y democráticas institucionales.

Para explicar la creación o no de las instituciones económicas inclusivas, los autores se remiten a la historia. Para demostrar que «Todas las instituciones económicas están creadas por la sociedad. Las de Corea del Norte, por ejemplo, fueron impuestas a sus ciudadanos por los comunistas que se hicieron con el control del país a partir de 1940, mientras que las de América Latina colonial fueron impuestas por los conquistadores españoles» (2012: 101), con lo que se comprueba que la imposición no es recomendable, sino la libertad y la participación voluntaria y motivada de las personas en el liberalismo político y económico.

Vale aclarar que el término instituciones extractivas que mencionan los autores de esta teoría son las que no permiten el incentivo y «extraen» de la sociedad el ímpetu político y económico necesario para su desarrollo y las inclusivas son las que propenden a la cooperación social, como la plantearon Mises y Hayek, décadas atrás:

> Existe una fuerte sinergia entre las instituciones económicas y las políticas. Las instituciones políticas extractivas concentran el poder en manos de una élite reducida y fijan pocos límites al ejercicio del poder. Las instituciones económicas a menudo están estructuradas por esta élite para extraer recursos del resto de la sociedad. Por lo tanto, las instituciones económicas extractivas acompañan de forma natural a las instituciones políticas extractivas (Acemoglu & Robinson, 2012: 103).

Es evidente que tanto Michel Porter como Acemoglu y Robinson parten desde una visión de libertad política y económica como factor de desarrollo de los países estudiados. Pero no toda la historia ni todos los países han estado enmarcados exclusivamente en estas formas de gobierno. El debate entre izquierda y derecha ha sido permanente desde la Revolución industrial, siendo la distribución equitativa de la riqueza entre las familias e individuos que son parte de una sociedad, la principal controversia. ¿Cuánto es equitativo? y ¿de qué depende la equidad?

Una vez que he compartido las reflexiones y los argumentos de cómo el Estado totalitario moderno anula a la acción humana del individuo y al desarrollo de la comunidad, considero necesario entrar a mayores detalles de las teorías económicas que se han mantenido en pugna hasta la fecha, siempre como parte del estudio del Egoísmo Político que ha impedido con su intervencionismo a la Economía Política crear y distribuir riqueza

3. El liberalismo económico

Paradójicamente, la pugna por la hegemonía entre los ideólogos radicales de izquierda y derecha ha tomado en consideración mayoritariamente el plano material y ha dejado en segundo plano el debate sobre lo espiritual. Es decir, que los principios y valores, o virtudes, que deberían regir la convivencia en comunidad, han sido olvidados por los autores radicales, lo que ha llevado a la historia de la humanidad a tener las dos ideas políticas y económicas superiores, el capitalismo y el socialismo, a mantenerse siempre en conflicto permanente, confrontados en la discusión de la posesión de los medios de producción: tierra, maquinarias y el trabajo. Creo divididos en tres grandes grupos: un primer grupo, que han progresado institucionalizando las naciones republicana y democráticamente; un segundo grupo, que ha fracasado imponiendo el comunismo y el socialismo radical y un tercer grupo que ha fingido la conducta republicana y democrática mal utilizando la Economía Política, traicionando y corrompiendo el liberalismo económico para el beneficio de unos pocos.

Los cimientos científicos de la Economía Política fueron concebidos por el economista escocés Adam Smith a mediados del siglo XVIII en su obra *La riqueza de las naciones,* lanzada en 1776 para explicar al mundo cuáles eran las razones por las cuales Inglaterra se había adelantado en su desarrollo económico con la Revolución industrial a otras naciones que aún consideraban a la tierra como el elemento más importante de la economía, como era el caso de los fisiócratas en Francia.

Smith no solo es fundador de la ciencia económica, sino también de una doctrina reconocida como el liberalismo económico que revoluciona el pensamiento feudal, pasando de la política del monarca y de la oligarquía a la democracia como forma de gobierno; estableciendo en el pensamiento económico que la riqueza proviene del trabajo y de su especialización y supera la creencia de que provenía de los metales o de la tierra; siendo posible incrementarla con las leyes del funcionamiento del mercado y de la libre competencia como regulador y limitador de precios y monopolios. Esto con el fin de asegurar el bien común que una política pura aristotélica debe cumplir. Con la única condición y necesidad de un Estado fuerte y ágil, no inmenso ni poderoso sin límites, sino de un tamaño necesario que garantice mediante leyes consensuadas la libertad, la propiedad y el funcionamiento productivo y equitativo de la «mano invisible» que armonice los intereses de los individuos y de la comunidad.

La revolución industrial y su aporte al desarrollo de la humanidad, que Smith investiga para el mundo, comenzó a generarse espontáneamente a lo largo del siglo XVI, para cristalizar su apogeo en la segunda mitad del siglo XVIII, cuando, primero en Inglaterra, fue necesario la creación de maquinarias y la especialización del trabajo para reemplazar a la fabricación de productos basada en el trabajo manual e individual, ante la necesidad de seguir abasteciendo la cada vez mayor demanda de mercancías debido al crecimiento de la población y a la escasez de recursos para elaborarlas. De esta preocupación se encargó Smith.

Economía Política según el liberalismo económico de Adam Smith

Adam Smith (1723-1790), fue el pionero de la Economía Política y padre del liberalismo económico. Lanzó su teoría en marzo de 1776 en Londres, justo cuando la Revolución industrial estaba en su apogeo a mediados del siglo XVIII en el Reino Unido y en el mismo año en que se firmaba la Declaración de Independencia de los Estados Unidos de América.

Smith (1776/2014), en el inicio del Libro IV de su obra *La riqueza de las naciones*, define la Economía Política, así:

> La economía política, considerada como una rama de la ciencia del hombre de estado o legislador, se plantea dos objetivos distintos: en primer lugar, conseguir un ingreso o una subsistencia abundantes para el pueblo, o más precisamente que el pueblo pueda conseguir un ingreso o una subsistencia abundantes para el pueblo, o más precisamente que el pueblo pueda conseguir ese ingreso o esa subsistencia por sí mismo; y en segundo lugar, proporcionar al estado o comunidad un ingreso suficiente para lograr los servicios públicos (2014: 539).

Lo primero a destacar de esta definición de Smith es que la Economía Política le corresponde al estadista o legislador y no necesariamente al político, sea este el ejecutivo o sus ministros. Con este pensamiento, Smith ya se adelanta a lo que ha sucedido a partir de esa época, cuando el político más preocupado de su éxito electoral manipula a la economía en su ambición de poder, sin preocuparse de que en el camino destruye los principios del mercado.

En segundo lugar, Smith delinea dos objetivos a esta responsabilidad del hombre de Estado: más que conseguir ingresos abundantes para el pueblo, el estadista más precisamente debe procurar que el pueblo pueda conseguir ese ingreso por sí mismo para proveerse de una subsistencia abundante. Y como segundo objetivo proporcionar al erario nacional el ingreso suficiente para proveer los servicios públicos a favor del pueblo. Bastaría esta definición para dejar en claro de una vez por todas que Smith no buscó favorecer deshumanizadamente a los tenedores de capital sobre los intereses del pueblo como se lo ha acusado; porque al contrario propone que el hombre de Estado cree las condiciones, en el ámbito necesario, para que el mismo pueblo genere sus ingresos para una subsistencia abundante y que pague sus impuestos para el funcionamiento del Estado.

En su obra compuesta por cinco libros lo explica detalladamente cómo hacer realidad los dos objetivos anotados. Además, es necesario recordar que su obra *La Riqueza de las naciones* tiene una antecesora del mismo autor: *La teoría de los sentimientos morales*, publicada en 1759, diecisiete años antes, obra que fue reproducida ampliamente para conocer el pensamiento y la guía moral de Smith, quien era el profesor de Filosofía Moral en la Universidad de Glasgow.

Adam Smith definió la economía en 1776 como el estudio de la riqueza de una nación, con referencia a las cuatro categorías que debatió en su segundo libro, a saber, la producción de la riqueza, el intercambio de la riqueza, la distribución de la riqueza y el consumo de la riqueza. Smith rechazó la idea de que la riqueza se basaba únicamente en los productos de un país. Descubrió que esta riqueza consistía en la producción, incluidos los bienes producidos y manufacturados, y de la mano de obra necesaria para producir y fabricar. Es decir, de dos elementos complementarios entre ellos para crear el valor necesario y convertirlo en riqueza.

El título completo de su libro bastaría como su definición de Economía Política: *Una investigación sobre la naturaleza y causas de la riqueza de las naciones.*

Ya he planteado que las ideologías y los «ismos» enceguecen cuando el objetivo es desmerecer la propuesta ajena sin darle validez a los resultados de la idea del oponente político sin importarle al egoísta que quien pague la factura de su desacierto termine siendo el mismo pueblo al que dice servir, lo que bloquea la posibilidad de consensuar por lo menos una agenda mínima que permita ir abriendo mayores espacios de diálogo en el futuro a medida que crece la cultura política del desprendimiento y disminuye la confrontación provocada estérilmente por el Egoísmo Político.

Aprovechando este apartado me concentraré en los postulados más relevantes de los economistas, cuyo pensamiento está más ligado a la idea del capitalismo bajo la óptica del presente libro, como forma de establecer las diferencias básicas y la convergencia que pueden tener si las vemos con deseos de superación social en armonía y paz con las ideas morales del socialismo para evitar el conflicto.

La escuela clásica: Adam Smith

Los aportes de Adam Smith al transcurrir el tiempo se los ha denominado leyes económicas, tales como la división del trabajo; la ley de la oferta y la demanda; la armonía de los intereses y el gobierno limitado; la ley de la ventaja absoluta en el comercio internacional; utilidades y rentas; el papel del dinero; la deuda; y el desarrollo económico.

Por su contribución y por ser el pionero de la Economía Política como ciencia, a Smith se lo ha encasillado como promotor de la primacía del interés económico sobre el trabajo humano, por parte de los pensadores de izquierda. Pero al leer desapasionadamente la primera obra de Smith: *La teoría de los sentimientos morales*, publicada en 1759 mientras era profesor de moral de la Universidad de Glasgow, diecisiete años antes que la publicación de *La riqueza de las naciones* en 1776, vemos que las motivaciones que guiaron a Smith no se basan en el lucro por el lucro, sino en una base moral para la generación de riqueza en beneficio del mismo hombre y de la nación, por lo que a Smith debe leérselo como un todo, junto con sus principios morales y sus principios económicos.

Comparando las dos obras de Smith, se puede concluir que la base moral de *La teoría de los sentimientos morales* es la misma base moral del libro *La riqueza de las naciones*.

Por ejemplo, en *La teoría de los sentimientos* al inicio del capítulo I bajo el título *De la Simpatía*, Smith (1759/1979) dice:

> Por más egoísta que quiera suponerse al hombre, evidentemente hay algunos elementos en su naturaleza que lo hacen interesarse en la suerte de los otros de tal modo, que la felicidad de estos le es necesaria, aunque de ello nada obtenga, a no ser el placer de presenciarla. De esta naturaleza es la lástima o compasión, emoción que experimentamos ante la miseria ajena, ya sea cuando la vemos o cuando se nos obliga a imaginarla de modo particularmente vívido. El que con frecuencia el dolor ajeno nos haga padecer, es un hecho demasiado obvio que no requiere comprobación; porque este sentimiento, al igual que todas las demás pasiones de la naturaleza humana en modo alguno se limita a los virtuosos y humanos, aunque posiblemente sean éstos los que lo experimenten con la más exquisita sensibilidad. El mayor malhechor, el más endurecido transgresor de las leyes de la sociedad, no carece del todo de ese sentimiento (1979: 31).

Es decir, que, según Smith, el hombre por naturaleza debe utilizar su emprendimiento a favor de los otros, aunque de ello no obtenga ningún beneficio.

Sin embargo, el contraste que genera esta cita de Smith con el color con que lo mira la visión dogmática de izquierda termina por lo menos invitando a evaluar mejor la intención del economista escocés. Este no debería ser considerado como la imagen de un capitalismo salvaje, desconsiderado y brutal, para en base a esa apreciación parcial, desconocer el verdadero aporte que sus ideas buscan en bien de las economías de las naciones. Porque si bien ha existido una intención exclusivamente de lucro y de explotación de los trabajadores en sectores del empresariado a lo largo de la historia, esa actitud no es la que el capitalismo puro propone como principio, al punto que justifique la descalificación de la Economía Política antes que corregir las distorsiones a la que pueda ser sometida.

Por el contrario, el mismo Smith se anticipó al proponer que cualquier distorsión que se diera en la Economía Política debía ser combatida por un Estado fuerte que respete y haga respetar las leyes económicas. Lo que no significa tampoco que los principios de economía sean similares a los principios de moral en Smith, pero este hecho no impide que un empresario genere riqueza de manera ética respetando los derechos de los trabajadores de lo que debe encargarse el Estado a través de las leyes y su correcta aplicación.

Al respecto, si bien es cierto que hay una especie de reducción en el pensamiento de Smith entre la primera y segunda obra sobre el interés del individuo —median diecisiete años entre ambas publicaciones—, la filosofía de ambas obras solo puede comprenderse estudiando los textos como partes de una unidad (Avetikian, 1987).

Teoría de los sentimientos morales

Como hemos visto, la obra de Smith *Teoría de los sentimientos morales* fue publicada diecisiete años antes de *La riqueza de las naciones*. Por su éxito inusitado se reimprimió en seis ocasiones durante la vida de Smith, la última en el año de su muerte, de tal manera que no se puede decir que sus principios morales fueron las primeras ideas de su pensamiento y que *La riqueza de las naciones* resumen las que guiaron sus verdaderas intenciones al final de su vida. Los dos libros se van complementando de manera paralela en la vida de Smith, con facetas diferentes para ámbitos interrelacionados. La *Teoría de los sentimientos morales* habla de las fuerzas morales que frenan el egoísmo y unen a las personas en una sociedad viable. *La riqueza de las naciones* supone la existencia de una sociedad justa y muestra la forma en la cual el individuo está guiado y limitado por las fuerzas económicas.

Visto desde mi óptica, podría interpretar que Smith primero analizó el pensamiento virtuoso del individuo que decide voluntariamente ser moralmente responsable por los demás y cuando hace su investigación de la generación de riqueza, esa fuerza moral se traduce en un deseo de mejorar la situación personal y familiar mediante su trabajo y aporte empresarial en el ambiente de mercado a donde concurre compitiendo con otros productores para obtener la preferencia de los consumidores. El hombre entonces pasa a ejercer la misma conducta moral desde el ámbito cercano y conocido personal y familiar a su acción humana dentro de la comunidad mediante la cooperación social; sin que esto implique una diferencia en su conducta, acogiendo esto como cierto, no existen motivos para creer que un empresario que es honesto en su ámbito familiar pueda ser deshonesto en el ámbito empresarial y a la inversa.

Incluso, Smith, abarca hasta los aspectos comunicacionales como punto de inicio de la conducta del individuo en la *Teoría de los sentimientos morales*. Trata así de las opiniones y consensos como derecho a expresar las propias opiniones y la obligación que tenemos de escuchar las de los demás y adoptarlas si sus argumentos nos convencen, Smith (1759/1979) escribió:

> Conceder aprobación a las opiniones ajenas, es adoptar esas opiniones, y adoptarlas es aprobarlas. Si los mismos argumentos que te convencen, también me convencen, es que necesariamente apruebo tu convicción; y si no me convencen, necesariamente es que no la apruebo; mas tampoco puedo concebir que haga lo uno sin lo otro (1979: 48).

Sobre lo profundo de las acciones y si sus intenciones son buenas o malas, tenemos en consecuencia el efecto de ellas sobre nosotros mismos, según Smith:

> En la naturaleza beneficiosa o dañina de los efectos que la acción persigue o tiende a producir, consiste el mérito o demérito de la acción, y las cualidades por las que es acreedora de galardón o merecedora de castigo (1979: 51).

Sobre las virtudes, pasiones y el principio cristiano de renunciar a nosotros mismos por el interés ajeno, Smith:

> Las tiernas, apacibles y amables virtudes, las virtudes de cándida condescendencia y de humana indulgencia, están fundadas en uno de ellos; las grandes, reverenciales y respetables, las virtudes de negación de sí mismo, de dominio propio,

aquellas que se refieren a la subyugación de las pasiones, que sujetan todos los movimientos de nuestra naturaleza a lo que piden la dignidad, el honor y el decoro de nuestra conducta, se originan en el otro. ¡Cuán amable nos parece aquél cuyo corazón, lleno de simpatía, refleja todos los sentimientos de aquellos con quien conversa, que se duele de sus calamidades, que resiente las injurias que han recibido y se alegra con motivo de la buena suerte que los alcanza! (1979:62).

Sobre la perfección de la naturaleza humana:

Sentir mucho por los otros y poco por sí mismo, restringir los impulsos egoístas y dejarse dominar por los afectos benevolentes constituye la perfección de la humana naturaleza; y sólo así puede darse en la Humanidad esa armonía de sentimientos y pasiones en que consiste todo su donaire y decoro. Y así como amar a nuestro prójimo como nos amamos a nosotros mismos es el gran principio cristiano, así el gran precepto de la naturaleza es tan sólo amarse a sí mismo como amamos a nuestro prójimo, o, lo que es lo mismo, como nuestro prójimo es capaz de amarnos (1979: 64).

Entre la generosidad y la mezquindad:

Cuando siempre nos vemos más profundamente afectados por cualquier cosa que nos interese que por cualquier cosa que les interese a otros hombres: ¿qué es lo que impulsa a los generosos en todas las ocasiones y a los mezquinos en muchas, a sacrificar su propio interés en bien de los intereses más grandes de otros? No es el poder conciliador de la humanidad, no es esa débil chispa de benevolencia con que la naturaleza ha iluminado el corazón humano, que así es capaz de contrarrestar los impulsos más poderosos de la egolatría. Es un poder más fuerte, un motivo más imperativo que se ejerce en estas condiciones. Es razón, principio, conciencia, el habitante del pecho, el hombre que hay en nosotros, el gran juez y árbitro de nuestra conducta.

Cuando la felicidad o desdicha de otros dependen en cualquier aspecto de nuestra conducta, no nos atrevemos, como no nos lo podría sugerir la egolatría, a preferir el interés de uno al de muchos. El hombre que hay en nosotros de inmediato nos hace un llamado, de que nosotros nos valoramos demasiado y a otras personas muy poco y que, al hacerlo, nos rendimos y somos el objeto mismo del desprecio y la indignación de nuestros hermanos (1979: 64).

Si después de estas citas permanece en el pensamiento del lector que el liberalismo económico de Smith trata de la explotación de unos contra otros, es porque la visión continúa contemplando solo el mal uso que se hizo de su pensamiento por parte de los empresarios que únicamente buscaban sus intereses, y así el economista escocés continuaría siendo víctima de la falta de simpatía para no entender que su primera y segunda obra de importancia son una misma unidad.

Quizá la confusión dogmática de sus críticos de izquierda estribe en la mala interpretación sobre el renunciamiento al egoísmo humano en lo moral para preocuparse por el bien de los demás y el uso de ese mismo egoísmo humano en lo económico para primero beneficiarse a sí mismo y a su familia para luego beneficiar a la sociedad. Es decir, satisfacer las propias necesidades para poder satisfacer la de los demás. En otras palabras, mientras en la primera obra de Smith son los sentimientos morales los que motivan una relación sin egoísmos en la sociedad, en la segunda el egoísmo personal y familiar de bienestar provee el bienestar ajeno y de la sociedad en general a través de lo económico. Si este planteamiento tiene sus distorsiones en la práctica, no es por la naturaleza de la idea sino por la debilidad y egoísmo de quienes la aplican en un ambiente en que el Estado no cumple su papel que Smith plantea también en su obra cuando afirma la necesidad de que la sabiduría y la virtud sean los sentimientos que conformen el Gobierno civil a través de sus instituciones.

Otra vez, debemos utilizar el mismo argumento que he usado para la política, esta vez para establecer que no es la Economía Política la mala como pensó Marx en su *Crítica al capital*, sino quién y cómo se aplique, lo cual sale del ámbito que Smith investigó, aunque sí recomendó al Estado ejercer su control para evitar distorsiones.

Smith afirma:

> La índole de los hombres, así como los artefactos o las instituciones del gobierno civil, pueden servir o para fomentar o para perturbar la felicidad, tanto del individuo como de la sociedad. El carácter prudente, equitativo, diligente, resuelto y sobrio, promete prosperidad y satisfacción, tanto para la persona como para todos los que están en relación con ella. Por el contrario, la arrebatada, la insolente, la perezosa, afeminada y voluptuosa, presagia la ruina al individuo y la desgracia a todos los que con él tengan tratos. La primera de estas maneras de ser tiene, por lo bajo, toda la belleza que pudiera adornar a la máquina más perfecta que jamás se haya inventado para el fomento del fin más deseable; la segunda, toda la deformidad del más desmañado y torpe artefacto (1979: 122).

Con este pensamiento, Smith deja en claro que es la opción tomada por los individuos lo que diferencia una de otra conducta, por lo que remarca también en la necesidad de la sabiduría y de la virtud para un buen gobierno civil:

¿Acaso puede existir otra institución de gobierno más adecuada para fomentar la felicidad humana que la preponderancia de la sabiduría y de la virtud? Todo gobierno no es sino un remedio imperfecto a la falta de éstas. Por tanto, la belleza que pueda corresponder al gobierno civil a causa de su utilidad, necesariamente deberá corresponder en mucho mayor grado a la sabiduría y a la virtud. Por lo contrario, ¿qué otro sistema político puede ser más ruinoso y destructivo que los vicios de los hombres? La única causa de los efectos fatales que acarrea un mal gobierno, es que no imparte suficiente protección contra los daños a que da lugar la maldad de los hombres (1979: 122-123).

Es lógico pensar que Smith tenía en mente posiblemente una utopía al creer que los hombres pudieran gobernarse con sabiduría y virtud en la administración de los principios y leyes de la Economía Política. Pero ¿es acaso imposible que en libertad y voluntariamente la sociedad pueda generar hombres y mujeres estadistas que se guíen por la prudencia, la generosidad, el desprendimiento y otras virtudes al llegar al poder político? ¿O es necesaria la imposición totalitaria del comunismo y de la dictadura del proletariado?

Los paradigmas de Adam Smith como teórico fundante de la Economía Política, y de Karl Marx como su crítico, tienen vigencia hasta hoy. Los paradigmas de Smith como principios y leyes económicas de amplia difusión, que han sido discutidos, modificados y replanteados constantemente por varias corrientes liberales y socialistas tienen su raíz en dos teorías básicas: su tesis de la «mano invisible» y su teoría del salario como compensación del trabajo.

En la tesis de la «mano invisible», Smith describe la economía de mercado como el punto en donde los individuos realizan sus acciones de una manera que no tiene intención de beneficiar al interés común, sino en el grado en el cual cada uno se orienta por su propio interés al ir al mercado, de tal manera que el interés de todos, o el bien común aristotélico según nuestro estudio previo, está mejor resguardado si cada uno se preocupa de su propio interés. Se trata de una mano invisible que transforma la orientación individual por el interés propio en una orientación no-intencional por el interés común. Aparece entonces la imaginación de una sociedad en la cual cada uno sirve al otro, y lo hace tanto mejor, cuanto más se sirve a sí mismo. La condición es que cada uno persiga su interés propio en el mercado capitalista, y no en contra de él. Se producen en esto la práctica de la *politeia* aristotélica: toda la comunidad concurre al «bien vivir» en beneficio propio mediante el bien de los demás.

El resultado de la economía de mercado, desde la visión de Smith, se orienta espontáneamente a la formación y al cumplimiento de la Ética ciudadana, donde los valores del mercado son institucionalizados por convicción o acuerdo democrático en el Estado de derecho, partiendo desde la constitución: la propiedad privada y el cumplimiento de los contratos, por ejemplo, cuyos postulados deben ser compartidos comunitariamente como el único camino cierto para producir la situación ideal de una sociedad que cumple con el postulado del amor al prójimo. Se trata de la utopía total del mercado, que hasta hoy domina de una u otra manera la ciencia económica capitalista, de la cual deriva sus valores.

Es preciso anotar que la expresión francesa *laissez faire, laissez passer* o *dejar hacer, dejar pasar,* no fue creada por Smith como algunos de sus críticos le atribuyen, sino por los pensadores liberales franceses del siglo XVIII, quienes aspiraban a un mercado libre de trabas. Al abogar por el hombre industrioso que podía satisfacer en el mercado mucho mejor las necesidades de los compradores que sus competidores ineficientes. Pensamiento que los intervencionistas no lo comparten cuando buscan regular la competencia, porque prefieren pensar que el competidor más productivo y eficiente ha planificado de manera consciente su superioridad competitiva para aprovecharse de la deficiencia ajena de una manera malsana y egoísta. De allí nace la idea de que es el Estado el ente superdotado para diseñar el mercado.

La mano invisible, lejos de manipular las variables del mercado a su favor, lo que pretende es dejar a todos los ciudadanos en libertad de escoger cómo colabora en la división del trabajo con su especialización y habilidad más destacada y que sean los consumidores quienes decidan cuál alternativa soluciona mejor su necesidad. Los planificadores centrales prefieren creer que son ellos quienes conocen las necesidades de millones de consumidores y de cuáles son los productos que mejor las satisfacen, en qué calidad, cantidad y en qué momento de consumo.

De ese principio surge también la teoría clásica de los salarios de Smith, que se basa en el concepto del valor de uso de las mercaderías, es decir, de valores concretizados. El mercado coordina la producción u oferta de productos y el consumo o demanda de valores de uso. Por eso, en la teoría clásica de los salarios, el concepto de subsistencia y de las necesidades, juega un papel central. Quien no logra el acceso al salario para su subsistencia, está condenado a la pobreza. El mercado, al demandar productos y distribuirlos como valores de uso, genera empleo y dinamiza la economía. Lo que, no obstante, es un alto desafío para la economía de mercado y para la mano invisible a través de la oferta y la demanda para lograr un equilibrio macroeconómico que permita que haya tanta oferta de mano de obra como demanda de esta. Mediante el mecanismo de la formación del salario, que es canalizado de tal manera que la oferta y la demanda consigan siempre un precio de equilibrio, tanto para los bienes como para el trabajo de los seres humanos.

Esa es la otra forma de ver la mano invisible y la formación de los salarios desde la visión de Adam Smith. ¿Cómo asegurar un mercado y competencia perfecta para que lo espontáneo de la mano invisible ubique los salarios y los precios de mercadería en su punto justo para las partes?

Estos son los pilares no solamente de la teoría económica de Adam Smith, sino de toda la Economía Política clásica capitalista. El desafío es evidente. Si el interés común exige un mercado perfecto para que todos logren el «buen vivir» y que no existan grupos de ciudadanos que se queden al margen del empleo y del nivel de vida y propiedad digna, a la cual el interés o bien común aristotélico se refiere, este resulta contradictorio por lo menos para aquella parte de la humanidad amenazada por el Egoísmo Político de los caudillos autoritarios y totalitarios intervencionistas bajo los dogmas. Para esa parte de la comunidad no hay armonía de intereses, sino amenaza, rebeldía y descontento. El sectarismo jamás dará resultados, mucho más cuando en la actualidad existe una nueva y mejor revolución como es la del conocimiento. Hoy ni derechas ni izquierdas tienen la última palabra, sino el humano de un mundo cada vez más comunicado, cada vez más comunitario.

Apreciación que no impide pensar por qué Karl Marx seguramente observó las distorsiones del sistema capitalista más que la misma esencia que proponía Smith. A pesar de haberlo estudiado de manera coherente con su propio pensamiento y experiencia personal, Marx, como veremos en su momento, quizá hizo su crítica al pensamiento de Smith por los resultados que constató en la práctica del capitalismo de amplios sectores de aquel tiempo. Contó así para su análisis moral con una escena que Smith no propuso y con Gobiernos que no siguieron los principios morales del creador de la Economía Política, lo cual no lo debe deslegitimar ni al autor ni a su filosofía y ciencia. Peor desechar sus principios morales y sus contribuciones para el mejor aprovechamiento de las riquezas de las naciones en beneficio real de las sociedades que las conforman, lo que resultaría en un perjuicio general por el Egoísmo Político de una idea radical que prefiere renunciar a lo positivo del capitalismo con la finalidad de combatir al egoísmo del capitalista, aunque esto signifique condenar a los pobres a seguir en un nivel de vida inferior.

Esto último fue lo que sucedió en el marxismo-leninismo, profundizado en el estalinismo de la Unión Soviética y sus satélites.

Corresponde a los estudiosos del siglo XXI el reparar esa mala visión y realidad. Si Marx contó con la ventaja de analizar la obra de Smith a casi cien años después para criticarla por las realidades que testificaba y proponer su destrucción, hoy tenemos la ventaja de verla a doscientos cincuenta años de práctica y comparar los resultados de uno y de otro pensamiento. Ver también las realidades de los múltiples intentos de destruir el capitalismo e imponer por la fuerza el socialismo hasta convencerse de su falta de sustentos para alcanzar la felicidad que tanto anhelaron.

Rusia y China son las dos grandes potencias que lideraron la imposición del socialismo radical y que hoy luchan por poner en práctica los mismos principios capitalistas que tanto combatieron y de los que privaron a su población.

4. Crítica del marxismo a la Economía Política

Karl Marx (1818-1883) no fue economista de profesión, pero por su alto grado de perspicacia e inteligencia, más su interés en los aspectos sociales, llegó a ser un escritor influyente como crítico de la economía clásica. Dotado de amplios conocimientos, lanzó el primer volumen de su propia magna obra en 1867 titulada *El Capital: Crítica de la Economía Política*, a casi doscientos años después de haberse iniciado la Revolución industrial y a noventa y un años después del lanzamiento de la teoría del liberalismo económico por parte de Adam Smith en

La Riqueza de las Naciones. Marx primero adquiere su grado de doctor en Filosofía a los veintitrés años en 1841 y a lo largo de su vida se dedica al periodismo, a la filosofía y al estudio de la sociedad.

El presente apartado conlleva para el análisis la premisa de que la posición de Karl Marx no es de crear una Economía Política alternativa, sino plantear una crítica a esta sin reemplazar sus principios y leyes desde lo económico, sino desde lo político. De allí su éxito político y su fracaso en lo económico en el socialismo real. El marxismo no es una ciencia económica, como en algún momento fue presentado y asimilado por sus seguidores. Es política y moral o ética, a pesar de la violencia que podría incluir su propuesta de revolución para hacerse del poder político.

Como a otros investigadores de la realidad social de su tiempo, Marx pasó por un largo proceso en la medida que cada vez más le era necesario leer profundamente las teorías económicas, para entenderlas e interpretarlas desde su propio punto de vista. Siempre enmarcado en la honestidad intelectual de quien era testigo visual de las pésimas condiciones que sufrían los obreros, lo que lo llevó a pensar que esas precarias condiciones eran producto del capitalismo y sus principios y leyes. Esto sin caer en cuenta de que se trataba de distorsiones hechas en su aplicación por los malos o despistados empresarios, pero que, al pasar el tiempo, el mismo capitalismo corrigió a fuerza de la economía de mercado, de la competencia y de las reivindicaciones del sindicalismo. Marx, siguiendo a Hegel en su concepción determinista del capitalismo, hizo una apreciación materialista de la generación de riqueza estudiada por Smith casi un siglo antes.

Euken (citado por Francisco Montes de Oca, 2014) manifiesta «que la concepción hegeliana de un devenir inmanente, y, con mucha más razón, que su contrapartida marxista de un materialismo histórico, que no retiene de los hechos más que su apariencia externa o una imagen parcial, con frecuencia deformada» (Introducción de La Ciudad de Dios, 2014: XXIII), debido a que él no había participado en la producción de bienes, sino solo como testigo de los hechos económicos de los que sacó sus propias y personales conclusiones.

Guerrero describe el proceso de Marx y su acercamiento a la economía, diciendo:

> Aunque pensó al principio que el dominio de las *cuestiones económicas* apenas le llevaría un corto espacio de tiempo, la verdad fue la lectura de tantos hechos y autores en este campo (que siempre remitían a nuevos autores y hechos), y la creciente conciencia de lidiar con la base material de la vida social para entender ésta realmente, terminaron haciéndolo bregar la mayor parte de su vida con la economía (su «economía») y los economistas (2008: 10-11).

No está demás enfatizar, que la crítica de Marx no solo es al capital, sino a la explotación que hace el capital del trabajo humano. Es consustancial en el pensamiento de Marx un fuerte contenido ético, fuertemente cargado de valores en su crítica y concepción de la moral, en su filosofía del *Materialismo Dialéctico,* y en la ciencia que desarrolla denominada *Materialismo Histórico.* Para Marx no hay ciencia, pues ya desde los objetivos de la misma se valoran positivamente la justicia social, la humanización, la cooperación, y se rechaza la explotación, la alienación, etcétera, proponiendo el cambio de esas circunstancias como parte de su filosofía.

Ese fue su radicalismo que lo llevó a interpretar al capitalismo como la acción de los capitalistas explotadores, confundiendo su esencia con la mala aplicación del capitalismo. Así, la condena que Marx hace del trabajo asalariado no solo reside en que los salarios son muy bajos o que son de subsistencia, sino en que dicho trabajo deshumaniza al ser humano. La idea de Marx de que todo se ha convertido en mercancía es una «"ontología de la sociedad moderna", en efecto; una *metafísica* realista y verdadera: «buena» metafísica, por cierto; pero de alguien que es a la vez moralista y científico, más concretamente: cuya filosofía es al mismo tiempo base *moral* de su labor *científica*» (Guerrero, 2008: 13).

En base a este énfasis por el maltrato que recibían los trabajadores por parte de los industriales y terratenientes como su objeto central de investigación y denuncia, pienso que Marx no se propuso redactar una definición de la Economía Políti- ca socialista o alternativa a la de Smith. Más se preocupó por destacar la escasez de trabajo y los salarios de subsistencia en los primeros cien años de la Revolución Industrial. Como elementos de explotación que sufrían los exartesanos y exagricultores independientes. Aunque leyendo su obra se puede extraer su pensamiento inmerso en la crítica que hace a la economía reinante en su época, la cual es escrutada por su análisis perspicaz. Trabajo que comienza en 1848 con la colaboración de su amigo y protector, e hijo de industriales, Frederick Engels, con el título de *Manifiesto Comunista,* escrito en un momento especial de la historia.

Eric Hobsbawn dice en el prólogo del *Manifiesto Comunista*: «es, obviamente, un documento escrito para un momento concreto de la historia. Parte de él envejeció casi inmediatamente» (1998: 15). Sin embargo, aún en el siglo XXI tiene mucho que decir a quienes equivocadamente mal interpretaron o hicieron a su conveniencia una mala aplicación de los principios económicos de Smith y Ricardo. A pesar de que Marx no logró plantear principios y leyes económicas propias en lo que podría haberse llamado Economía Política socialista, sino que se mantuvo nada más como crítico del capital, que podría ser tomado en la actualidad como una advertencia o denuncia moral contra quien haga mal uso del capital.

Pero a falta de una definición concreta de Economía Política de la autoría de Marx en toda su obra, tomaré la que hizo el marxista Peter Ivanovich Nikitin (1911-1994). Economista ruso y autor del libro *Economía Política, Manual de Divulgación* (1997), publicado originalmente en 1958, por cuyo trabajo fue premiado en 1959 por la Editorial de Publicaciones Económicas-Sociales y el Instituto de Economía de la Academia de Ciencias de la URSS, *que* definió la economía desde una visión marxista-leninista en las siguientes palabras:

> La Economía Política es la ciencia del desarrollo de las relaciones sociales de producción, es decir, de las relaciones económicas entre los hombres. Estudia las leyes que gobiernan la producción y la distribución de los bienes materiales en la sociedad humana a lo largo de las diversas fases de su desarrollo (1997: 15).

Siendo prácticamente una definición elaborada con las mismas palabras de Marx y siguiendo su pensamiento, Nikitin define así a la Economía Política como la ciencia del desarrollo de las «relaciones sociales de producción» más que los principios económicos en sí. Además, Nikitin intuye al final de la década de los cincuenta del siglo XX, en la mejor época de resultados del socialismo en Rusia, que esta ciencia serviría para instituir el socialismo en reemplazo del capitalismo, por lo que su libro era tomado como un manual de referencia de cómo implementar la economía desde la visión socialista alrededor del mundo. Pensando que era necesario replantear como una nueva ciencia a los postulados de Lenin y los conceptos marxistas-leninistas de Economía Política emanados del XXII congreso del Partido

Comunista de la Unión Soviética (PSCS). Nikitin manifiesta orgullosamente que «El marxismo-leninismo es la ciencia de las leyes que rigen el desarrollo de la sociedad, la ciencia de la evolución socialista y la dictadura del proletariado, la ciencia de la construcción de la sociedad socialista y comunista» (Nikitin, 1958/1997: 3).

Es decir, que Nikitin adapta la definición de la Economía Política a la ideología del socialismo y del comunismo en última instancia, aunque tampoco desarrolló principios y leyes netamente económicos, sino políticos como se puede apreciar, con lo que la Economía Política para Nikitin no era una herramienta para generar riqueza para repartirla luego, sino para repartir la ya existente y así hacer realidad el sueño socialista bajo la guía del Estado como generador de producción futura sin considerar al empresariado ni a la propiedad privada. He allí la razón del fracaso de la URSS y de su cambio junto con la China desde el socialismo al capitalismo en la última parte del siglo XX. Si al inicio era sustentable políticamente, no lo fue económicamente a lo largo de los años. Porque si el socialismo en la Unión Soviética pasó por momentos de crecimiento económico, fue a causa de sacrificar el campo a favor de la industria pesada, como lo decidió Stalin por varias décadas, haciendo uso de la fuerza. Algo que en el sistema liberal está prohibido y denunciado por los socialistas paradójicamente.

Como se puede notar de manera evidente, la economía de Nikitin guardaba diferencias diametrales con la de Smith. Mientras en la definición de Smith se expone los objetivos de la Economía Política para el beneficio del pueblo en abundante subsistencia y servicios públicos en lo económico, la de Nikitin, junto con sus principios socialistas, se enfoca en el objetivo de la dictadura del proletariado, como producto de la lucha generada por las relaciones económicas entre los hombres por la producción y distribución de los bienes materiales en lo político. Era la culminación de la lucha de clases con la victoria del socialismo. Mientras Smith propone la armonía de las relaciones como base económica de la que emanan los principios y leyes de la Economía Política, Nikitin insiste en la lucha de clases como factor del imperio de la dictadura del proletario, sin proponer principios económicos alternativos en el socialismo para generar riqueza y se queda en la crítica y destrucción del capitalismo al igual que Marx. Es por esto que finalmente Rusia debió optar por el capitalismo y desaparecer el marxismo-leninismo. La primera como ciencia y la segunda como una anti-ciencia por no tener leyes propias.

Indudablemente, esta controversia es un tema de alto interés para un estudioso del proceso del pensamiento económico y de la controversia entre las dos principales ideas del capitalismo y del socialismo, en la que se han enfrascado desde el siglo XVII a partir de la Revolución industrial y que propongo analizar a la luz de las nuevas revoluciones que en el siglo XX experimentó la humanidad en materia de conocimientos, tecnologías e información que nos plantean nuevos desafíos para el siglo XXI a fin de superar esta controversia en beneficio real de la sociedad entera.

Un estudio que se impone para este efecto es el largo peregrinar de los «ismos» que han llevado a las ideologías a convertirse en el principal obstáculo para ver la luz al final del túnel y salir de los obstáculos impuestos por el Egoísmo Político. Tema que requiere un escrito más extenso en un nuevo libro imposible de incluir en el presente.

Ahora bien, aparte de conocer la crítica política que Marx hace de la Economía Política, se hace necesario conocer de dónde nació ese pensamiento crítico. Para lo que me enfocaré en la filosofía que Marx estructuró a partir de los estudios que realizó en su juventud intelectual en que se adhiere al pensamiento de Hegel y posteriormente se une al pensamiento de Fuerbach, para terminar, haciendo críticas al pensamiento de ambos bajo su propia concepción de la filosofía en sus tesis redactadas en 1845, las que son conocidas por el mundo luego de fallecido Marx en 1883 al ser publicadas originalmente por Engel en 1888, como un apéndice a su propio libro *Ludwing Fuerbach y el fin de la filosofía alemana* con el título «Tesis sobre Fuerbach» y que posteriormente fueron publicadas de manera independiente en 1932 con el título *La ideología alemana*.

Friedrich Engels, siempre fiel a su protegido y amigo Marx, elogió las tesis filosóficas de este, calificándolas como «el primer documento en que se expone el núcleo genial de la nueva visión del mundo» (Antología de Karl Marx, 2015: 22).

Debo insistir en que, para estudiar las propuestas económicas de Marx en el Materialismo Histórico, es de suma importancia el conocimiento previo de la posición de su pensamiento filosófico en el Materialismo Dialéctico. Primero, para identificar algunas de sus contradicciones. Segundo, para tratar de entender por qué resultó imposible para sus seguidores tener éxito en su aplicación en los diversos «socialismos reales» durante el siglo XX hasta la caída del Muro de Berlín. Y tercero, para entender la posición de algunos de sus seguidores en el siglo XXI, que consideran a Marx como mal interpretado por los seguidores del siglo XX.

A continuación, hago un extracto de sus *Tesis sobre Fuerbach*, a quien primero siguió y luego criticó en las siguientes tesis que extraigo de su escrito:

> Tesis III: La teoría materialista de que los hombres son producto de las circunstancias y de la educación (…) olvida que son los hombres, precisamente, quienes hacen que cambien las circunstancias, y que el propio educador necesita ser educado (…). La coincidencia del cambio de las circunstancias y de la actividad humana sólo puede concebirse y entenderse racionalmente como *práctica revolucionaria*.

Tesis VI: Fuerbach diluye la esencia religiosa en la esencia *humana*. Pero la esencia humana no es algo abstracto inherente a cada individuo. Es, en su realidad, el conjunto de las relaciones sociales (…).

Tesis VII: Fuerbach no ve, por tanto, que el «sentimiento religioso» es también un *producto social* y que el individuo abstracto que él analiza pertenece, en realidad, a determinada forma de sociedad.

Tesis VIII: La vida social es, en esencia, *práctica*. Todos los misterios que desvían la teoría hacia el misticismo encuentran solución racional en la práctica humana y en la comprensión de esa práctica.

Tesis XI: «Los filósofos no han hecho más que *interpretar* de diversos modos el mundo, pero de lo que se trata es de transformarlo» (Antología de Karl Marx, 2015: 108-109).

Marx, a la vez que reprocha finalmente la filosofía de Fuerbach y de los seguidores de Hegel, dice que «es su incapacidad de exceder el conocimiento especulativo, de comprender que es en la práctica revolucionaria del proletariado que sintetizan conocimiento y acción, teoría y práctica, sujeto y objeto» (Tarcus, 2015: 23). Es decir, que su filosofía da un giro cuando descubre la necesidad de transformación del sistema socioeconómico imperante de la época, que él considera de explotación por las evidencias que constata. Así, confía en que «El proletariado es objeto, producto de la historia humana, pero capaz de devenir sujeto, actor revolucionario de la historia. Su propia emancipación supone la emancipación humana» (2015: 23).

Es decir, que en otras palabras la filosofía de Marx concibe en el Materialismo Dialéctico que los individuos proletarios son capaces de cambiar las circunstancias en una práctica revolucionaria, porque su esencia humana no es espiritual, sino el conjunto de las relaciones sociales y que siendo el «sentimiento religioso» un *producto social*, la vida social es en esencia *prác-*

tica por lo que los filósofos no han hecho más que *interpretar* el mundo, mientras la filosofía de Marx deberá transformarlo. Pensamiento que da pie precisamente al Materialismo Histórico y su doctrina de la economía, que Marx y algunos de sus seguidores la presentaron como ciencia.

Como vemos, la supuesta economía de Marx adquiere así una esencia netamente materialista y de relaciones sociales en base a su filosofía personal que se funde en *El capital: la crítica a la economía política.* Por lo que Guerrero dice que: «en esencia, la *filosofía* de Marx y su *economía* son una misma cosa (y ambas son, como veremos, su *teoría del valor*). Si se quiere, la primera es el punto de partida de la segunda (…)» (2008: 13). Más adelante, Guerrero al referirse que la sociedad capitalista es una en que *todo* se ha convertido en mercancía, dice que:

> «Esta idea de Marx es primero una "ontología de la sociedad moderna", en efecto; una *metafísica* realista y verdadera: "buena" metafísica, por cierto; pero de alguien que es a la vez moralista y científico, más concretamente: cuya filosofía es al mismo tiempo la base moral de su labor científica» (2008: 13).

Respecto a la metafísica, como podemos ver, la teoría económica marxista en los tiempos actuales, según Guerrero, se fundamenta en una metafísica de Marx considerada como «buena», realista y verdadera para explicar la realidad desde una «ontología de la sociedad moderna», pero recordemos que la metafísica trata de las realidades que no se pueden explicar por la experiencia o por los sentidos, mientras la filosofía de Marx, como hemos visto, en su tesis filosófica VIII sostiene que «La vida social es, en esencia, práctica» y que «Todos los misterios que desvían la teoría hacia el misticismo encuentran solución racional en la práctica humana y en la comprensión de esa práctica» (Antología de Karl Marx, 2015: 109). Aparte de esto, Guerrero le da al marxismo un tinte de moralismo a la ciencia de Marx. Quizá esto explique lo que Tarcus (2015) dice que luego del derrumbe de los «socialismos reales» del siglo XX y la caída del Muro de Berlín, Marx volvió a emerger desde los escombros, pero no el mismo Marx de las experiencias políticas y los sistemas ideológicos del siglo XX, sino un Marx liberado de ese peso:

> Podemos añadir que el Marx del siglo XXI es un Marx liberado de la pesada hipoteca del siglo pasado, cuando se lo consideraba el responsable intelectual de los comunismos reales del siglo XX. El desprestigio de estos «ismos» nacidos en el siglo pasado, la desaparición de los centros de codificación y edición del «marxismo» (Moscú o Pekín), el descrédito de los manuales de «marxismo-leninismo» y de las interpretaciones canónicas que culminaban en el triunfo inexorable del comunismo, con sus líderes infalibles y sus Estados guía, arrastraron en un primer momento a Marx y su obra. Sin embargo, Marx volvió a emerger de entre escombros del Muro de Berlín. No el mismo Marx, claro, sino el Marx del siglo XXI (…): un Marx más secularizado, menos sujetado a las experiencias políticas y los sistemas ideológicos del Siglo XX (2015: 7).

¿Esperan estos autores que el marxismo sea menos totalitario y menos violento en el siglo XXI? ¿Proponen un marxismo democrático? Si es así, ¿no es similar al liberalismo económico y a la «mano invisible» basados en la moral como Smith proponía para su efectiva realización, o a la Economía Política que Marx criticó?

Como quiera que sea, uno podría preguntarse, entonces, ¿por qué el marxismo nunca ha podido concretar su doctrina en ningún país para lograr el bien común, incluso en Rusia y China que debieron adoptar el capitalismo? ¿Por qué el socialismo del siglo XXI en países como Argentina, Brasil, Venezuela y otros países latinoamericanos no ha funcionado, ni siquiera a través de medios semidemocráticos? ¿Será acaso imposible aplicar una ciencia como el marxismo, así promovida por Marx y sus seguidores más acérrimos, porque realmente no es una ciencia? Dicho esto, con el respeto que merece Marx por sus escritos profundos en los aspectos sociales y políticos, debemos concluir que sus escritos carecían de principios económicos propios que fueran una alternativa a la doctrina del liberalismo económico, con todas sus virtudes y debilidades.

A manera de resumen del conflicto fundamental entre el capitalismo y el socialismo en lo científico

El objetivo de todas las ciencias es mejorar la vida de los humanos con el uso de sus principios y leyes. A este respecto, me parece intelectualmente honesto que se coincida que la ciencia Economía Política iniciada con los aportes de Adam Smith, David Ricardo y John Stuart Mill tiene múltiples principios y leyes que buscan generar riqueza y distribuirla entre los ciudadanos. Tanto como a lo largo de la historia ha ido mejorando el nivel de vida de los humanos, con los aportes de otros economistas hasta llegar a Ludwig Von Mises y Frederich A. Hayek en el siglo XX.

También es honesto recordar que Marx, antes de publicar *El Capital* en 1867 para criticar a la Economía Política, había escrito numerosas obras, algunas como autor único y otras en coautoría de Engels, que demostraban una aparente consistencia filosófica, política y económica, tales como *Crítica de la filosofía del derecho de Hegel* en 1844; *La Sagrada Familia* en 1845; *El Manifiesto del Partido Comunista* en 1848 y *El Dieciocho Brumario de Luis Bonaparte* en 1852.

Sin embargo, siempre debemos tener presente que toda ciencia requiere que, partiendo de observaciones de fenómenos, se establezcan las hipótesis para ser probadas o experimentadas antes de convertirse en tesis y en leyes. Esto lo conocemos como el método científico que la comunidad científica sigue como el proceso para dar respuesta a sus interrogantes.

Marx, para proponer el Materialismo Histórico en el marxismo como ciencia alternativa, observó el comportamiento de los empresarios que aplicaban los principios de la Economía Política en la industria, pero irrespetaban la orientación moral de Smith. Pero Marx no contribuyó a corregir esas debilidades empresariales, de eso se encargarían los científicos de la administración, sino que al contrario propuso destruirla y crear políticamente una nueva relación de producción. Así, partió de esas realidades de mediados del siglo XIX para organizar su crítica y establecer su propia filosofía y política, pero no planteó hipótesis económicas independientes y alternativas a las capitalistas, por lo que no pudo completar su trabajo supuestamente científico. Según el *Oxford English Dictionary*, el método científico es: «un método o procedimiento que ha caracterizado a la ciencia desde el siglo XVII, que consiste en la observación sistemática, medición, experimentación, la formulación, análisis y modificación de las hipótesis».

Incluso para discutir las ideas en busca de la verdad, bajo el método socrático sabemos que a toda tesis se le antepone una antítesis y de su confrontación surge una síntesis que se convierte en la nueva tesis. Asimismo, a la ciencia Economía Política, como tesis del liberalismo económico, Marx le opuso su tesis del Materialismo Histórico como ciencia opuesta de la cual debió surgir una nueva síntesis convertida en ciencia. Muchos de los seguidores de Marx así han considerado al marxismo como ciencia. Pero desde una visión práctica y real, como el mismo Marx proponía, el marxismo no termina de ser una ciencia, sino una oposición o crítica política a la economía liberal, porque no propone una alternativa científica para su aplicación como teoría económica. Políticamente, el marxismo es fuerte y fácil de asimilar, por intelectuales y por la masa, pero no incursiona en sus propios principios económicos, sino en los del capitalismo.

No obstante, a partir del lanzamiento de *El capital*, los teóricos marxistas y liberales han discutido las teorías y visiones de cuál es la mejor fórmula para la aplicación de los principios económicos, para hacer realidad la solución a los problemas que en lo social se derivan de una economía que no logra resolver todos los problemas ni es aplicada adecuadamente en todos los países del mundo. Pero más lo han hecho desde una visión política que realmente económica.

Entre ambas posiciones, si bien es cierto que el progreso de los pueblos no es posible cuando la desigualdad social y productiva es excesiva como producto de malas leyes o hereditaria a favor de unos pocos, tampoco es posible cuando la igualdad es impuesta.

Respecto a la superación del capitalismo por el socialismo y comunismo, Marx lo ve como resultado de su análisis de la tendencia hacia la pauperización. Marx considera la superación del capitalismo como una necesidad para la sobrevivencia de la humanidad. Dado que el mercado capitalista destruye la propia vida humana y la de la naturaleza, la humanidad, si quiere sobrevivir, forzosamente tiene que superarlo. Para Marx, y para los movimientos socialistas que se basan en su pensamiento, eso es obvio.

Según Marx y sus seguidores, el ser humano sería un hombre nuevo en cuanto el socialismo lograra abolir el mercado, sustituyéndolo por alguna «asociación de hombres libres». Marx lo pensó a través, primero, de un desarrollo capitalista máximo y para cuando este llegara a su punto superior derivara hacia el socialismo. Posiblemente, jamás sea posible en países extremadamente pobres como era la Rusia de principios del siglo XX, pero Lenin y luego Stalin, pensaron que podían dar el salto directamente desde una Rusia zarista pobre a una Rusia socialista.

Lo que lograron fue una idealización del nuevo sistema impuesto a punta de violencia y al consolidarse en el poder, una utopía permanente hasta que colapsó. Fundamentalmente porque si la crítica al capital es la utopía del altruismo del capitalista, el socialismo soviético terminó siendo una utopía de mercado comunista sin mercancías o por lo menos escasa. Si el mercado no es espontáneo, según la visión socialista, la economía centralizada comunista, que rechaza la evolución no racional del comercio, el socialismo lo abolió de manera voluntaria por sus caudillos sin consultarle al pueblo. Si el capitalismo es acusado de homogeneizar a los individuos y alienarlos en la sociedad liberal mediante el afán de lucro y el consumismo, el socialismo lo logró sin contar siquiera con la aceptación popular de la planificación centralizada.

Lo que Marx planteó teóricamente fue estructurar una sociedad organizada y unida para tomar el poder y desde allí cambiar la sociedad, sin caer en cuenta que en el fondo estaba proponiendo una centralización del poder en pocas manos que debían conducir a los proletarios del mundo. Pero Marx y Engels lo pensaron como algo emotivo y reivindicativo en la arenga final del *Manifiesto Comunista*:

> Los comunistas repudian el ocultamiento de sus puntos de vista y de sus intenciones. Declaran francamente que sus objetivos sólo podrán alcanzarse mediante la subversión violenta de cualquier orden social preexistente. Las clases dominantes pueden temblar ante una revolución comunista. Los proletarios no tienen nada que perder en ella más que sus cadenas. Tienen un mundo que ganar.
>
> ¡Proletarios de todos los países, uníos! (1998: 84).

Aparentemente, Marx y Engels solo pensaron en la revolución y la toma del poder, pero no previeron la necesidad de organizar adecuadamente una administración eficiente y tener éxito organizando «objetivamente» miles o millones de voluntades. Porque no existe otra alternativa administrativamente hablando, ya que de lo contrario o es un caos o una anarquía o un caudillismo como finalmente sucedió desde antes de la Primera Guerra Mundial. Sin alternativa, la tal democracia socialista como concepción de la sociedad socialista solo puede medio organizarse con la idea de una planificación central. Esto ya es muy claro en Engels como encargado de llevar a la práctica la orientación de su amigo Marx ya fallecido a fines del siglo XIX, y más evidente aún en Lenin y luego en Stalin en la Unión de Repúblicas Socialistas. La sociedad socialista se identifica con una economía centralmente planificada. Esto conduce a la división del movimiento socialista entre la corriente socialdemócrata de orientación «reformista», y la corriente comunista de orientación revolucionaria en la misma Rusia.

El capitalismo se vio fortalecido por el rápido colapso del comunismo, que se consumó en el año 1989 con la caída del Muro de Berlín. La industrialización exitosa de la URSS había sido una industrialización que pugnaba por no quedarse rezagada de los avances industriales de los países capitalistas. Sin embargo, por la falta de previsión y planificación abierta, a partir de los años setenta bajan sus tasas de crecimiento, hasta llegar en el decenio de los ochenta a una situación de paralización económica muy seria. La planificación centralizada no fue capaz de adaptarse a los cambios. Los países socialistas debieron improvisar una política de desarrollo a partir de un subdesarrollo estructural de la planificación central.

Posteriormente, con la apertura iniciada por Mijaíl Gorbachov, se ha podido llegar a la verdad y corroborar lo que se denunciaba desde los países capitalistas. En la URSS había sido el pleno empleo con sueldos de miseria la que había llevado a la necesidad de ocupar más mano de obra barata de la que, según un criterio capitalista, se requería. Otra vez lo denunciado contra el capitalismo era ejercido por el socialismo. Tal como en pleno siglo XXI continúa sucediendo en China, a pesar de su explicación de que se compensan los salarios bajos con los servicios gratuitos que el Estado les brinda a sus ciudadanos. Pero lo cierto es que, en la Unión Soviética, el resultado fue más bien una paralización del crecimiento económico y la incapacidad de seguir el paso de la revolución tecnológica que ocurría en el Occidente, porque se intentó mantener en el socialismo económico. Esto mostraba que la presión hacia la exclusión de grandes partes de la población se daba también allí. Al no aceptar tal exclusión, se sofocaba la dinámica económica.

Lo que no quiere decir que el capitalismo, luego de la caída del Muro de Berlín en 1989 haya cubierto esas necesidades en los países que incursionaron en la democracia luego de varias décadas de frustraciones totalitarias. El camino por recorrer hasta actualizarse en lo político y económico es todavía largo, a pesar de los cambios que ya avizoran un futuro mejor. La crisis del socialismo no es suficiente argumento para aprender a vivir en democracia y en un sistema de capitalismo económico.

5. La riqueza, según el capitalismo y el socialismo

En este apartado paso a revisar los conceptos de riqueza de una manera más profunda, como piedra de toque entre la concepción de la relación entre las fuerzas productivas en el capitalismo y en la crítica que el socialismo hace de este.

Debo aclarar que para escribir sobre estos temas en una forma que satisfaga la expectativa de los intelectuales sería necesario extendernos no en un apartado, sino en una obra de por sí extensa. Por otro lado, ya existen múltiples escritos sobre los mismos temas desde la visión económica liberal como desde la comunista. En este apartado intentaré hacer un resumen de lo más destacado de ambas posiciones, buscando establecer lo que considero básico para explicar el Egoísmo Político de los Estados totalitarios de izquierda que intentaron establecer la economía de Estado, incluso el capitalismo de Estado como salida a la falta de una Economía Política propia. Pero también dejaré establecido los principios económicos del liberalismo en la Economía Política, que desde Smith trata sobre la generación de riqueza y de su distribución, pero que en determinados lugares y tiempos no ha sido aplicado como se esperaba, sino para enriquecer solo a las élites aliadas a los gobernantes en perjuicio de grandes mayorías, remarcando que esto no es responsabilidad de la Economía Política, como el qué, sino de quién y de cómo se la ha utilizado. Muy similar a lo que he sostenido sobre la democracia.

Además, siempre conviene tener presente lo que he manifestado en los apartados precedentes, en el sentido de que es el capitalismo a través de la ciencia conocida como Economía Política la que posee las leyes de la generación de riqueza. Tanto desde sus inicios con el pensamiento de Adam Smith como en su evolución permanente hasta nuestros días, así como la crítica que el marxismo hace de la Economía Política con Marx y Engels a la cabeza.

Asimismo, es necesario anotar que existen interminables formas de explicar la controversia sobre la riqueza que el marxismo le ha planteado a la Economía Política, por lo que no optaré por la forma tradicional de hacerla, sino desde una óptica filosófica primero, para luego pasar a resumir las leyes más destacadas de Smith sobre la ciencia económica de generación de riqueza. Posteriormente, revisaré el razonamiento de Marx.

Considero que a pesar de que Marx no haya creado una nueva ciencia económica socialista para reemplazar a la Economía Política generada y desarrollada en el sistema capitalista, sí debemos considerar sus cuestionamientos como forma de perfeccionar la aplicación de los principios de la economía liberal con un mayor desprendimiento intelectual, político y económico de todos los sectores involucrados.

Algo más que debemos considerar es que Marx hace la crítica a la Economía Política partiendo de los principios de la economía clásica de Adam Smith, pero sus seguidores se empecinaron más con la respuesta que tuvieron los economistas neoclásicos, quienes en defensa del capitalismo incursionaron en soluciones que terminaron siendo estatistas o del Estado intervencionista que a la larga es otra forma de totalitarismo. Ante esto los marxistas del siglo XX, sobre todo, insistieron en sus errores intervencionistas, no para refutar los principios de la economía clásica basada en el ser humano, sino en la economía neoclásica basada en las estadísticas y otras formas macroeconómicas, como veremos más adelante.

Si la justicia social no se ha logrado con el socialismo, es hora de que el capitalismo sea apoyado por una ética y moral que permita mejorar ese mundo que todos queremos volviendo la mirada a la «acción humana» propuesta por Ludwig von Mises.

Aclarado esto, pasamos a revisar los conceptos que más han creado la polarización entre capitalismo y comunismo.

La riqueza necesaria para el bien vivir

Siempre hemos escuchado que la felicidad no depende de la riqueza que se posea, pero que tener dinero sí ayuda a encontrarla. También se ha dicho que el dinero no lo es todo y que lo sustancial de la vida está en el interior de cada uno, como también sabemos que la riqueza debe ser esclava del individuo y jamás este debe perder su dignidad por poseerla. Sin embargo, las historias cotidianas dicen lo contrario en algunos casos y en la política es el tema permanente, desde la visión que tenemos de los políticos que llegan a ella para enriquecerse, como a partir de las decisiones que toman en beneficio de la felicidad de los ciudadanos que para lograr el «bien vivir» quiéranlo o no necesitan riqueza.

En las definiciones de la política, comunidad y justicia, hemos revisado el pensamiento de Aristóteles sobre el fin último del ser humano y de su comunidad que consiste en la *eudaimonia* o «bien vivir». Debido a este fin, la comunidad es constituida para que los humanos puedan satisfacer recíprocamente sus necesidades.

También vimos que Aristóteles introduce el término griego *autarkeia* o riqueza como condición para el «bien vivir». Para él la ciudad debe ser autosuficiente o *autarkês* en su riqueza, sabiendo que también es limitada por lo que cada uno debe tener lo suficiente para vivir, pero no más que acumule demasiado y deje a otros sin riqueza. De allí la justicia, como la máxima virtud. Aristóteles habló de la crematística como el afán de adquirir dinero, a lo que consideró antinatural y no virtuoso.

Y ¿de dónde procede esa virtud? Aristóteles dice: «De lo dicho se deduce forzosamente que unos elementos deben darse, y otros, procurarlos el legislador. (...). La *polis*, en cambio, es virtuosa no por obra del azar sino del conocimiento y de la decisión» (2000: 322). Donde se ratifica que los elementos de la virtud deben darse simplemente y otros procurarse mediante las leyes, pero creo que más peso tiene la voluntad humana que radica en la propia decisión personal de cada individuo, sin ninguna imposición, sino por voluntad, a lo que me he referido como desprendimiento político de los verdaderos líderes por naturaleza, por los hábitos adquiridos y por su propia razón:

Ahora bien, virtuosa es la polis en donde son virtuosos los ciudadanos que participan en la politeia. Y en nuestro caso, todos los ciudadanos participan en ella. Por eso hay que investigar cómo un hombre se hace virtuoso. Porque aun suponiendo que todos los ciudadanos fueren virtuosos en conjunto, pero no individualmente, es preferible esto último: ya que a todos acompaña la bondad de cada uno.

Buenos y virtuosos se hacen los hombres por tres causas. Estas tres son: naturaleza, hábitos y razón (2000: 122).

Con este antecedente, más adelante en el libro VII de *La Política* Aristóteles comienza diciendo: «Quien se proponga investigar en forma adecuada cuál es la mejor *politeia,* debe primero determinar qué clase de vida es la más deseable» (2000: 291), para luego detallar cómo se perfila una *politeia* que asegure la felicidad de todos los habitantes de la *polis*, como la mejor forma de gobierno por ser el de muchos para el bien de todos. Condición imposible de alcanzar humanamente por la tendencia al vicio del Egoísmo Político y no a la virtud, según lo sostenido en mi tesis, aun en la forma de democracia ante el irrespeto a la constitución y a las leyes por falta de cultura ciudadana.

En su descripción de la *politeia* ideal a lo largo del capítulo VII, Aristóteles detalla que todo está enmarcado en la virtud para alcanzar en la *polis* la educación, vivienda, propiedad privada, gobierno, etc., como las necesidades del «bien vivir». Casi una utopía de todos los tiempos. Y para mayor preocupación, Aristóteles nos dice que los virtuosos para ser felices deben tener control sobre las riquezas exteriores para dominarlas y no sucumbir bajo su influjo al punto de ser desconfiados y traicioneros de sus amigos como lo son los no virtuosos. La riqueza exterior no preserva la virtud, como esta sí lo hace con la riqueza. Para explicar más claramente, Aristóteles divide en tres clases los bienes que proveen felicidad: los exteriores, los del cuerpo y los del alma, en las siguientes expresiones:

Nadie ciertamente dudaría que hay una sola división de bienes, en tres clases: a saber, los exteriores, los del cuerpo y los del alma; todos los cuales han de poseer los hombres felices. Porque nadie consideraría feliz a quien no tenga una partecita siquiera de virilidad, de sofrosine, de justicia, de prudencia, sino que, por una parte, tiene miedo hasta de las moscas que revuelan a su alrededor, y por otra, no se abstiene de ningún delito si le da por comer y beber, y por un cuadrante arruina a los amigos más queridos, y de entendimiento es a la vez insensato y engañable como un niño o un loco.

Pero por más que todos parezcan estar de acuerdo con lo dicho, difieren en el cómo y en la superioridad de tal o cual bien. Unos creen que basta poseer suficiente virtud, más tratándose de riqueza y posesiones y poderío y reputación y bienes semejantes, buscan el exceso sin límites. Nosotros, empero, les replicamos que es fácil llegar a convencerse de esas cosas a la luz de los hechos, al ver que no se adquieren y preservan las virtudes por medio de los bienes exteriores, sino éstos por medio de aquéllas, y que vivir dichosamente, ya consta para los hombres en el placer, ya en la virtud, ya en ambas; que se dan más en quienes han cultivado sobremanera el carácter y la inteligencia, aunque estén moderadamente provistos de bienes exteriores, que en quienes los poseen más de lo necesario, por son deficientes en aquellas. Bien fácil es comprenderlo para quien observe en la teoría (2000: 291-292).

Luego de este texto, Aristóteles más adelante concluye que si bien es necesaria la fortuna, para una *politeia*, como gobierno de muchos para el «bien vivir» de todos es necesaria la virtud, no como contrato social, o Estado de derecho o convención de la comunidad o como algo externo simplemente, como es en la actualidad para que la democracia sea similar a la *politeia*, sino como un absoluto. ¿A qué se refiere con la virtud como un absoluto? Veamos:

Pues bien, es evidente que todo el mundo aspira a vivir bien y con felicidad, sólo que para algunos es posible lograrlo, para otros no, bien sea por una casualidad, bien sea por defecto de la naturaleza (pues el vivir bien exige ciertos bienes de fortuna, en menor grado a los mejor favorecidos, en mayor a los peor provistos). Y los hay quienes no buscan la felicidad con rectitud, teniendo la posibilidad. Más nuestro propósito es examinar la *politeia* ideal, aquella bajo la cual sería mejor gobernada una polis. Ahora bien, la polis mejor gobernada es aquella bajo la cual hay mayor oportunidad de obtener felicidad. Es obvio, pues, que debemos dejar claro qué es felicidad.

Hemos dicho (y definido en la Ética, si tienen algún valor aquellos argumentos) que felicidad es el ejercicio y práctica perfecta de la virtud, y ésta no por convención, sino en absoluto. Llamo convención lo que es indispensable para un fin, absoluto lo bueno en sí, por ejemplo, las acciones justas (2000: 321).

Y más sobre la virtud:

Las correcciones y castigos justos nacen de la virtud, pero son indispensables, y son nobles por ser necesarios (sería preferible que nada de esto necesitara ni el individuo ni la polis); las acciones, empero, cuyo fin es producir honores y prosperidad son en absoluto las más nobles. Las primeras son remoción de un mal; las demás, lo contrario, es decir, la fundación y producción de bienes.

El varón diligente saca el mejor partido de la pobreza, de la enfermedad y demás infortunios; pero la felicidad está en los contrarios (lo hemos definido en el tratado de Ética, a saber, aquella persona es buena para quien, por ser virtuosa, lo bueno es bueno en absoluto, y es obvio que el empleo que de él haga es necesariamente bueno y noble en absoluto). Lo cual hace que los hombres crean que los bienes exteriores son causa de la felicidad, como si el brillo y la interpretación del tañer de la citara debiera atribuirse a la lira más que al arte del músico. (2000: 322-323).

Como conclusión aristotélica, entonces, tenemos que es la virtud el factor preponderante para que la comunidad tenga felicidad, porque incluso la riqueza exterior es generada por la virtud. Pero lo clave es que solo la virtud da felicidad aún en la misma pobreza, en la enfermedad y en los infortunios.

A partir de las conclusiones de Aristóteles sobre la riqueza y la felicidad, nos queda investigar cómo se ha producido la relación entre las personas que conforman una comunidad y por qué no se ha logrado que todos puedan participar de ese «bien vivir». Creo que por lo escrito más arriba sobre el capitalismo y el marxismo sabemos cómo se genera riqueza de acuerdo a la Economía Política que nace en base a los principios y leyes de Adam Smith que fueron perfeccionadas con el tiempo por parte de sus seguidores y críticos, como también hemos dejado establecido que el marxismo no propuso una alternativa de solución a los problemas de la mala aplicación del capitalismo por parte de algunas élites que acumularon riquezas a costa de la explotación, sino la destrucción de la economía de mercado y la imposición de la dictadura del proletariado. Por mi parte, he sostenido que la Economía Política liberal es la única que ha propuesto principios y leyes científicas para la generación y distribución de riqueza a diferencia del marxismo que no ha propuesto científicamente la forma de producir y distribuir riqueza, y solo se ha quedado en la crítica de la Economía Política liberal. Con lo que concluía que no es el capitalismo en sí la causa, sino el quién y el cómo se utilizan sus principios.

Ahora es necesario entrar en el tema de la plusvalía y la teoría del valor, no para mantener la polémica capitalismo-comunismo, pero sí con el afán de redondear los planteamientos aquí expuestos, e introducir las diferentes visiones antagónicas como piedra de toque a resolver.

6. La riqueza y la teoría del valor de Adam Smith

Rodríguez (2015) en su libro *La Riqueza Historia de una Idea* hace un recorrido histórico muy interesante y a mi parecer sin apasionarse y sin dogmatismo desde su visión marxista al pensamiento de Aristóteles, santo Tomás de Aquino, Smith y Marx sobre la riqueza y del trabajo como su generador.

En sus conclusiones, Rodríguez dice:

> Hemos recorrido con estos cinco autores una vertiente del pensamiento sobre la riqueza. El hilo conductor es una idea que aparece por primera vez en Aristóteles y alcanza su expresión definitiva en Marx: con las relaciones monetarias de la riqueza se escinde en dos dimensiones independientes, el objeto de uso y el objeto de intercambio (2015: 215).

Mi idea no es discutir si la expresión de Marx sobre la riqueza es la expresión definitiva o no, sino destacar que el marxismo considera tener el culmen de este concepto que ha sido la piedra de toque en que se han enfrentado las diferentes tendencias ideológicas. Por esto, para introducir la necesidad de superar la controversia capitalismo-marxismo, comenzaré revisando lo que Smith compartió con todos los países en 1776 al publicar su libro *La Riqueza de las Naciones* en el que partía de las investigaciones de un mundo nuevo en donde la industria había desplazado a la agricultura como la generadora de riqueza y sus descubrimientos no tenían antecedentes, por lo tanto.

Smith desde el inicio de su libro ya deja establecido que «El mayor progreso de la capacidad productiva del trabajo, y la mayor parte de la habilidad, destreza y juicio con que ha sido dirigido o aplicado, parecen haber sido los efectos de la división del trabajo» (2014: 33). Luego dice que «Esta división del trabajo, de la que se derivan tantos beneficios, no es el efecto de ninguna sabiduría humana, que prevea y procure la riqueza general que dicha división ocasiona» (2014: 44); con lo que introduce la espontaneidad del comportamiento de las personas en el mercado. Y complementa la idea diciendo que no es la sabiduría humana la que genera la división del trabajo, sino que «Es la consecuencia necesaria, aunque muy lenta y gradual, de una cierta propensión de la naturaleza humana, que no persigue tan vastos beneficios; es la propensión a trocar, permutar y cambiar una cosa por otra» (2014: 44).

Es evidente que Smith afirma de acuerdo a sus investigaciones que el trabajo dividido en especializaciones es el «fondo» del que brotan las riquezas de las naciones por su mayor productividad, donde las demás actividades pasarían a ser la «forma» en el desarrollo y crecimiento de la riqueza. Smith claramente afirma que la principal causa de la productividad es «la división del trabajo», y para demostrarlo pone como ejemplo la producción de alfileres de una persona que trabajando sola en su propio taller no podría lograr más de un alfiler diario y aún con su máximo esfuerzo no podría hacer veinte alfileres al día. Pero esa misma persona si trabajara en un taller como parte de un equipo conformado por diez personas y si cada uno se especializara en una tarea de manufactura del alfiler, juntos podrían lograr hasta cuarenta y ocho mil alfileres diarios; es decir, la cantidad de cuatro mil ochocientos cada uno en un turno de trabajo, con lo que se obtiene un incremento de producción que nace y va creciendo de manera paulatina y natural por la necesidad humana de «trocar, permutar y cambiar una cosa por otra» para lograr su propia subsistencia. Según Smith, esta tendencia no es forzada, sino voluntaria por propia iniciativa.

Smith también descubrió que la división del trabajo genera la productividad del trabajo por la «habilidad, destreza y juicio con que ha sido dirigido o aplicado», como una frase fundamental que explica el desarrollo sostenido de la administración moderna del trabajo, para lograr la motivación necesaria y toda una estructura orientada a la productividad. Siendo esa una de las claves por las cuales el sistema del liberalismo económico ha tenido éxito en la generación de riqueza; y por qué el marxismo no lo ha logrado.

Nótese que es el primer descubrimiento que Smith comparte con otras naciones, al destacar el éxito que acarrea hacer una tarea en equipo, en colaboración entre los obreros que comparten sus vidas en «algunas manufacturas concretas». A partir de lo cual, pasa a compartir su visión productiva con el emblemático ejemplo de la pequeña fábrica de alfileres que sirve desde ya para exponer la diferencia de visión y apreciación que luego tuvo Marx respecto a los aportes de Smith: mientras este evidenciaba la productividad del tiempo, insumos y mano de obra especializada en tareas específicas de cada miembro del equipo humano, Marx lo veía como explotación del proletariado por parte del burgués propietario del capital que proveía de los medios de producción y se aprovechaba de esa productividad generada por el trabajo en equipo, como lo veremos más adelante en su apartado correspondiente. Al momento nos concentraremos en la decisión administrativa que obtiene mayor rendimiento de producción con los mismos recursos que otras formas de trabajar.

Porque me parece necesario tener como referencia el ejemplo del taller de alfileres del cual Smith tomó nota para sacar las conclusiones sobre los beneficios de la división del trabajo y sus efectos, a continuación, transcribo íntegramente el texto:

Consideremos por ello como ejemplo una manufactura de pequeña entidad, una en que la división del trabajo ha sido muy a menudo reconocida: la fabricación de alfileres. Un trabajador no preparado para esta actividad (que la división del trabajo ha convertido en un quehacer específico), no familiarizado con el uso de la maquinaria empleada en ella (cuya invención probablemente derive de la misma división del trabajo), podrá quizás, con su máximo esfuerzo hacer un alfiler en un día, aunque ciertamente no podrá hacer veinte. Pero en la forma en que esta actividad es llevada a cabo actualmente no es sólo un oficio particular, sino que ha sido dividido en un número de ramas, cada una de las cuales es por sí misma un oficio particular. Un hombre estira el alambre, otro lo endereza, un tercero lo corta, un cuarto lo afila, un quinto lo lima en un extremo para colocar la cabeza; el hacer la cabeza requiere dos o tres operaciones distintas; el colocarla es una tarea especial y otra el esmaltar los alfileres; hasta el empaquetarlos es por sí mismo un oficio; y así la producción de un alfiler se divide en hasta dieciocho operaciones diferentes, que en algunas fábricas llegan a ser ejecutadas por manos distintas, aunque en otras una misma persona pueda ejecutar dos o tres de ellas. He visto una pequeña fábrica de este tipo en la que sólo había diez hombres trabajando, y en la que consiguientemente algunos de ellos tenían a su cargo dos o tres operaciones. Y aunque eran muy pobres y carecían por tanto de la maquinaria adecuada, si se esforzaban podían llegar a fabricar entre todos, unas doce libras de alfileres por día. En una libra hay más de cuatro mil alfileres de tamaño medio. Esas diez personas, entonces, podían fabricar conjuntamente más de cuarenta y ocho mil alfileres en un solo día, con lo que puede decirse que cada persona, como responsable de la décima parte de los cuarenta y ocho mil alfileres, fabricaba cuatro mil ochocientos alfileres diarios. Ahora bien, si todos hubieran trabajado independientemente y por separado, y si ninguno estuviese entrenado para este trabajo concreto es imposible que cada uno fuese capaz de fabricar veinte alfileres por día, y quizás no hubiesen podido fabricar ni uno; es decir, ni las doscientas cuarentavas partes, y quizás ni siquiera la cuatro mil ochocientava parte de lo que son capaces de hacer como consecuencia de una adecuada división y organización de sus diferentes operaciones (2014: 34-35).

Con estas observaciones, Smith descubrió que un número determinado de personas puede obtener mayor productividad que si trabajaran cada uno por separado, como consecuencia de la división del trabajo y debido a tres razones: la destreza del trabajador, el ahorro del tiempo y la invención de maquinaria para facilitar y abreviar la labor del trabajador.

Este gran incremento en la labor que un mismo número de personas puede realizar como consecuencia de la división del trabajo se debe a tres circunstancias diferentes; primero, al aumento en la destreza de todo trabajador individual; segundo, al ahorro del tiempo que normalmente pierde al pasar de un tipo de tarea a otros; y tercero, a la invención de un gran número de máquinas que facilitan y abrevian la labor, y permiten que un hombre haga el trabajo de muchos (Smith, 2014: 37).

A partir del aporte de Smith, el estadounidense Frederick Winslow Taylor (1856-1915) revoluciona la productividad de las plantas industriales, al punto de ser considerado el padre de la administración científica. Taylor, como ingeniero mecánico y economista, desarrolló varios principios administrativos que perfeccionan el trabajo en equipo de la industria para organizar el trabajo y no dejar la productividad al arbitrio de los trabajadores. Además, incorpora otras técnicas para evitar entre otros beneficios la fatiga de un trabajo repetitivo y que en parte era uno de los cuestionamientos que se hacían desde sus detractores.

Con estos pensamientos iniciales, Smith de manera inadvertida ya deja establecida las grandes diferencias con el marxismo desde casi un siglo antes. En una etapa en la que ni siquiera se imaginaba que décadas después apareciera una idea de sistema diferente que proscribía a segundo plano la división del trabajo y al comercio, al valorizarlos como factores de explotación del trabajo del obrero y no como impulsores del desarrollo. Smith incluso no atribuye estas innovaciones una decisión planificada de enriquecimiento al no ser efecto de la sabiduría humana, sino de una propensión de la naturaleza humana al intercambio de mercancías.

Como producto de esa generación industrial de mercancía de toda especie se requería superar la imposibilidad del trueque entre productos distintos para lo que se inventó la moneda como solución, para lo que se acuñó metales y se creó el dinero como factor de intercambio, entre otras de sus funciones. Dice Smith al respecto: «Ha sido de esta manera, entonces, cómo el dinero se ha convertido en todas las naciones civilizadas en el medio universal del comercio, por intervención del cual los bienes de todo tipo son comprados, vendidos e intercambiados» (Smith, 2014: 61). Si posteriormente el ahorro de quienes podían tener ingresos superiores a sus necesidades de subsistencia produjo la acumulación de dinero, no fue esa la intención original de convertir las mercancías en dinero y este en capital, como lo vio Marx en 1867, sino por la necesidad de incrementar la inversión a fin de producir más y atender las necesidades crecientes de la demanda por el crecimiento de la población y sus necesidades.

Hayek (2016) analiza lo sostenido por Smith desde dos dimensiones: la primera en relación con la pérdida de solidaridad directa primitiva ejercida en el ámbito cercano cuando se incursiona en el ámbito extenso y más complejo por las mayores posibilidades de cooperación y, segundo, hace referencia a que ese ámbito extenso es producto de una evolución que desborda la previsión, por lo que mal podría atribuirse a una planificación para enriquecerse como principal objetivo:

> Tales mayores posibilidades de cooperación entre gentes foráneas contribuirían, sin duda, a acelerar el abandono de la solidaridad directa propia de la tribu, de la unanimidad en cuanto a los objetivos y, en general, de los planteamientos colectivistas que tan específicamente caracterizan a las agrupaciones primarias de reducida dimensión. En cualquier caso, determinados individuos llegarían así a liberarse de las restricciones al comportamiento impuestas por la pequeña comunidad y, en virtud de ello, lograrían establecer no sólo un conjunto de nuevos núcleos de población, sino también las bases sobre las que posteriormente surgiría una red de comunicaciones que permitiría a cualquiera acceder a las economías de muchas otras comunidades; red que, con sus innumerables ramificaciones y nuevos centros emisores de información, ha llegado finalmente a extenderse a todo el planeta. Los primitivos órdenes sociales permitieron, en definitiva, que ciertos individuos orientaran su inintencionado e inconsciente esfuerzo hacia el establecimiento de un orden más extenso y más complejo cuya evolución desbordó en todo momento cualquier posible previsión tanto del propio actor como de sus contemporáneos (2016: 85).

Volviendo a Smith, a partir de allí pasa a examinar «las reglas que las personas naturalmente observan cuando intercambian bienes por dinero o por otros bienes. Estas reglas determinan lo que puede llamarse valor relativo o de cambio de los bienes» (Smith, 2014: 61-62). Y a continuación introduce la explicación de estos nuevos conceptos para aquel entonces:

Hay que destacar que la palabra VALOR tiene dos significados distintos. A veces expresa la utilidad de algún objeto en particular, y a veces el poder de compra de otros bienes que confiere la propiedad de dicho objeto. Se puede llamar a lo primero «valor de uso» y a lo segundo «valor de cambio» (2014: 62).

Definido estos dos conceptos, de inmediato Smith introduce el caso de algunos productos que teniendo gran utilidad o «valor de uso» por sus características y beneficios que brindan a quien los consume, sin embargo, por su abundancia no tienen mayor «valor de cambio», como es el caso del agua:

Las cosas que tienen un gran valor de uso con frecuencia poseen poco o ningún valor de cambio. No hay nada más útil que el agua, pero con ella casi no se puede comprar nada; casi nada se obtendrá a cambio de agua. Un diamante, por el contrario, apenas tiene valor de uso, pero a cambio de él se puede conseguir generalmente una gran cantidad de otros bienes (2014: 62).

Posiblemente, desde aquí Smith, siempre inadvertidamente, crea en 1776 una distinción de pensamiento con la crítica que le hace Marx en 1867. Cuando pasa a procurar demostrar cuál es la medida real del valor de cambio o en qué consiste el precio real de todas las mercancías; cuáles son las diferentes partes que constituyen ese precio real; y, por último, cuáles son las diversas circunstancias que a veces elevan alguna o todas esas partes por encima, y a veces las disminuyen por debajo de su tasa natural y ordinaria; o cuáles son las causas que a veces impiden que el precio de mercado, es decir, el precio efectivo de los bienes, coincida con lo que puede denominarse su precio natural (Smith, 2014: 62).

El primer tema, Smith lo desarrolla en el capítulo 5 que lleva por título: «Sobre el precio real y nominal de la mercancía, o de su precio en trabajo y su precio en moneda». En el que comienza diciendo que «Toda persona es rica o pobre según el grado en que pueda disfrutar de las cosas necesarias, convenientes y agradables de la vida» (2014: 64). Pero como la división del trabajo se había consolidado en la era industrial, a diferencia de la agrícola y artesanal precedente:

> (…) el propio trabajo de cada hombre no podrá proporcionarle más que una proporción insignificante de esas tres cosas. La mayoría de ellas deberá obtenerlas del trabajo de otros hombres, y será por tanto rico o pobre según sea la cantidad de ese trabajo de que pueda disponer o que sea capaz de comprar. Por lo tanto, el valor de cualquier mercancía, para la persona que la posee y que no pretende usarla o consumirla sino intercambiarla por otras, es igual a la cantidad de trabajo que le permite a la persona comprar u ordenar. El trabajo es, así, la medida real del valor de cambio de todas las mercancías (2014: 64).

Como se puede ver, Smith ya había notado una diversidad de temas relacionados en la definición del valor de cualquier mercancía. Una primera es que el hombre en la época industrial ya no podía proveerse él mismo de todo lo necesario, conveniente y agradable para la vida. Tenía que recurrir al trabajo de otros, ya sea para producir sus mercancías o en la compra de mercancías adquirir el trabajo que otros habían aportado para fabricarlas. Y que el valor de cualquier mercancía, por lo tanto, para la persona que la posee para comercializarla por otras, es igual a la cantidad de trabajo propio que le permite comprar. Con lo que concluye que la medida real del valor de cambio de todas las mercancías es el trabajo.

En el capítulo 6, con el título «De las partes que componen el precio de la mercancía», Smith dice que:

> Al intercambiar la manufactura completa sea por dinero, trabajo, u otros bienes, en una cantidad superior a lo que costaron los materiales y los salarios de los trabajadores, algo debe quedar como beneficio del empresario que arriesga en esta aventura su capital. El valor que los trabajadores añaden a los materiales, entonces, se divide en este caso en dos partes, una que paga los salarios y la otra que paga el beneficio del empleador sobre todos los materiales y salarios que adelantó. No habría tenido interés en emplearlos si no esperase de la venta de su trabajo algo más de lo suficiente para reemplazar su capital; y no estará interesado en emplear un capital mayor, antes que un menor, a no ser que sus beneficios guarden alguna proporción con la cuantía de su capital (2014: 87).

Aquí Smith, además de atribuir al trabajo el mérito de darle valor a los materiales a él provistos por el empresario, también hace evidente el riesgo en que este pone su capital, por lo que algo le debe quedar en beneficio. Para que funcione como incentivo a invertir una mayor cantidad de su capital, porque de lo contrario no tendría interés de hacerlo. Condición que persiste hasta nuestros días como el factor que dinamiza la economía en el sistema liberal. Es decir, además de la propensión por naturaleza humana al intercambio de mercancía, existe un impulso provocado por la división del trabajo en la era industrial incontenible, que lleva al hombre a producir con su propio esfuerzo y el de sus trabajadores y a adquirir mercancía producida por el esfuerzo de otros para su consumo o para comercializarlos, mientras pone a trabajar su capital del que espera en compensación un beneficio en proporción a la cuantía de su capital invertido.

Esto sin dejar de reconocer que es el trabajo el factor que le da valor agregado a los materiales.

Respecto al salario y al beneficio del empresario, Smith dice que: «En toda sociedad o población existe una tasa corriente o media tanto de salarios como de beneficios en todos los diferentes empleos del trabajo y del capital» (2014: 96). Para que esto se dé, introduce varios conceptos que se dan en una situación de libertad que permite determinar la tasa de salarios y de beneficios del capital dependiendo de las circunstancias del mercado. En parte por las condiciones generales de la sociedad de riqueza o pobreza, de progreso, estancamiento o decadencias; y en parte por la naturaleza particular de cada uno de esos empleos.

Obviamente, los descubrimientos de Smith han sido el germen de lo que hoy conocemos como punto de equilibrio, el costo de oportunidad y otros conceptos financieros que bien administrados dan la guía necesaria para que un emprendimiento sea rentable y de no serlo, pueda el empresario cambiar de rubro y buscar una alternativa de inversión que justifique su trabajo y riesgo. A este respecto, dice Smith:

> Cuando el precio de una mercadería no es ni mayor ni menor de lo que es suficiente para pagar las tasas naturales de la renta de la tierra, el salario del trabajo y el beneficio del capital destinados a conseguirla, prepararla y traerla al mercado, entonces la mercancía se vende por lo que puede llamarse su precio natural.
>
> La mercancía se vende entonces exactamente por lo que vale, o por lo que realmente le cuesta a la persona que la trae al mercado (…), si la vende a un precio que no le reporta la tasa corriente de beneficios en su zona, esa persona está evidentemente perdiendo dinero, puesto que si empléase su capital en alguna otra forma habría podido obtener esos beneficios (2014: 96-97).

Del precio natural, pasa Smith a presentar lo que es precio de mercado, que puede reportar utilidad o pérdida para el productor, dependiendo de la disposición de los demandantes a pagar uno u otro precio. Esto sin considerar todavía la oferta de los competidores y las alternativas de categorías de productos. Con esto Smith introduce la ley de la oferta y la demanda que va en línea con la «mano invisible» del mercado para la fijación de precios y las cantidades de mercancía a producir. Smith lo dice así:

> El precio efectivo al que se vende habitualmente una mercancía se llama precio de mercado. Puede estar por encima o por debajo, o ser exactamente igual al precio natural.
>
> El precio de mercado de cada mercancía concreta está determinado por la proporción entre la cantidad que de hecho se trae al mercado y la demanda de los que están dispuestos a pagar el precio natural de la mercancía, o el valor total de la renta, el trabajo y el beneficio que deben pagarse para llevarla al mercado (2014: 97-98).

Sobre las cantidades de oferta y demanda efectiva que, pudiendo ser superior una de la otra o ser iguales, tienen efecto sobre el precio del mercado, dice Smith:

> Cuando la cantidad traída al mercado excede la demanda efectiva, no podrá ser totalmente vendida a los que están dispuestos a pagar el valor total de la renta, salarios y beneficios que pueden ser pagados para llevarlos al mercado. Una parte deberá ser vendida a los que están dispuestos a pagar menos, y el precio menor que pagarán por ella deberá reducir el precio del conjunto. El precio de mercado se hundirá más o menos por debajo del precio natural, según que la amplitud del exceso

aumente más o menos la competencia de los vendedores, o según sea más o menos importante para ellos el desprenderse inmediatamente de la mercancía (…).

Cuando la cantidad traída al mercado es exactamente suficiente para satisfacer la demanda efectiva y nada más, el precio de mercado llega a coincidir precisamente, o tan precisamente como puede pensarse, con el precio natural. Toda la cantidad ofrecida se venderá a ese precio, y no podrá venderse más cara. La competencia entre los diversos comerciantes obliga a todos a aceptar este precio, pero no uno menor (…).

Por el contrario, si la cantidad traída al mercado cae en un momento dado por debajo de la demanda efectiva, alguna de las partes componentes de su precio deberá subir por encima de su tasa natural (2014: 98-100).

De acuerdo a estas conclusiones, para Smith, «El precio natural, por tanto, es como un precio central en torno al cual gravitan constantemente los precios de todas las mercancías» (2014: 100). Y en los precios se modifican constantemente las tasas de la renta, los salarios y los beneficios del capital, obviamente, dependiendo de la situación del mercado. Siempre y cuando, como lo expone Smith, el Estado, los gremios de empresarios y de los trabajadores, ejerzan su poder para impedir que existan distorsiones antinaturales de las fuerzas del mercado, Tales como el monopolio, por ejemplo.

A partir de allí, luego de múltiples consideraciones, Smith establece la diferencia entre quien genera ingresos personales y los divide entre una parte para el consumo familiar y otra para el ahorro, con la finalidad de invertirlo por una tasa de rendimiento, con lo que se da pie a lo que hoy conocemos como capitalización.

Smith, en el libro segundo «De la naturaleza, acumula- ción y empleo del capital», dice en la Introducción que: «Así como la acumulación de capital debe ser, en la naturaleza de las cosas, previa a la división del trabajo, el trabajo puede ser más subdividido sólo en proporción a que el capital haya sido previamente más acumulado» (2014: 356). Dicho en otras palabras, a medida que aumenta el capital, aumenta la demanda de mano de obra y sus especializaciones, en una especie de causa y efecto: «Además, el número de trabajadores en cada rama de la producción generalmente aumenta con la división del trabajo en esa rama, o más bien es el aumento de los trabajadores lo que les permite subdividirse de esa forma» (2014: 356).

Ya en el capítulo uno, «De la división del capital», Smith anota la diferencia entre quienes obtienen ingresos solo para subsistencia y quienes, además de subsistir, pueden ahorrar una parte de ellos para obtener ingresos también de ese dinero en ahorro, ya sea como inversión y otra forma:

> Cuando el capital que posee un hombre es apenas suficiente para mantenerlo durante unos pocos días o unas pocas semanas, rara vez piensa obtener de él ingreso alguno (…). En este caso, su ingreso deriva exclusivamente de su trabajo. Tal es la situación de los trabajadores pobres en todos los países.
>
> Pero cuando posee un capital suficiente para mantenerlo durante meses o años, intenta naturalmente obtener un ingreso de la mayor parte del mismo, y reserva para su consumo inmediato sólo lo indispensable para mantenerse hasta que ese ingreso empiece a fluir. Su capital, entonces, se divide en dos partes. La parte que él espera que le pueda suministrar dicho ingreso es lo que se llama propiamente capital. La otra es la que satisface su consumo inmediato (2014: 358).

7. La teoría del valor y del valor-trabajo de David Ricardo

David Ricardo (1772-1823), un economista estudioso de Smith y contemporáneo de Malthus, se convierte en la figura principal en el desarrollo de la escuela de economía clásica con el lanzamiento de su libro *Principios de economía política y tributaria.* Obra lanzada originalmente en el año 1817, es decir, a cuarenta y un años después del lanzamiento de *La riqueza de las naciones* en 1776 y veintisiete años después del fallecimiento de Adam Smith acaecido en 1790. Dato para tener en cuenta por la influencia que recibe de los escritos de Smith y por la ampliación y perfeccionamiento que realiza a algunas de sus ideas. Todo a la luz de las nuevas circunstancias que se vivían en Inglaterra y Europa en general a fines del siglo XVIII y comienzos del siglo XIX. Los seguidores de Ricardo ampliaron sus ideas para dar paso a la economía neoclásica a fines del siglo XIX y comienzos del siglo XX.

David Ricardo hace un ajuste a lo que concluyó Smith sobre el valor de la mercancía basado en la cantidad de trabajo y no en el salario, por lo que fue elogiado por Marx, con lo que dio motivo a la prolongación de la discusión sobre el valor basado en el trabajo y no en la «subjetividad» del comprador que veremos más adelante con el aporte de Mises. Por ahora, veamos que Ricardo aporta a la futura intervención de Marx en su crítica a Smith. Para Ricardo, el valor del producto está dado por la cantidad relativa de trabajo necesaria para su producción y no por la mayor o menor cantidad o valor del salario.

En la sección primera del capítulo uno titulado «Del valor» Ricardo (1817/2007) plantea la primera aseveración sobre su teoría del valor en los siguientes términos: «El valor de un producto, o la cantidad de cualquier otro producto por el cual se cambiará, depende de la relativa cantidad de trabajo necesaria para su producción, y no de la mayor o menor compensación que se paga por ese trabajo» (2007: 19). Con lo que desde el inicio establece una concepción del valor diferente a la de Smith publicada unos años antes y que será criticada unos años más tarde por Marx y Engels.

Como se ve, a Ricardo le interesaba los valores relativos de la cantidad de trabajo y no solo su valor absoluto como llegó a determinar Smith. Para así descubrir la base de la razón del intercambio de los bienes y determinar las causas de los cambios en esos valores relativos a lo largo del tiempo. Ricardo incluye, además, otras variables para determinar el precio de las mercaderías, tales como la escasez y las herramientas que aumentan la producción a la vez que facilitan el trabajo.

Aparentemente, el pensamiento de Ricardo favorece la concepción humanista a favor del trabajo y del trabajador al no considerarlos como una mercancía o como parte de la mercancía. Al negarse a tomarlos como medida del valor de estas, pero no lo hace para valorar el trabajo en sí, sino solo para demostrar que su valor es fluctuante y que no debe ser tomado como medida del precio de las mercancías. Concepto que lo corrobora al considerar al trabajo como sujeto a la oferta y la demanda para determinar su valor o salario, que será la determinante para subir o bajar salarios, lo cual es únicamente a favor del capital y no del trabajador. Este concepto, obviamente, será considerado como error de Ricardo por el marxismo.

Anotado esto, paso a incluir los principales pensamientos de Ricardo respecto al valor y al valor trabajo, como objetos de este apartado.

Dando un paso adelante y complementando el pensamiento de Smith sobre el valor de uso como utilidad del bien y el valor de cambio de los bienes, Ricardo primero recuerda que Smith había escrito «que "la palabra valor" tiene dos significados diferentes, y que a veces expresa la utilidad de algún objeto particular y otras por el poder de adquisición de otras mercaderías que la posesión de aquel objeto transfiere» (2007: 19) y que «Las cosas —continúa— que tienen el mayor valor de uso, tienen, frecuentemente, poco o ningún valor de cambio; y, por el contrario, aquellas que tienen el mayor valor de cambio, tienen poco o ningún valor de uso» (2007: 19); refiriéndose al ejemplo expuesto por Smith del agua y del diamante. También refiere el ejemplo de Smith sobre el agua y el aire con mucho valor de uso y poco o ningún valor de cambio a la par que el oro tiene poco valor de uso y mucho de cambio.

Ricardo complementa el pensamiento de Smith afirmando que «la utilidad, pues, no es la medida para el valor de cambio, aunque le es absolutamente esencial», pero le agrega que todas las mercaderías tienen alguna utilidad o valor de uso, porque «Si un producto no fuese de algún modo útil —en otras palabras, si no pudiese de manera alguna contribuir a nuestro bienestar— estaría desprovisto de valor de cambio, a pesar de su escasez y de la cantidad de trabajo necesario para conseguirlo» (2007: 19). A lo que suma la escasez del producto como fuente de valor al poseer utilidad.

Ricardo nos deja conocer su primera conclusión que conforma su idea del valor trabajo «Poseyendo utilidad, los productos derivan su valor de cambio de dos fuentes: de su escasez, y de la cantidad de trabajo requerida para obtenerlos» (2007: 19).

Lo que le permite concluir que se debe diferenciar los bienes no reproducibles, como las obras de arte que adquieren valor de cambio por su escasez, a diferencia de los bienes reproducibles que adquieren valor por la cantidad de trabajo y en cuya producción opera la competencia sin restricciones y los precios relativos.

Al hablar, pues, de productos, de su valor de cambio y de las leyes que rigen sus precios relativos, nos referimos siempre a los productos cuya cantidad puede ser aumentada por el esfuerzo de la industria humana y en cuya producción la competencia opera sin restricciones (2007: 20).

A continuación, Ricardo anota que Smith había manifestado: «lo que cada cosa realmente cuesta al hombre que desea adquirirla, es el trabajo y la molestia de su adquisición» y luego de recordar el ejemplo de Smith sobre el doble trabajo de matar un castor que a un ciervo por lo que el castor valdría el doble del ciervo, y que Smith había concluido que: «Es natural que lo que ordinariamente es el producto de dos días o dos horas de trabajo, deba valer el doble de lo que, por lo común, es el producto de un día o una hora de trabajo»; esto es como determinante del valor de cambio. Para luego agregar que Smith, además, había establecido: «otra medida "standard" de valor, y habla de cosas que valen más o menos en la proporción que se cambien por una mayor o menor cantidad de esa medida», lo cual había sumado el valor del trueque al valor del trabajo como medida de valor de cambio. Y refiriéndose a lo afirmado por Smith, Ricardo (1817/2007) dice:

> Habla a veces del trigo, otras del trabajo como tipo de medida; no la cantidad de trabajo empleada en la producción de cualquier objeto, sino la cantidad que éste puede demandar en el mercado, como si éstas fuesen dos expresiones equivalentes, y como si, a consecuencia de haber devenido el trabajo de un hombre doblemente eficiente y pudiese, por lo tanto, producir el doble de un producto, debiese recibir necesariamente el doble de su primitiva cantidad en cambio de él (2007: 21).

Ricardo se refiere a que Smith considera como tipo de medida equivalente de valor a la mercadería y al trabajo de acuerdo con lo que este ha producido, con lo cual no comparte. Ricardo (1817/2007) expresa al respecto su propio pensamiento:

Si esto fuese cierto, en efecto, si la remuneración del trabajador fuese siempre proporcional a lo que ha producido, la cantidad de trabajo empleada en un producto y la cantidad de trabajo que se podría adquirir con él serían iguales, y ambas podrían medir exactamente las variaciones de las otras cosas; pero no son iguales: la primera es en muchas circunstancias, una medida invariable, que indica correctamente las variaciones de las otras cosas; la segunda, está sujeta a las muchas fluctuaciones de los productos que se comparan con ella (2007: 21).

Ricardo hizo muchas aportaciones más a la economía clásica y de muy alta importancia. Sin embargo, en este apartado solo he incluido su teoría del valor y del valor-trabajo, que ya he dicho sirvió en su crítica a Smith para el desarrollo de la idea de Marx. Y, además, prolongó la discusión sobre el trabajo soslayando la «subjetividad» del consumidor o la economía de mercado.

8. La plusvalía y la teoría de valor de Karl Marx

La concepción original de Smith, al pasar el tiempo, es vista diferente por Marx, quien considera que el único factor que le da valor a la mercancía es el trabajo del obrero y que el plusvalor, o plusvalía o beneficio generado por el trabajador es apropiado por el empresario. Es decir, que todo el salario se compensa con una parte de lo producido por el obrero y el excedente de la mercancía es el plusvalor que, perteneciendo al mismo obrero, al no recibir ingresos por esa producción adicional, pasa a ser apropiada por el capitalista, lo que constituye su conclusión fundamental que da pie a su propuesta de rebelión proletaria. Smith, en cambio, lo había visto como la utilidad o beneficio del capital que compensa el riesgo de haberlo invertido.

Marx inicia su crítica con el concepto de mercancía, del que tanto él como sus seguidores han criticado al sistema capitalista, atribuyéndole ser el responsable de considerar al trabajo del obrero también como una mercancía. Marx en el tomo Primero de *El capital* publicado en 1867, dice: «La riqueza de las sociedades en las que domina el modo de producción capitalista se presenta como un "enorme cúmulo de mercancías", y la mercancía individual como la forma elemental de esa riqueza» (2015: 43). De inmediato agrega que:

> La mercadería es, en primer lugar, un objeto exterior, una cosa que merced a sus propiedades satisface necesidades humanas del tipo que fueran. La naturaleza de esas necesidades, el que se originen, por ejemplo, en el estómago o en la fantasía, en nada modifica el problema. Tampoco se trata aquí de cómo esa cosa satisface la necesidad humana: de si lo hace directamente, como medio de subsistencia, es decir, como objeto de disfrute, o a través de un rodeo, como medio de producción (2015: 43).

Hasta aquí vemos que Marx desarrolla por los menos tres temas: que la riqueza de las sociedades capitalista se resume como un «enorme cúmulo de mercancías»; que la mercancía es un objeto exterior; y que satisface necesidades humanas que pueden ser de subsistencia, como objeto de disfrute o como medio de producción. En resumen, son tres aspectos que los usa para introducir los conceptos que más adelante expone.

Recordemos que Smith había planteado a casi un siglo antes que la palabra VALOR tiene dos significados distintos: valor como lo útil del objeto o para qué sirve algún objeto en particular como «valor de uso», y el valor como poder de compra de otros bienes que confiere la propiedad de dicho objeto o «valor de cambio». Marx dice que el valor de uso es el cuerpo de la mercancía que se efectiviza en el uso o en consumo:

> La utilidad de una cosa hace de ella un valor de uso. Pero esa utilidad no flota por los aires. Está condicionada por las propiedades del cuerpo de la mercancía, y no existe al margen de ellas. El cuerpo mismo de la mercancía, tal como el hierro, trigo, diamante, etc., es pues el valor de uso o un bien. Este carácter suyo no depende de que la apropiación de sus propiedades útiles cuesta al hombre mucho o poco trabajo (…). El valor de uso se efectiviza únicamente en el uso o en el consumo (…). En la forma de sociedad que hemos de examinar, son a la vez los portadores materiales del valor de cambio (2015: 44-45).

¿A dónde quiere llegar Marx con este planteamiento? Porque a diferencia de Smith que atribuía el valor de uso de la mercancía a su utilidad y ponía por ejemplo al agua que a pesar de ser alto su valor de uso, no poseía un alto valor de cambio; Marx, por su lado, solo atribuye el valor de uso al material con el que está constituida la mercancía, porque, según él, la utilidad no flota en el aire ni existe fuera de las propiedades del cuerpo de la mercancía. Así, el planteamiento de Marx le permite llevar su pensamiento a establecer que dos mercancías de constitución diferente no pueden ser equiparadas como iguales para su intercambio, sino que requieren un tercer elemento común entre ellos para valorizarlos en el intercambio. Este es el trabajo humano como única forma de estimar el valor de la mercancía. Por lo tanto, no le atribuye ni al material ni al beneficio del empresario la condición de componentes del valor como lo hace Smith, sino únicamente al trabajo: «Ahora bien, si ponemos a un lado el valor de uso del cuerpo de las mercancías, únicamente les restará una propiedad: la de ser productos del trabajo» (2015: 46).

Pero Marx no se queda con esta conclusión, sino que incluso piensa que el trabajo del obrero o del artesano no es el que le da valor de uso a la mercancía, sino el trabajo humano indiferenciado o trabajo abstractamente humano:

> Si hacemos abstracción de su valor de uso, abstraemos también los componentes y formas corpóreas que hacen de él un valor de uso. Ese producto ya no es una mesa o casa o hilo o cualquier otra cosa útil. Todas sus propiedades sensibles se han esfumado. Ya tampoco es producto del trabajo del ebanista o del albañil o del hilandero o de cualquier otro trabajo productivo determinado. Con el carácter útil de los productos del trabajo se desvanece el carácter útil de los trabajos representados en ellos y, por ende, se desvanecen también las diversas formas concretas de esos trabajos; estos dejan de distinguirse, reduciéndose en su totalidad a trabajo humano indiferenciado, a trabajo abstractamente humano (2015: 47).

Ahora bien, si el valor de uso de la mercancía no está dado por ser útil o por el servicio que presta, subjetivo en muchos casos, como lo vio Smith, ni tampoco por el trabajo concreto del trabajador, según Marx, sino por el «trabajo humano indiferenciado», esto le permite ver al valor de uso como sinónimo de «gasto de fuerza de trabajo humana sin consideración a la forma en que se gastó la misma» (2015: 47). Y, en definitiva, Marx concluye que es el trabajo el valor de la mercancía. Lo que le permite introducir más conceptos como el «trabajo objetivado» o «materializado abstractamente humano». Dos conceptos aparentemente complicados, pero que de su estudio podemos entender las conclusiones que Marx tuvo respecto al valor de uso y al valor de cambio de las mercancías. Su intención es introducir el concepto de plusvalía o plus trabajo que siendo producto del trabajador es apropiado indebidamente por el capitalista. Porque siendo el trabajo la materia común que le da valor a la mercancía y no el capital invertido en renta, materiales y salarios, será su base para proponer la revolución proletaria y recuperar la riqueza apropiada por el capital.

Marx lo dice así:

> En la relación misma de intercambio entre las mercancías, su valor de cambio se nos puso de manifiesto como algo por entero independiente de sus valores de uso. Si luego se hace abstracción del valor de uso que tienen los productos del trabajo, se obtiene su valor, tal como acaba de determinarse. Ese algo común que se manifiesta en la relación de intercambio o en el valor de cambio de la mercancía es, pues, su valor (…).
>
> Un valor de uso o un bien, por ende, solo tiene valor porque en él está *objetivado* o *materializado trabajo abstractamente* humano. ¿Cómo medir, entonces, la *magnitud* de su valor? Por la cantidad de «sustancia generadora de valor» —por la cantidad de trabajo— contenida en su valor de uso. La cantidad de trabajo misma se mide por su duración, y el tiempo de trabajo, a su vez, reconoce su patrón de medida en determinadas fracciones temporales, tales como hora, día, etcétera (2015: 47-48).

La perspicacia de Marx le permite llevar su razonamiento desde la abstracción del trabajo hacia su exclusividad como única medida del valor de la mercancía, dejando de lado las definiciones de Smith sobre el valor de uso por la utilidad de la mercancía y el valor de cambio por el poder de compra de otros bienes que confiere la propiedad de dicho objeto. Coincide Marx con Smith en que ambos valores de uso y de cambio son producto del trabajo humano, pero difiere de Smith en que el valor de uso no es la utilidad, ni los materiales de la mercancía, ni que en el precio o valor de cambio esté incluido el valor de los materiales, el salario del obrero y el beneficio o utilidad del empresario por haber puesto en riesgo su capital, como lo planteó Smith.

Esta diferencia de criterio lleva a Marx a anticiparse de cualquier cuestionamiento respecto a que no todos los obreros trabajan lo mismo en cantidad y en calidad para producir una determinada mercancía, al introducir *el tiempo de trabajo socialmente necesario* y *la fuerza social media* como un sucesivo concepto. Marx dice que el trabajo no debe medirse individualmente como lo hace el sistema capitalista, sino comunitariamente y de su promedio, así no habría diferencia entre el aporte de un trabajador productivo y uno perezoso y torpe, como lo plantea:

> Podría parecer que, si el valor de una mercancía se determina por la cantidad de trabajo gastada en su producción, cuanto más perezoso o torpe fuera un hombre, tanto más valiosa sería la mercancía, porque aquel necesitaría tanto más tiempo para fabricarla. Sin embargo, el trabajo que genera la sustancia de los valores es trabajo humano indiferenciado, gasto de la misma fuerza humana de trabajo. El conjunto de la fuerza de trabajo de la sociedad, representado en los valores del mundo de las mercancías, hace las veces aquí de una y la misma fuerza humana de trabajo, por más que se componga de innumerables fuerzas de trabajo individuales (2015: 48).

Marx asume que la intensidad y la destreza del trabajo individual puede ser medido estadísticamente en un promedio y a partir de allí cuantificar el valor de la mercancía. Huelga decir que este método de contabilización de costos de producción es precisamente el craso error del socialismo en la economía que redunda en lo social. Se entiende por qué Rusia y China no pudieron superar estos principios, más políticos que técnicos del socialismo. Marx lo deja muy en claro:

Cada una de esas fuerzas individuales es la misma fuerza de trabajo humana que las demás, en cuanto posee el carácter de fuerza de trabajo social media y opera como tal fuerza de trabajo social media, es decir, en cuanto, en la producción de una mercancía, sólo utiliza el tiempo de trabajo promedialmente necesario, o *tiempo de trabajo socialmente necesario.* El tiempo socialmente necesario es el requerido para producir un valor de uso cualquiera, en las condiciones normales de producción vigentes en una sociedad y con el grado social medio de destreza e intensidad de trabajo (…).

Es sólo la cantidad de trabajo socialmente necesario, pues, o el tiempo de trabajo socialmente necesario para la producción de un valor de uso, lo que determina su magnitud de valor (2015: 48).

Con esto, Marx propone no valorar el trabajo individual, sino el comunitario en su conjunto. A diferencia de Smith, quien demostró que la productividad colectiva es real cuando cada uno cumple su tarea de manera diligente y especializada, sin considerar que, en el sistema propuesto por Marx, ambos trabajadores podrían ganar el mismo salario, con las consecuencias tan conocidas del desánimo del diligente y la acumulación de perezosos que hacen caer la productividad.

Finalmente, Marx expone su crítica al capital por apropiarse del excedente del trabajo asalariado o plusvalía de manera injusta. Según su análisis, que ha sido adoptado por sus seguidores, el beneficio del empresario que definió Smith debe ser tratado realmente como plusvalía que el trabajador añade a las materias primas y a los medios de producción. Con lo que si para Smith es ganancia del empresario la diferencia entre el precio de mercado y el costo de producción de la mercancía que incluye materiales y salarios, para Marx esa diferencia es salario no retribuido al trabajador. Porque «para Marx todo el capital en cuanto valor se reduce a trabajo, pero el trabajo retribuido es el salario y el no retribuido equivale a la ganancia de los capitalistas» (Nonius, 2016: 32).

Aquí ya tenemos la consecuencia más destacada de que sea el trabajo el único componente que le da valor a la mercancía y que esta genere plusvalía que le pertenece al trabajador y no al capitalista. Pero antes es necesario anotar que Marx hace un estudio de cómo llega la mercancía al mercado y se convierte en dinero que es atesorado por el capitalista. Ya en el capítulo IV del libro primero titulado *Cómo se convierte el dinero en capital* parte de que la circulación de mercancía es el punto de donde arranca el capital cuando la producción y el comercio se desarrollan, cuyo comienzo se dio en el siglo XVI según Smith, como ya vimos:

> La circulación de mercancías es el punto de partida del capital. La producción de mercancía, la circulación mercantil y una circulación mercantil desarrollada, el comercio, constituyen los supuestos históricos bajo los cuales surge aquel. De la creación del comercio mundial y el mercado mundial moderno data la biografía del capital. (Marx, 2015: 179)

De allí parte, hasta nuestros días, la aversión que el marxismo siente por el mercado libre y la globalización. Aunque esto en la actualidad se haya modificado significativamente con la actitud de la China que ha invadido con su mercancía al mundo.

El siguiente paso de Marx es analizar cómo la mercancía se convierte en dinero y este en capital. Comenzando con la fórmula M – D – M, que se da cuando el poseedor de la mercancía, que puede ser materia prima o insumos, la vende para convertirla en dinero y con este dinero adquirir mercancía para consumir. Pero también puede ser con la fórmula D – M – D, que se da cuando el dinero se convierte en mercancía y esta en dinero, es decir, cuando se compra no para consumir, sino para vender. Este dinero es el que para Marx se convierte en capital y el operador de ese movimiento, se convierte en capitalista.

Marx dice:

> El término de cada ciclo singular en el que se efectúa la compra para la venta, configura el suyo, por consiguiente, el comienzo de un nuevo ciclo. La circulación mercantil simple —vender para comprar— sirve, en calidad de medio, a un fin último ubicado al margen de la circulación: la apropiación de valores de uso, la satisfacción de necesidades. La circulación del dinero como capital es, por el contrario, un fin en sí, pues la *valorización del valor* existe únicamente en el marco de este movimiento renovado sin cesar. El movimiento del capital, por ende, es carente de medida.
>
> En su condición de vehículo consciente de ese movimiento, el poseedor de dinero se transforma en capitalista (2015: 186).

Hasta aquí podríamos decir que Marx coincide con el conocimiento general del capitalismo en la primera parte de la cita hecha arriba, pero difiere al introducir su pensamiento de que la circulación del dinero es un fin en sí mismo y que su movimiento como capital es carente de medida. ¿A qué se refiere Marx?

En el siguiente párrafo tenemos como respuesta que Marx ve al capitalista como un ser apasionado por la circulación de dinero y como al capital personificado, y no como un administrador eficiente de su capital guiado por la responsabilidad social como lo ve el liberalismo económico. Marx deja de lado la necesidad de que el capital pueda tener una circulación repetitiva y lo más acelerada posible para generar mayor riqueza y por ende empleo con el desarrollo de la producción y del comercio.

Marx lo interpreta así:

Su persona, o, más precisamente, su bolsillo, es el punto de partida y de retorno del dinero. El *contenido objetivo* de esa circulación —la valorización del valor— es un fin *subjetivo*, y sólo en la medida en que la creciente apropiación de la riqueza abstracta es el único motivo impulsor de sus operaciones, funciona él como *capitalista*, o sea como capital personificado, dotado de conciencia y voluntad. Nunca, pues, debe considerarse el *valor de uso* como fin directo del capitalista. Tampoco la ganancia aislada, sino el movimiento infatigable de la obtención de ganancias. Este afán absoluto de enriquecimiento, esta apasionada cacería en pos del valor de cambio, es común a capitalista y atesorador, pero mientras el atesorador no es más que capitalista insensato, el capitalista es el atesorador racional. La incesante ampliación del valor, a la que el atesorador persigue cuando procura *salvar de la circulación* al dinero, la alcanza el capitalista, más sagaz, lanzándolo a la circulación una y otra vez (2015: 186-187).

El siguiente paso de Marx es el estudio de cómo el capitalista obtiene beneficio. Si compra mercancía para venderla, el capitalista es comprador y vendedor en cada momento y para justificar estas dos acciones debe sacar más valor al final del proceso de lo que invirtió inicialmente. Pero según Marx, el incremento del valor que convierte al dinero en capital no se origina a partir del dinero, porque solo es el medio de compra o de pago, sino de la alteración del uso de la mercancía después de su compra y antes de su venta. Es decir, lo que se conoce como valor agregado cuando de la compra de un cuero, por ejemplo, se fabrican zapatos para venderlos, que Marx atribuye al uso de una mercancía que el capitalista encuentra en el mercado y que, al usarla y consumirla, como fuente de valor cambiable, cree ese valor agregado. ¿Cuál es esta mercadería? Marx dice que se llama potencia o fuerza de trabajo:

El cambio, pues, debe operarse con la mercancía que se compra en el primer acto, D – M, pero no por su valor, puesto que se intercambian equivalentes, la mercancía se paga a su valor. Por ende, la modificación sólo puede surgir de su *valor de uso en cuanto tal*, esto es, de su consumo. Y para extraer valor de consumo de una mercancía, nuestro poseedor de dinero tendría que ser tan afortunado como para descubrir *dentro* de la *esfera de la circulación,* en el mercado, una mercancía cuyo *valor de uso* poseyera la peculiar propiedad de ser *fuente de valor;* cuyo consumo efectivo mismo, pues, fuera *objetivación de trabajo*, y por tanto *creación de valor.* Y el poseedor de dinero encuentra en el mercado esa mercancía *específica:* la *capacidad de trabajo* o *fuerza de trabajo* (2015: 203).

Es indudable que Marx con este razonamiento que parte de hacer al trabajo como única *fuente de valor* hasta convertirlo en mercancía para el capitalista, logra proyectar la escena de explotación del obrero por parte del capital, con lo que se hace natural el paso a otras circunstancias y consecuencias de dicha explotación, como un sistema necesario de modificar.

Marx ahora define que la fuerza de trabajo incluye el conjunto de capacidades físicas e intelectuales que existen en el cuerpo de un ser humano y que debe poner en actividad para realizar cualquier trabajo productivo. Como una definición equivalente hasta aquí al concepto de especialización del trabajador que

Smith consideró como parte de la productividad. Pero en este caso como necesaria de ponerla a la venta para su subsistencia:

> Por fuerza de trabajo o capacidad de trabajo entendemos el conjunto de facultades físicas y mentales que existen en la corporeidad, en la personalidad viva de un ser humano y que él pone en movimiento cuando produce valores de uso de cualquier índole (2015: 203).

Marx agrega que la fuerza de trabajo, como mercancía, solo puede venderla su propio dueño con los mismos derechos jurídicos que el dueño del dinero a quien se la vende. A lo que le agrega su pensamiento sobre la explotación, cuando dice que el obrero debe disponer de su persona y de vender su fuerza de trabajo por un tiempo determinado, puesto que, si la vende en bloque y para siempre, lo que hace es venderse a sí mismo, convertirse de un hombre libre en esclavo, de poseedor de una mercancía como fuerza de trabajo, en mercancía él mismo:

> Para que perdure esta relación es necesario que el poseedor de la fuerza de trabajo la venda siempre por *un tiempo determinado*, y nada más, ya que, si la vende toda junta, de una vez para siempre, se vende a sí mismo, se transforma de hombre libre en esclavo, de poseedor de mercancía en simple mercancía. (2015: 204).

Sonará dramático, pero esta es la visión de Marx que convenció seguramente a sus seguidores. Incluyendo a los de hoy en el siglo XXI aún no consideran lo impracticable del marxismo para usarlo como referencia a fin de establecer la relación armónica entre el empresario y el trabajador que incremente la productividad que beneficie a ambas partes. El Egoísmo Político que conlleva la idea radical de Marx es lo que ha impedido encontrar la armonía. Si el capitalismo se vio obligado a rectificar y crear técnicas administrativas que regulen favorablemente la relación del obrero y el empleador como una forma de evolucionar, obviamente con excepciones, en el marxismo y quizá en la mente de Marx y Engels no tenía espacio como alternativa. Creo que en Rusia y en China habrán intentado por todos los medios hacer prácticas las ideas del marxismo, pero sin los resultados esperados.

Es más, y, por último, al parecer Marx jamás se imaginó siquiera que, mediante el trabajo y el ahorro esforzado, muchos trabajadores se convirtieron en empresarios, sin necesidad de confrontar a quienes los contrataban por sus capacidades y les brindaron entrenamiento, que luego fue para beneficio propio cuando se independizaron. Para Marx solo existía una alternativa para el trabajador: seguir siéndolo para toda la vida.

Marx dijo en su magna obra *El capital* que el poseedor del dinero para que encuentre fuerza de trabajo comparable es menester que a su vez el poseedor de dicha fuerza de trabajo carezca de medios de producción, materias primas, instrumentos de trabajo, etcétera, que le permitirían satisfacer sus necesidades. Al no tener otra cosa que vender ni otro medio para vivir, está obligado a vender su única mercancía, su fuerza de trabajo. Lo que caracteriza a la época capitalista, de acuerdo al criterio de Marx, es únicamente la idea de que el poseedor de los medios de subsistencia y de producción encuentra en el mercado al trabajador cuya fuerza de trabajo, en la forma de trabajo asalariado, es su mercancía disponible.

¿Qué habría opinado Marx si hubiera podido ver que en el marxismo-leninismo, el trabajador dejó de vender su fuerza de trabajo al capitalista y pasó a vendérsela al Estado en el socialismo real? Allí sí sin ninguna opción de alguna vez independizarse, porque perdió su libertad persiguiendo la utopía del comunismo.

Sin ánimo de pretender haber planteado toda la amplitud de la controversia entre el capitalismo y el marxismo, sí creo positivamente que he trabajado en el tema que provoca precisamente la controversia como raíz. Esto es el tema del valor, la plusvalía, y el valor trabajo, así como la formación del capital.

Por otro lado, esa raíz me ha permitido identificar las dos posibles causas del fracaso del marxismo poniendo como ejemplo a Rusia y China que luego de múltiples intentos de replantear al socialismo, optaron por el capitalismo, sin que esto signifique el triunfo absoluto de este sistema económico sin tener el respaldo de una verdadera democracia sustentada por la institucionalidad basada en el Estado de derecho. Muestra de esto son las nuevas tendencias marxista que aparecen todavía en la segunda década del siglo XXI, a pesar del fracaso del socialismo del siglo XXI.

Es evidente en consecuencia que este espejismo, ha distraído las soluciones de la pobreza y marginación en el socialismo y del capitalismo intervencionista. Mientras priorizan el debate estéril. Para corroborarlo, revisemos lo que expresa Lawrence H White, en su libro *El Choque de Ideas Económicas* (2014), en el que enfatiza la disputa de las diferentes escuelas económicas que en su debido tiempo planteaban dirigir la economía desde el Estado, pero que no daban la oportunidad a la espontaneidad de los actores económicos que descubrió Smith:

> Los últimos cien años han sido testigos de fascinantes experimentos en materia de Política Económica. Entre otros, la aparición de los bancos centrales en numerosos países; el dirigismo económico durante la Primera Guerra Mundial; la planificación central comunista en la Unión Soviética, Europa del Este y China; el fascismo en la Italia de Mussolini; el nacionalsocialismo en la Alemania de Hitler; el New Deal de Roosevelt en Estados Unidos; el sistema monetario internacional de Breton Woods y la adopción de políticas macroeconómicas keynesianas después

de la Segunda Guerra Mundial; importantes programas de nacionalización en la Gran Bretaña de posguerra; la reaparición de los principios de libre mercado en Alemania de posguerra; los planes quinquenales de tipo soviético en la India; el abandono del patrón oro a favor de un sistema de fluctuación entre divisas nacionales con tipos de cambio flexibles; regulación, desregulación y vuelta a la regulación en todo el mundo; el colapso y el rechazo del comunismo en Rusia y en Europa del Este; políticas de crecimiento basadas en el mercado en los «tigres» asiáticos y después en China y en la India; políticas «neoliberales» que promueven la globalización de las actividades económicas. En años recientes, una penosa serie de acontecimientos —una burbuja inmobiliaria a escala planetaria, seguida por el colapso de instituciones financieras gigantescas, seguida por onerosos rescates y nacionalizaciones por parte de los Estados, seguido por déficit y crisis fiscales que han batido todos los récords— ha devuelto a la política monetaria, la regulación, las nacionalizaciones y la política fiscal al centro del escenario de la política económica en todo el mundo (White, 2014: 13).

Como se puede ver, White hace un listado de todas las intervenciones estatales para supuestamente resolver los grandes problemas económicos del mundo. Pero en esos experimentos, se denota el intervencionismo estatal ideológico que soslaya al individuo productor y consumidor, como el verdadero autor de la economía de mercado y la propiedad privada, y de la producción, distribución y consumo que de ellos se deriva. Es decir, la macroeconomía tomando decisiones para regular la microeconomía y los interese de cada individuo como productor y/o consumidor, tal como si las hojas y las ramas de un árbol pretendieran sustentar al tronco y a sus raíces.

Bastaría haber transcrito el párrafo escrito por White para demostrar la tesis de este libro, contra el intervencionismo, autoritarismo y totalitarismo estatal y el espejismo de la Economía

Política como herramienta política y no para generar y repartir riqueza que confunde a las ideologías radicales.

Es necesario, entonces, volver la mirada al individuo solidario y altruista en el ámbito cercano y cooperador social en el ámbito extenso, siempre y cuando se tome en cuenta el «subjetivismo» de la acción humana que Ludwig von Mises plantea para revolucionar la economía, retomando los postulados de Smith.

9. La «acción humana» como respuesta a la controversia estéril entre capitalismo intervencionista y el marxismo

Luego de haber revisado las posiciones clásicas del liberalismo económico como origen y práctica de la ciencia Economía Política que tuvo sus inicios con los descubrimientos de Adam Smith, así como la crítica que se hace de ella a partir de la visión que tuvo Karl Marx sobre esa ciencia y que, a pesar de no haber planteado una alternativa de principios como para crear una ciencia, Economía Política Socialista, por ejemplo. Queda pendiente de alguna manera satisfacer la inquietud del ¿por qué el marxismo persiste en la crítica al capitalismo y por qué el capitalismo no ha logrado los beneficios del bien común?

Una de las principales razones para que los marxistas del siglo XX y de la actualidad continúen en sus posiciones antiliberales en economía y en política es la defensa errada del capitalismo que han hecho los economistas neoclásicos. Porque su enfoque de la economía también soslaya como lo hace el socialismo a la «acción humana» y las formas especiales que deben ser estudiadas en la «cooperación social voluntaria en los mercados» o en la economía de mercado.

La respuesta al error del socialismo y de la teoría neoclásica de la economía nos llega en el siglo XX con las teorías de la

Escuela Austríaca de Economía, que paulatinamente han logrado introducir los pensamientos de Carl Menger y de otros fundadores de esa escuela como Eugen von Böhm-Bawerk, Ludwig Von Mises y Friedrich A. Hayek, entre otros.

Su postulado fundamental es que la Ciencia Económica se trata de una ciencia social y, por lo tanto, humana, por lo que los economistas deben volver a estudiar el «subjetivismo» del ser humano para entender la economía y a través de la conducta o de la «Acción Humana», como plantea Mises, replantear la economía y no solo del estudio de los factores externos como las guías de los principios económicos. La economía, entonces, no son solo los números estadísticos y los índices macroeconómicos, sino el humano que los genera y su voluntad.

El catedrático de Economía Política de la Universidad Rey Juan Carlos, Jesús Huerta de Soto, en el Estudio Preliminar que hace de la obra de Ludwig Von Mises, *La Acción Humana, Tratado de Economía,* comenta que la aportación de Mises al campo de la Ciencia Económica fue influenciada por Carl Menger (1840-1921), uno de los fundadores de la Escuela Austríaca de Economía, con su libro *Principios de Economía Política*:

> El libro de Menger, que tanta influencia habría de tener en Mises, supuso un hito en la historia del pensamiento económico. Por primera vez se intentaba construir toda la Ciencia Económica partiendo del ser humano, considerado como actor creativo y protagonista de todos los procesos sociales (…). Se entiende, pues, cómo Menger considera imprescindible abandonar el estéril objetivismo de la escuela clásica anglosajona, siempre obsesionada por la supuesta existencia de entes externos de tipo objetivo (clases sociales, agregados, factores materiales de producción, etc.). (Huerta De Soto, 2015: XXXII-XXXIII)

Y no solo que Menger considera imprescindible abando- nar el estéril objetivismo de la escuela clásica anglosajona, obsesionada con entes externos como las clases sociales y factores de producción, sino retomar la teoría subjetiva del valor, de la utilidad marginal y del coste de oportunidad:

> Consecuencia natural de la concepción «subjetivista» que se retoma gracias a Menger es no sólo el desarrollo de la teoría subjetiva del valor y de su corolario la ley de la utilidad marginal, sino también la idea del coste como valoración subjetiva de las alternativas a las que se renuncia al actuar (coste de oportunidad) (Huerta De Soto, 2015: XXXIII).

A partir de este principio, los discípulos de Menger promovieron el concepto «subjetivista» como el gran aporte a la economía que es. Entre ellos destaca Eugen von Böhm-Bawerk (1851-1914), quien no solo contribuyó a la divulgación de la concepción subjetivista, sino que además expandió notablemente su aplicación en especial en el ámbito de la teoría del capital y del interés con la crítica a todas las teorías preexistentes, especialmente su análisis crítico de la teoría marxista de la explotación.

Posteriormente, el más brillante discípulo de Böhm-Bawerk, Ludwig von Mises, propuso extender la aplicación de la tradicional concepción subjetivista de la economía al ámbito del dinero y del crédito. Con el que solucionó el problema, aparentemente insoluble, de razonamiento circular respecto al precio o poder adquisitivo del dinero determinado por su oferta y demanda, donde la demanda la efectúan los seres humanos, no basándose en la utilidad directa que proporciona el dinero, sino en proporción de su poder adquisitivo; es decir, en un razonamiento circular que no tiene una conclusión convincente.

Mises demostró en base al «subjetivismo» que la demanda del dinero viene determinada no por el poder adquisitivo de *hoy* (lo cual daría lugar al razonamiento circular), sino por el conocimiento que se forma el actor basándose en su experiencia sobre el poder adquisitivo que el dinero tuvo *ayer*. Y, a su vez, el poder adquisitivo de ayer vino determinado por una demanda de dinero que se formó sobre la base del conocimiento que se tenía respecto a su poder adquisitivo de anteayer. Y así sucesivamente, hasta llegar al momento en la historia que una determinada mercancía (oro y plata) comenzó a tener demanda como medio de intercambio (Mises, 1949/2015).

Con este teorema se pudo explicar una serie de fenómenos que han causado graves preocupaciones con la creación expansivas de créditos sin respaldos de ahorro efectivo, al que da lugar el sistema bancario basado en un coeficiente de reserva fraccionaria dirigido por un banco central, que no solo genera un crecimiento cíclico y descontrolado de créditos a tipos de interés artificialmente reducidos, que a su vez provoca procesos inflacionarios que habrá de revertirse a crisis financiera y a recesión económica con paro masivo y la necesidad de liquidar y reasignar todos los recursos erróneamente asignados. (Mises, 1949/2015).

Mises extendió su análisis para demostrar la imposibilidad del socialismo como evidente desde la óptica del subjetivismo que explica el fracaso de ese sistema desarrollado a partir del error neoclásico del intervencionismo estatal.

En efecto, si la fuente de todas las voliciones, valoraciones y conocimientos se encuentra en la capacidad creativa del ser humano actor, todo sistema que se base en el ejercicio de la coacción violenta contra el libre actuar humano, como es el caso del socialismo y, en menor medida, del intervencionismo, impedirá el surgimiento en la mente de los actores individuales de la información que es necesaria para coordinar la sociedad (2015: XXXVII).

Huerta de Soto introduce el concepto del «cálculo económico», con el que Mises define a la información necesaria para coordinar la sociedad. El que debe surgir en la mente de los actores individuales que actúan voluntariamente y no por coacción estatal cuando acuden al mercado, de lo que adolece el socialismo y, en menor medida, el intervencionismo estatal capitalista y peor en el populista por desorientado:

> Mises se dio cuenta de que el *cálculo económico,* entendido como todo juicio estimativo sobre el valor del resultado de los distintos cursos alternativos de acción que se abren al actor exige disponer de una información de primera mano y deviene imposible en un sistema que, como el socialista, se basa en la coacción e impide, en mayor o menor medida, el intercambio voluntario (en el que se plasman, descubren y crean las valoraciones individuales) y la libre utilización del dinero entendido como medio de intercambio voluntario comúnmente aceptado. Por tanto, allí donde no exista libertad de mercado, precios monetarios de mercado libre y dinero, no es posible que se efectúe cálculo económico «racional» alguno, entendiendo por «racional» el cálculo efectuado disponiendo de la información necesaria (no arbitraria) para llevarla a cabo (2015: XXXVII-XXXVIII).

¿Qué es el «cálculo económico» que Mises evidencia como factor espontáneo de información para la armonía de los mercados? Mises, al igual que Hayek, descubró que la economía basada en el «subjetivismo» del ser humano que provee la información para decidir la producción se fundamenta en la existencia de la propiedad privada que se deriva al desarrollo de lo que llamaron «el cálculo económico racional», porque la formación de precios de bienes y servicios no puede fijarse sin definir primero el derecho de propiedad. Esto sucede en toda «acción humana», cuando nos corresponde decidir la compra desde un alfiler hasta la refrigeradora, el televisor, el vehículo y la casa de la familia, en cuyo proceso de compra buscamos información y al proveedor que creemos más idóneo para finalmente decidir por nuestra voluntad.

Con esta idea, Mises desvirtuó el pensamiento socialista que pretende diseñar una sociedad industrial y moderna en donde sea el Estado el que posea todos los medios de producción para todas las mercancías y que decida quién, cómo, cuándo, dónde y en cuánto utilizarlas. En el fondo, Mises demostró que la economía no puede ser planificada de forma eficiente por parte del Estado, que prohíbe los procesos de mercado y centraliza las decisiones de producción y planificación del consumo en las pocas «mentes iluminadas» que «piensan» por todos los ciudadanos, creyendo tener el don de la interpretación de miles y miles de voluntades.

Mises (1949/2015) define a la acción humana, a la que califica de *praxeología* para diferenciarla de la psicología, en estas palabras:

> La acción humana es una conducta consciente, movilizada voluntad transformada en actuación, que pretende alcanzar precisos fines y objetivos; es una reacción consciente del *ego* ante los estímulos y las circunstancias del ambiente; es una reflexiva acomodación a aquella disposición del ambiente que está influyendo en la vida del sujeto (…).
>
> Nuestra ciencia se ocupa de la acción humana, no de los fenómenos psicológicos capaces de ocasionar determinadas actuaciones. Es ello precisamente lo que distingue y separa la teoría general de la acción humana, o praxeología, de la psico-

logía. Esta última se interesa por aquellos fenómenos internos que provocan o pueden provocar determinadas actuaciones. El objeto de estudio de la praxeología, en cambio, es la acción como tal. Queda así también separada la praxeología del concepto psicoanalítico de subconsciente (2015: 15-16).

La acción humana o praxeología es una conducta consciente y voluntaria transformada en acción. Esto es lo que Mises determina para hacer una serie de análisis con los que demuestra el error del socialismo, así como de algunos principios del marginalismo económico que en base a cálculos matemáticos esperaba defender al capitalismo, provocando paradójicamente que el socialismo tomara fuerzas en el siglo XX en algunas economías que prescindieron del mercado.

Para la praxeología, el sujeto de estudio de la Economía no son los objetos materiales, como lo es para materialismo histórico sustentado por Marx y Engels. Según este, no es el espíritu el que determina la historia, sino las relaciones económicas de producción o el robótico *homo economicus* que describe el modelo de comportamiento del ser humano utilizado por los economistas neoclásicos. Estos intentaron demostrar que el hombre económico es una persona racional, que maximiza su utilizad, tratando de obtener los mayores beneficios con un esfuerzo mínimo. Esto le permitió a los economistas y sociólogos socialistas de calificarlo de idiota y de parásito.

Recuerde el lector la pregunta que planteaba más arriba en este libro: ¿por qué la Economía Política no había logrado erradicar la pobreza? En gran medida, su respuesta ya la he formulado, sobre todo con la controversia estéril entre el capitalismo y el socialismo, pero Mises nos ilustra mucho más con sus investigaciones sobre la «acción humana» o praxeología, que iría de la mano con lo que también he sostenido sobre la dignidad humana, porque la economía no puede ser vista nada más como una acción de números. Mises nos dice:

> La economía es la más joven de todas las ciencias. A lo largo de los últimos doscientos años, es cierto, muchas nuevas ciencias han ido surgiendo de las disciplinas que ya eran familiares a los antiguos griegos (…). Pero no por ello se ampliaba el mundo del saber. En cambio, la ciencia económica abrió a la ciencia humana un campo antes inaccesible y ni siquiera imaginado. El descubrimiento de una regularidad en las secuencia e interdependencia de los fenómenos del mercado desbordaba el sistema tradicional del saber. Surgía así un conocimiento que no era ni lógica, ni matemática, ni tampoco psicología, física o biología (2015: 1).

A partir de este pensamiento, Mises hace una revisión histórica desde la antigüedad cuando los filósofos intentaban descubrir los fines de Dios y de la Naturaleza para descubrir la «ley que rige el destino y evolución de la humanidad» (2015: 1). Por nuestra parte hemos incluido la aspiración de Aristóteles respecto a la virtud para alcanzar los fines de la *politeia*, pero faltaba el factor determinante que empuja al hombre hacia la justicia y a compartir la riqueza en la economía. Mises acota que «nunca lograron responder satisfactoriamente a la pregunta relativa a qué factores son los que impelen a los distintos sujetos a comportarse de tal suerte que permitan alcanzar esos fines a los que tiende la inexorable evolución del todo» (2015: 1-2).

Dice Mises: «Es preciso estudiar las normas rectoras de la acción del hombre y de la cooperación social a la manera como el físico examina las que regulan la naturaleza» (2015: 2). Pero, sin embargo, pasó mucho tiempo discutiéndose los aspectos «económicos» de la acción humana impulsada por el afán de lucro, hasta que, según Mises: «La transformación del pensamiento que iniciaron los economistas clásicos sólo fue culminada por la moderna economía subjetiva, que convirtió la teoría de los precios del mercado en una teoría general de la elección humana» (2015: 3). Mises agrega:

> Durante mucho tiempo no se comprendió que la sustitución de la doctrina clásica del valor por la nueva teoría subjetiva representaba bastante más que reemplazar una imperfecta explicación del intercambio mercantil por otra mejor (…). Es mucho más que una mera teoría del «aspecto económico» del esfuerzo humano por mejorar su bienestar material. Es la ciencia de toda forma de acción humana. La elección determina todas las decisiones del hombre (2015: 3).

Mises destaca la libertad de elección que supera las predicciones económicas hecha por los neoclásicos que priorizan los números para hacer las proyecciones de lo que es una conducta humana. Peor es el caso de los constructivistas o arquitectos sociales del socialismo que se enfrascaron en predecir las decisiones humanas como algo matemático simplemente.

Mises enfatiza la libertad de la elección humana como el factor clave de la economía:

> Cuando realiza su elección, el hombre elige no sólo entre diversos bienes y servicios materiales; cualquier valor humano, sea el que sea, entra en el campo de su opción. Todos los fines y todos los medios —las aspiraciones espirituales y las materiales, lo sublime y lo despreciable, lo noble y lo vil— se ofrecen al hombre a idéntico nivel para que elija, prefiriendo unos y repudiando otros. Nada de cuanto los hombres aprecian o rechazan queda fuera de esa única elección (2015: 3).

Con la decisión libre del hombre por tal o cual bien o servicio, pierde sentido la discusión como piedra de toque que estudiamos desde la visión marxista, aparentemente convincentes desde lo moral. Mises amplía la visión sobre el valor que solo depende de la decisión personal del individuo en el momento de compra o de venta:

> La teoría moderna del valor venía a ampliar el horizonte científico y a ensanchar el campo de los estudios económicos. De la economía política elaborada por la escuela clásica emergía la teoría general de la acción humana o praxeología. Los problemas económicos o cataláticos quedan enmarcados en una ciencia más general, integración imposible de alterar. Todo estudio económico deber partir de actos que consisten en optar y preferir; la economía es una parte, si bien la más elaborada hasta ahora, de una ciencia más universal, la praxeología (2015: 3-4).

La praxeología implica causa y efecto ya que toda acción humana busca lograr un fin, según Aristóteles, el «bien común» o la bienaventuranza, como una acción humana difícil de predecir o falsear con el uso de datos estadísticos exclusivamente, que solo adquieren sentido cuando se respaldan en definiciones y teoremas básicos de la economía. Como sucede cuando el empresario, bajo una orientación profesional del *marketing*, por ejemplo, estudia el mercado no como un escenario material exclusivamente o matemático, sino como un conjunto de personas con sus anhelos, aspiraciones y sueños. Esto sabiendo que la investigación de mercados es un dato de los problemas de sus potenciales consumidores obtenido ayer para decidir hoy con la finalidad de ofrecerle mañana la solución.

Debido a esto es que la investigación de mercado debe comenzar con hipótesis basadas en la subjetividad del potencial consumidor, para respaldarlas o corregirlas con la investigación cualitativa a profundidad, para luego pasar a la investigación cuantitativa con metodologías estadísticamente bien diseñadas con el objeto de medir el consumo y otras variables.

El estudio del mercado es un conocimiento coyuntural que puede ser obtenido mediante investigación, pero sus resultados son como la visión que tenemos en el espejo retrovisor que nos dice por dónde hemos pasado con nuestro vehículo, cuya experiencia nos permite, sin embargo, predecir y darle sentido a esa acción humana investigada. De su interpretación también el empresario toma sus propias decisiones empresariales de inversión, riesgo, valor, ganancia, pérdida, incertidumbre, expectativa, etc., de las que hablaba Smith.

Si el valor de uso y valor de cambio empantanó la economía por más de un siglo, ha sido producto de la crítica que Marx hizo de la Economía Política, estudiando otros aspectos que dejaban al margen la decisión de la acción humana o praxeología. Todos los aportes desde David Ricardo, y de sus conclusiones por los marxistas, hasta los keynesianos con la teoría general que soslayó aún más la decisión individual y solo se preocupó de los agregados económicos para que los Gobiernos tomaran las decisiones que en determinada época tuvieron éxito para levantar la economía desde la recesión, pero que en épocas normales o a mediano y largo plazo significó graves consecuencias por el estatismo de las decisiones. Y en general el afán por hacer de la Economía algo «objetivo», expulsando al ser humano de su estudio.

Tercera parte

¿Cómo vencer al egoísmo político?

Más y mejor democracia

Capítulo VI
Necesidad de la democracia estable y verdadera para el desarrollo

1. Construir democracia constitucional

Como hemos visto, la democracia es necesaria para el desarrollo de los pueblos y para que sea efectiva los ciudadanos deben practicar la virtud política. Para aprender a respetar en libertad la institucionalidad democrática y el Estado de derecho que garanticen la seguridad jurídica es necesario construir la democracia constitucional, incluyendo las instituciones políticas adecuadas para ejercer el poder con ese fin. Uno de sus principales efectos positivos es garantizar la participación ciudadana y su fiscalización, el derecho a asociarse en partidos políticos, el respeto de las mayorías a las minorías, permitir la mejor administración de los principios y leyes de la Economía Política para sustentar los niveles de vida que aspiran los ciudadanos cuando deciden voluntariamente ser parte de una comunidad. Pero, sobre todo, proteger a la democracia del totalitarismo caudillista.

Históricamente y de acuerdo con la revisión que hemos establecido hasta aquí de la democracia, para evitar equívocos, he recurrido a Aristóteles en su categorización de las formas de gobierno, con lo que establecimos que democracia es el gobierno de muchos, pero que no es garantía de que sea para el bien común si no se establece la virtud como ordenamiento de la comunidad con el fin de garantizar el bien de todos.

Para que la democracia funcione requiere que sus fundamentos estén garantizados en la constitución, como un compromiso ciudadano para la convivencia en unidad, orden y paz.

Construir democracia constitucional es la decisión de la comunidad de organizar y administrar el Estado bajo el lineamiento fundamental instituido en la constitución, que incluye los derechos y las obligaciones de todos los ciudadanos. A través de esta, queda establecido que el poder político se ejerce en base de la soberanía del pueblo y no bajo la voluntad de ninguna persona o grupo de personas en particular.

La constitución debe asegurar la participación ciudadana activa y consciente del mayor número de personas de la comunidad en el ejercicio de todos sus derechos civiles y políticos, capaces de elegir a través del voto universal a los funcionarios más idóneos para el Gobierno en lo que se conoce como democracia representativa. Fiscalizar a los elegidos haciendo uso de la consulta popular, referéndum, plebiscito y revocatoria del mandato, en la democracia directa e indirecta.

Para lo que se deberá fortalecer a los partidos políticos con ideologías propias y claras, planes de gobierno, estructura y cuadros de afiliados con voz y voto en asambleas. Su organización debe ser libre y de formación natural por ser humanas en la que se instituirán las ideologías y doctrinas políticas que mejor consideren conveniente para la comunidad en el logro del bien común de todos.

El pluralismo político es la expresión natural de la conducta del hombre que vive en comunidad y posee sus propios intereses en su cooperación social con la comunidad. En su libertad política y por la virtud de la justicia puede manifestar su pensamiento y actuar en consecuencia con el único límite de las leyes y del derecho ajeno. No solo en lo individual, sino haciendo uso del derecho a la asociación con quienes coincida en sus intereses políticos, económicos, sociales, religiosos, etc. En su derecho a disentir tiene derecho, además de expresar su ideología y doctrina, a debatir las ideas de los demás. Las ideas se perfeccionan a través de los filtros de opinión de toda la comunidad.

En los derechos fundamentales, esenciales e inherentes a la dignidad humana, la democracia constitucional se nutre del derecho a vida, de las libertades y de la propiedad privada de los ciudadanos; del derecho a participar en las actividades económicas, a través de un empleo digno, de emprender y desarrollar cualquier actividad de industria o comercio; del derecho a la enseñanza, a opinar, a profesar cultos religiosos y a obedecer a su propia conciencia.

Todos los ciudadanos son iguales y tienen los mismos derechos ante la ley general y aprobada legítimamente, salvo los hechos y conductas que evidentemente correspondan a la ilegalidad y los actos de violencia contra las personas y bienes, que deberán ser sometidos y reprimidos por el poder estatal legalmente establecido bajo el consenso general.

La democracia constitucional es consustancial con el diálogo ciudadano, partiendo en la confrontación de ideas más que de personas. Los adversarios políticos son exclusivamente proponentes de ideas que deberán confrontarse libre y respetuosamente, tanto para expresarlas de manera transparente como para convencer en el proselitismo político a las mayorías y ser favorecidos con la elección popular, sin demagogias y sin engaños a través de dádivas y otras formas mesiánicas que únicamente le ponen un precio a la soberanía del pueblo y que paulatinamente anula al individuo y a la comunidad para optar por el progreso de manera consciente entre las emociones y la razón. La confrontación de ideas se da en la civilización entre adversarios políticos y no entre enemigos.

La democracia constitucional debe cuidar la separación de poderes entre los políticos elegidos y ordenar la alternancia en el poder como principios de la organización conocida como república, a fin de garantizar que el Estado no privilegie a ninguna orientación política sobre las demás. Las reglas democráticas deben proyectar principios de verdad, concertación y tolerancia para respetar los planteamientos plurales. La separación de poderes y la alternancia en los mismos, fueron instituidos por grandes pensadores de la política para evitar los totalitarismos que generan las injusticias sociales, al margen de graves actos de corrupción.

Todo lo anterior se enmarca en un factor fundamental de la democracia constitucional como es el respeto y la protección que las mayorías le deben a las minorías. A su vez, para proteger la gobernabilidad, las minorías tienen el derecho de fiscalizar las decisiones y los actos ejercidos por los gobiernos de las mayorías con el fin de preservar el interés común. Si la democracia es el poder del pueblo obtenido por quienes circunstancial o permanentemente logran el mayor número de votos, esto no significa que puedan conculcar los derechos de los que están al margen del poder, lo cual degenera en tiranía o totalitarismo popular.

El principio de la mayoría en la democracia constitucional está apegada a la igualdad de las personas que conviven en un mismo Estado, en la que ninguna persona tiene un derecho superior o una obligación menor que los demás, salvo por las diferencias de edad o alguna capacidad física o mental especial u otras previstas en la ley. Su gran objetivo debe ser que la voluntad contraria a lo decidido por la mayoría pueda reducirse al mínimo en una agenda consensuada. La mayoría por lógica no puede existir sin minoría, porque es imposible que todos los ciudadanos estén de acuerdo en todos los grandes y pequeños temas nacionales.

Si la minoría ha tenido la misma oportunidad de exponer sus ideas como lo hace la mayoría, en un debate libre y transparente, y los electores bien informados y de manera subjetiva y libremente razonada escogieron la alternativa de la mayoría en un acto electoral serio y legalmente cumplido, el plan de gobierno de esa mayoría es legítimo, además de legal. La minoría deberá respetar la decisión de los ciudadanos, reservándose el derecho de sumarse a la mayoría si su propuesta es justa, o establecer los puntos de concordancia como agenda mínima y elaborar la agenda de las discrepancias que en cada oportunidad razonará, pero no como oposición por oposición o para obstruir lo decidido pensando en las siguientes elecciones, sino como fiscalizadora.

De esta manera es factible que la minoría se convierta en mayoría a medida que el Gobierno en funciones no cumpla con las expectativas que influyeron para que la mayoría lo eligiera. Pero allí debe darse el razonamiento de por qué no ha sido cumplido el plan de gobierno, con lo que se refuerza la gobernabilidad. Si las razones de los fracasos se dan por actos indebidos que atentan contra la legalidad y legitimidad, la fiscalización debe funcionar desde los órganos legislativos y judiciales, incluyendo la revocatoria de mandato popular. Pero si las razones son de índole ideológicas y de un plan de gobierno impracticable, el pueblo tiene derecho por pluralismo político reorientar su preferencia por la alternativa que perdió en las elecciones anteriores, con la única excepción, sujeto a escrutinio, de las razones por fuerza mayor. He allí otra razón para la alternancia en el poder.

Con lo que se evidencia mucho más que el principio de   la mayoría en democracia no es un derecho adquirido, sino otro principio de la democracia constitucional que refuerza   la posesión de la soberanía del pueblo, que únicamente se la encarga a los elegidos para cumplir las tareas de gobierno, pero que mantiene su derecho a optar por una u otra alternativa en relación con el interés de todos y no de particulares.

En materia de derechos de expresión, a la luz de los verdaderos principios democráticos, la prohibición de la opinión pública es ilícita. Asimismo, la restricción o prohibición de cualquier acto que no atente contra la moral ni los derechos de los demás son ilegales y no son democráticos.

Finalmente, la democracia constitucional a través de la institucionalidad democrática y el Estado de derecho protege a la democracia de ser degenerada por el intervencionismo, el autoritarismo y el totalitarismo. Nada de lo consustancial a los principios democráticos funcionan si en un país se permite el ejercicio del caudillismo. Para esto se establecen: la partición activa de los ciudadanos para elegir y fiscalizar a los funcionarios públicos; la consagración del pluralismo ideológico a través de los partidos políticos; los límites y la moderación de las mayorías y el respeto a las minorías y el respeto a la libertad de expresión en todas sus formas.

2. Estructura de la constitución democrática

La constitución democrática tiene que poseer una necesaria estructura para ser el documento que todos los ciudadanos la conozcan, la entiendan, la respeten y la hagan respetar.

Entre las varias propuestas, he decidido incluir la que Burneo (2008) incluye en el *Manual de Derecho Constitucional*, publicado junto a otros destacados autores y del que extraigo su definición:

El término constitución:

> Se vincula inseparablemente con los principios democráticos que buscan el equilibrio entre las facultades de la Autoridad por una parte —que las tiene en la medida de lo necesario para alcanzar el fin del Estado o Bien Común— y por otra parte el reconocimiento de los derechos de las personas, que se originan en la propia naturaleza humana, pero que requieren un marco legal predeterminado que permita su desarrollo armónico dentro de la colectividad (2008: 25).

La constitución democrática debe así equilibrar la autoridad del gobernante con el desarrollo armónico de los derechos de las personas dentro de un marco legal, para que sea realidad el bien común. Para lograr este equilibrio, la constitución democrática se compone de cuatro partes: preámbulo, normativa o dogmática, orgánica-funcional y la procesal (Burneo, 2008).

Veamos estas partes en detalle:

El preámbulo constitucional

Según Burneo, la primera parte de la constitución es la Introducción «que contiene la declaración solemne de los principios básicos en el que se considera fundado el orden social, o el título justificativo de la facultad soberana del órgano que la expide» (2008: 35). Esto entendiéndose como declaración solemne al compromiso firme y leal que se hace con el pueblo como el soberano. En algunos Estados se incluye la inspiración y el compromiso con Dios, como ser supremo. Llamaríamos a esta parte el espíritu que guía al asambleísta constituyente que realmente anhela un país mejor y próspero, fundamentado en las virtudes políticas de la humildad para aceptar la verdad como guía, la paciencia que da dominio sobre sí mismo, la generosidad para desprenderse de sus propios intereses y la caridad para alegrarse con la felicidad ajena. Jamás podría una constitución pensar en el bien común si está inspirada en la soberbia, la ira y revanchismo, la avaricia y la envidia como los vicios políticos que conforman el Egoísmo Político.

Parte normativa o dogmática

Según el mismo autor, además de regular lo relacionado al tipo de Estado y sus elementos y particularidades de territorio, nacionalidad y ciudadanía, esta segunda parte de la constitución incluye «los demás derechos y garantías individuales, sociales, civiles y políticos, de sufragio y otras formas de participación democrática, a los mecanismos de enlace, vigilancia, fiscalización, en una palabra, al conjunto de preceptos que ponen en práctica los principios y metas de cada nación» (2008: 35). Normas que deberían ser concretas y específicas, tal como están redactadas en los documentos internacionales de Derechos Humanos.

Deberá evitarse la redacción confusa, sin subterfugios, que puedan restar el peso necesario y debilitar los derechos de los ciudadanos y que dé oportunidad para imponer la autoridad estatal ejercida por el caudillo. La ambigüedad, la contradicción y las restricciones legales en un texto extenso y de abundantes artículos, hacen, de esta parte de la constitución democrática, una herramienta para el autoritarismo. Una redacción ambigua será la herramienta que usarán los jueces constitucionales y comunes para adaptar la interpretación de su articulado para ajustarla a la necesidad autoritaria del momento. Es aquí en donde normativamente se les resta los derechos a los ciudadanos y se les impone obligaciones extralimitadas. El derecho a defenderse de los abusos del poder no son parte de una constitución diseñada para el autoritarismo caudillista.

Los derechos civiles y políticos individuales y comunitarios son inalienables y así deben constar en esta parte normativa.

Igualmente, los derechos económicos, a tener un trabajo digno y a vivir en un ambiente sano.

En gran medida, una constitución inclinada hacia un dogmatismo radical será redactada como un documento de ataque en contra de los derechos de los opositores, o de las «minorías perdedoras». Esa es una razón contundente para explicar por qué las constituciones así redactadas no tienen mucha vida en el tiempo.

El gran objetivo que deberán proponerse los legisladores en esta parte de la constitución en definir la institucionalidad democrática de una manera tan clara y contundente para que sirva al bien común. Si a una comunidad no se le da esta opción, la convivencia no será pacífica. Peor aún si se la redacta a la medida del caudillo, el bien será para él y sus seguidores. Solo una mayoría circunstancial o coyuntural se beneficiará a costa de las minorías y no durará mucho tiempo.

Si la institucionalidad democrática es blindada al capricho del caudillo, la comunidad podrá dedicar sus energías a temas productivos y de desarrollo.

Parte orgánica-funcional

Esta parte, según Burneo, debería ser «la enunciación de las reglas fundamentales que rigen las relaciones entre el Estado y el individuo» (2008: 35). Tanto en las organizaciones y empresas estatales, sin exagerar en cantidad y en atribuciones, así como las entidades de control para los funcionarios públicos y en la medida de lo necesario para los ciudadanos, sin extralimitar sus funciones más allá de lo necesario. Principalmente, lo que atañe a respetar el control ciudadano, la igualdad ante las leyes, la participación ciudadana sin censura de opiniones y libertad de recibir y emitir información.

Un espacio especial amerita la participación ciudadana a través de las organizaciones sociales, partidos políticos y todos los organismos necesarios para fiscalizar al Gobierno y a los funcionarios públicos. Las minorías deben tener cabida de manera irrestricta para fiscalizar a las mayorías.

En beneficio del pluralismo y la participación ciudadana, los partidos políticos deben ser especialmente fortalecidos, por ser la escuela de la democracia. La constitución tiene que especificar los requisitos mínimos para ser registrados legalmente, incluyendo su ideología, planes de gobierno debidamente sustentados, cuadros de afiliados con voz y voto y las escuelas de democracia.

Aquí es fundamental evitar el dogmatismo del caudillo ganador, que no dejará los espacios democráticos para el pensamiento, la voluntad y la acción humana para desenvolverse en libertad. Se deberá cuidar que el Estado no decida qué pensar y qué hacer para que el ciudadano esté acorde con el aparato estatal. Es decir, el Estado no debe convertir al ciudadano en un objeto y quitar «legalmente» el poder ciudadano.

En lo orgánico, se deberá diseñar una estructura tal que no permita la creación del Estado superpoderoso para ejercer ese poder omnímodo y planificador de la vida de sus ciudadanos hasta en el más mínimo detalle. El Estado no debe ser controlador y represor dominando la institucionalidad, en lo militar, eclesiástico, académico, empresarial, comunicacional, deportivo, etc. Es decir, el Estado tiene deberes de facilitador para que el ciudadano pueda buscar su autorrealización en el bien común. El Estado no tiene derechos sobre los ciudadanos, salvo aquellos del uso de la fuerza cuando el ciudadano infringe la ley. Es decir, aquello a lo que se refiere Burneo: «determinar la estructura del

Poder y de sus órganos de acción, las diversas instituciones y sus medios operativos, así como los deberes del Estado frente a los individuos y a la sociedad entera» (2008: 35), para lo que debería crear exactamente una estructura necesaria suficiente que permita ejercer los derechos ciudadanos en libertad.

Si la parte normativa le da el espíritu al Estado con la orgánica funcional, se establecerán los elementos intangibles y tangibles del Estado que la pondrán en práctica. Deberá ser lo más objetiva y realista, con un positivismo honesto, enfocándose en el logro del Estado de derecho y la seguridad jurídica colateralmente para que la institucionalidad democrática sea efectiva y no vulnerable.

Los órganos del Estado a través de los que se ejerce la soberanía del pueblo no son solo los edificios, las personas que los ocupan, la tecnología que usan y el presupuesto que consumen. Esto es lo material. Más importante es lo intangible que administran.

Aquí se dará vida a las instituciones en sus principios, organizaciones, ejecuciones y controles, tanto como la retroalimentación para perfeccionarlas continuamente. Es decir, en todo lo intangible que los funcionarios públicos administrarán del pueblo, para el pueblo y por el pueblo.

De no plasmarse ese espíritu en esta parte orgánica-funcional, junto con la normativa, sus debilidades harán una constitución ilegítima y, por lo tanto, fallida.

Parte procesal de la constitución

Dice Burneo que la parte procesal de la Constitución es aquella «que consagra la superlegalidad constitucional, estableciendo un procedimiento especial de revisión y reforma, así como los organismos de vigilancia y control de la constitucionalidad» (2008: 35), dando prioridad a la participación ciudadana a través de las organizaciones sociales y los partidos políticos, con las limitaciones constitucionales que no coarten la voluntad popular e impidan su manifestación y concreción.

Las normativas para las enmiendas o reformas constitucionales deberán prever que el gobernante cumpla con las disposiciones populares y cuando proponga cambios a la constitución que tengan relación con la separación de poderes, alternancia democrática, control popular y la igualdad ante las leyes, lo haga bajo argumentos republicanos y democráticos. Las normas deberán impedir que el caudillo pueda ejercer su propia y arbitraria voluntad para reformar la constitución a su antojo, tanto en los casos de modificación de su pensamiento autócrata, como en los eventos de necesidad para perennizarse en el poder político.

La carta constitucional pasaría a ser en esta parte únicamente una adaptación a un proyecto personal basado en el Egoísmo Político de las ideologías radicales, si no se redacta clara y democráticamente. La constitución será irrespetada y adaptada, no al ritmo de los tiempos y de las demandas ciudadanas, sino a las necesidades temporales de las ideologías dominantes y al estado de humor del caudillo. El bien común no será el horizonte que guíe la reforma o la enmienda constitucional, sino el interés personal del caudillo y sus seguidores.

Finalmente, existe una última parte de la constitución que es imprescindible agregarla. Se trata de la normativa transitoria para implementar los cambios que la nueva constitución haya hecho a las normas y estructura del Estado de las constituciones anteriores, a la que se agrega una disposición de promulgación, vigencia y puesta en marcha de la nueva norma suprema.

3. La institucionalidad democrática y el Estado de derecho

Considero que es necesario insistir y ampliar lo que es la institucionalidad democrática y el Estado de derecho, incluida la seguridad jurídica, para que las autoridades del país estén sometidas a un ordenamiento jurídico, a diferencia de un Estado de facto o de tiranía y dictadura, para cuyo cumplimiento debe dotarse al ordenamiento jurídico de las siguientes características: la separación e independencia de poderes, la alternancia en el ejercicio del poder, el control ciudadano y la igualdad ante la ley.

Institucionalidad democrática

La institucionalidad democrática de un Estado, siendo lo que inspira a su organización, deberá ser el ordenamiento jurídico que, además de darle vida como Estado, pueda establecer la forma de convivencia ciudadana enfocada en objetivos comunes para preservar la unidad, el orden y la paz.

Cuando hablamos de Estado nos referimos al ente conformado por las instituciones que ejercerán la soberanía del pueblo plasmada en la constitución democrática. Su creación se da jurídicamente cuando los pueblos se independizan a través de revoluciones pacíficas o violentas e inician el proceso necesario para coordinar acciones.

Y cuando hablamos de institución en democracia, nos referimos al sentido más amplio posible, que incluye desde lo intangible como la misma constitución, así como a los organismos que llevan a la práctica los mandatos constitucionales. Lo importante es saber que el establecimiento del Estado se fundamenta sobre normas, la organización de las entidades que las aplican, su aplicación o ejecución y la determinación del control que debe hacerse del cumplimiento de las normas, de las instituciones y de su aplicación y ejecución. Es decir, todo en un conjunto es la institucionalidad democrática. Las normas, la organización administrativa, la ejecución y el control sería lo intangible y los organismos vistos como edificios, tecnología y el presupuesto financiero serían lo material.

De esta clasificación extraemos que lo humano es la primera institución democrática, expresada en la voluntad de los funcionarios públicos que administran los componentes intangibles y tangibles del Estado. Por lo tanto, es clave para la buena administración del Estado la calidad de los políticos. Más allá de lo material de los edificios, la tecnología y el presupuesto del Estado, es lo intangible de la acción humana de los funcionarios públicos lo que consolidará o debilitará la institucionalidad democrática.

Para esto, el poder debe estar institucionalizado y no personalizado, vale decir, debe recaer en instituciones jurídico-políticas y no en nombres y apellidos específicos, los cuales son detentadores temporales del poder mientras ocupan su cargo. Las leyes deben aplicarse por igual a todas las personas, incluidos los gobernantes. El gobierno es de leyes y no de personas. El organismo que crea las leyes debe ser distinto al que las aplica y se necesita de una autoridad judicial independiente para garantizar la administración justa de las leyes. Solo así se puede garantizar la protección de las minorías y evitar el abuso de poder por parte de los gobernantes y de las mayorías circunstanciales.

Tal vez el requisito más importante dice la relación con que tanto las normas jurídicas del respectivo Estado, como las actuaciones de sus autoridades al aplicar dichas normas jurídicas, deben respetar, promover y consagrar los derechos esenciales que emanan de la naturaleza de las personas y de las organizaciones sociales intermedias, con fines o sin fines de lucro, que constituyen el conjunto de la sociedad, a la que prefiero llamar comunidad.

La cultura constitucional en el pueblo que hace la democracia es fundamental a través de la educación cívica y la igualdad de derechos, con igualdad de oportunidades para todos. De esto se encargan los legisladores que crean las normas legales y los operadores de la justicia independiente y autónoma que las hace respetar. Esto nos lleva al Estado de derecho.

El Estado de derecho

Como se verá, algunos de los conceptos que voy a incluir para explicar el Estado de derecho desde la visión democrática que la proteja del caudillismo, podrían fundirse con las de la institucionalidad democrática, por lo que algunos autores las entremezclan o llegan a considerar que ambas instituciones son una sola.

A este respecto debo aclarar que sí existen diferencias entre ellas cuando las vemos partiendo desde el análisis previo del intervencionismo, autoritarismo y totalitarismo de los que hace uso el caudillismo para imponer su propio arbitrio, como lo hemos revisado previamente. En otras palabras, la institucionalidad democrática podría cumplir todos los requisitos que hemos descrito antes como disponer de una constitución democrática y todos los componentes para cumplir su objetivo, pero el Estado de derecho tiene formas tan sutiles de ser burladas si no existe la voluntad de un líder virtuoso republicano y democrático para sabiamente respetarla, y por el contrario existe la habilidad, astucia y vicio del caudillo para irrespetarla.

El Estado de derecho es la forma o la actitud de respetar la constitución, las leyes, reglamentos, decretos y otras normas. Es lo intangible de la democracia que depende de la cultura cívica y política de toda la comunidad y de manera especial de los líderes sabios republicanos y democráticos que hacen un compromiso de fe en respeto, cumplimiento y en hacerlas respetar. El Estado de derecho va más con la ética y la moral de los individuos, con las virtudes cívicas que aprendemos desde la familia y la escuela. Mientras la institucionalidad democrática nos describe cómo es la democracia de un Estado, el Estado de derecho es cómo la practicamos.

Lo que nos lleva a recordar la necesidad de elevar la cultura republicana y democrática de todos los ciudadanos y demandar el compromiso de los políticos profesionales para evolucionar positivamente.

Sobre la evolución cultural, Hayek (1988/2016) dice que: «Para la mente primitiva debió resultar de todo punto inconcebible la existencia de un orden de actividades humanas de extensión superior a lo abarcable por la directa percepción de alguna mente ordenadora» (2016: 39). Quizá en los primeros tiempos la vida en la horda, el clan y la tribu, «su mayor experiencia puede haber otorgado a los miembros más ancianos del colectivo una especial autoridad, el tipo de coordinación radicaba fundamentalmente en los instintos de solidaridad y altruismo» (2016: 40), pero al incrementar el número de los componentes de la comunidad, como seres gregarios, requerían otro orden para convivir.

Es así como Hayek (1988/2016) amplía su apreciación sobre la forma de convivir en comunidad en organizaciones más extensas hacia la necesidad de normas de comportamiento, no instintivas, sino evolutivas:

> De no haber surgido de hecho nuestro orden actual, resultaría difícil incluso imaginar que dicho tipo de colaboración fuera posible, por lo que seguramente tildaríamos de fantásticos y utópicos a quienes alabaran sus hipotéticos logros. Son las normas reguladoras de la conducta humana plasmadas por vía evolutiva (y especialmente las que hacen referencia a la propiedad plural, al recto comportamiento, al respeto de las obligaciones asumidas, al intercambio, al comercio, a la competencia, al beneficio y a la inviolabilidad de la propiedad privada) las que

generan tanto la íntima estructura de ese peculiar orden como el tamaño de la población actual (2016: 40).

Pensándolo bien, no existe alternativa a una forma de convivencia pacífica con todos los elementos que Hayek incluye, por lo que haber pensado que el totalitarismo podría reemplazar las normas de convivencia en donde la evolución humana pueda realizarse sin el comportamiento de respeto mutuo y sin la relación de intercambio, de comercio, competencia, beneficio y sin respetar la propiedad privada, terminó demostrando que tan solo fue una utopía irrealizable. Por eso es que surge una y otra vez la necesidad de fortalecer la democracia participativa bajo las normas del Estado de derecho.

Mi propuesta se enfoca en una organización social que respete las instituciones tradicionales, tales como la familia, la propiedad privada, la economía de mercado, la distribución del trabajo y la libertad, en un marco de respeto a la dignidad humana y a las normas morales que fomenten la iniciativa individual y la sabiduría bien entendida, que extraiga las conductas que superen el instinto y se perfeccionen en la razón.

La democracia no resuelve todos los problemas en la institucionalidad democrática, pero sí crea las bases para resolverlos en el Estado de derecho cuando los ciudadanos, líderes y pueblo, están comprometidos y preparados para hacerlo.

De cualquier revisión histórica se desprende que, a pesar de los grandes esfuerzos realizados, en determinados países la concreción de instituciones democráticas sólidas no ha sido posible, lo que ha llevado a muchos intelectuales y científicos de la política, en donde esta no posee su esencia, a buscar una y otra alternativa de explicación. Como lo hemos revisado a lo largo de este libro al repasar las principales corrientes políticas y económicas, para concluir que cada una de ellas tiene su aporte como una parte del bien de todos, por lo que no son la causa *per se*, sino la falta de debate y su aplicación exagerada por parte de quienes están obnubilados.

Como órgano necesario aparecen la constitución, las leyes y sus reglamentos que norman moral y legalmente el comportamiento mínimo y necesario para asegurar la conducta positiva del individuo y de la comunidad, estableciendo sus derechos y obligaciones universales y las obligaciones y los límites de las facultades de los funcionarios públicos para el ejercicio de las funciones del Estado, reconociendo a la democracia como forma de gobierno de la mayoría con la condición del respeto a los derechos de la minoría y a la república como el sistema de mejor aplicación de la política pura que haga eficiente a la democracia para el beneficio de toda la comunidad, reconociendo la igualdad de todos ante la ley que emana de la constitución y la separación del poder para evitar el totalitarismo.

Estos postulados son producto de un estudio, primero de las causas de por qué han fracaso históricamente las diversas posiciones reales de las ideas de izquierda, de derecha y de la denominada tercera vía en la erradicación de la pobreza y el hambre, por su intervencionismo en las decisiones de los individuos; así como de las formas que den solución al desarrollo del individuo y de la comunidad dentro de un Estado republicano y democrático.

La concreción de una nueva democracia depende de dónde se comienza, porque las instituciones democráticas no se generan en el vacío. El terreno es el adecuado cuando la oportunidad para el cambio —la apertura democrática— llega.

Cualquiera que sea la posición en que se encuentre una sociedad es necesario que se conozca qué es el Estado de derecho y la obligación de respetarlo. El mismo que debe ser visto como un atributo básico, *sine qua non*, del imperio de la república en la organización del Estado para alcanzar en la práctica el bien común.

Una sociedad es sólida en democracia cuando sus instituciones son sólidas y no existe la posibilidad de que ningún partido político pueda imponer su voluntad sobre la constitución, las leyes y los reglamentos. Se suele decir que mientras las reglas del juego democrático son claras, universales, predecibles y generales, no se da oportunidad a la interpretación acomodaticia de los políticos en el poder. Esa es la diferencia entre los líderes republicanos y democráticos que hacen del ejercicio político un ejercicio de desprendimiento y los caudillos autoritarios y totalitarios que toman el poder como un capricho personal.

A continuación, me propongo detallar dos principios fundamentales de la república que forman parte de la institucionalidad democrática que deben ser respetadas en el Estado de derecho para el bien de la comunidad y su bien común: la separación de poderes y la alternancia en el poder. Las mismas que garantizan el control popular y la igualdad ante las leyes de los ciudadanos, como los otros dos fundamentos republicanos.

4. La separación e independencia de poderes

Charles Louis de Secondat (1689-1755), barón de Montesquieu, en su libro *El Espíritu de las Leyes* hace mención que «La virtud no es el principio del Gobierno monárquico», porque «en las monarquías, la política promueve grandes cosas con el mínimo de virtud posible». Es decir, lo que Aristóteles ya había calificado como una degeneración para convertirse en tiranía. Allí «El Estado subsiste con independencia del amor a la patria, del deseo de gloria auténtica, de la renuncia a sí mismo, del sacrificio de los más caros intereses y de todas aquellas virtudes heroicas que encontramos en los antiguos y de las que sólo hemos oído hablar» (Montesquieu, 1748/2015: 64).

Respecto a los Estados despóticos, Montesquieu (1748/2015) dice que «El honor no es el principio de los Estados despóticos. En ellos los hombres son todos iguales en su esclavitud, y por eso no puede haber preferencias». (Montesquieu, 1748/2015: 67). ¿Cómo puede haber progreso en un Estado en que no exista ni virtud, ni amor a la patria, ni el honor?

Montesquieu escribió esta realidad en la época de los monarcas, quienes concentraban en sus manos todos los poderes de la república y, por lo tanto, se convertían en tiranos que disponían desde la vida, el trabajo y la propiedad de sus súbditos y de los esclavos. En los tiempos actuales, el caudillo autoritario repite la historia apoderándose de todos los poderes del Estado, aunque no ostente el título de monarca. Pero al que imita en la falta de valores humanos, concentrando en sus propias manos la legislatura, la ejecución de las leyes y su aplicación, generalmente, desde su propia realidad.

Al no existir esos valores humanos, es imposible que exista institucionalidad democrática que permita la prevención y solución efectiva, eficiente y pacífica de los conflictos, y que ayude al desarrollo económico sostenible. Para tener un Estado de derecho efectivo es necesario: que el derecho sea el principal instrumento de gobierno; que la ley sea capaz de guiar la conducta humana; que los poderes la interpreten y apliquen congruentemente y con un mínimo de distorsión.

Un aspecto fundamental a tener en cuenta es que la libertad de los pueblos depende precisamente del cumplimiento de las leyes. Es decir, que la libertad depende si nadie está sobre la ley, ni los ciudadanos ni los gobernantes.

Montesquieu (1748/2015) nos lo dice en estas palabras:

> Es cierto que en las democracias parece que el pueblo hace lo que quiere; pero la libertad política no consiste en hacer lo que uno quiera. En un Estado, es decir, en una sociedad en la

que hay leyes, la libertad sólo puede consistir en poder hacer lo se debe querer y en no estar obligado en hacer lo que no se debe querer. Hay que tomar consciencia de lo que es la independencia y de lo que es la libertad. La libertad es el derecho de hacer todo lo que las leyes permiten, de modo que, si un ciudadano pudiere hacer lo que las leyes prohíben, ya no habrá libertad, pues los demás tendrían igualmente esta facultad. (1748/2015: 204-205)

Para palpar la trascendencia de esta aseveración de Montesquieu, basta imaginar a un caudillo autoritario que irrespete las leyes y uno totalitario que sea él quien dicte las leyes y castigue a los ciudadanos en base a ellas, para darnos cuenta del peligro que corre la democracia y de su debilidad cuando aparecen esta clase de políticos, que se creen semidioses y es su obsesión estar sobre las leyes.

Montesquieu agrega otra verdad, seguramente pensando en los políticos «bienintencionados» que también necesitan límites de poder. A pesar de estar dotados con el hábito de alguna virtud, porque a fuerza de detentar el poder caen en la corrupción, por lo que aún ellos necesitan límites y por disciplina deben evitar jugar con el poder, cuando dice que «es una experiencia eterna, que todo hombre que tiene poder siente la inclinación de abusar de él, yendo hasta donde encuentre límites. ¡Quién lo diría! La misma virtud necesita límites» (1748/2015: 205).

Y ¿cómo debe ser la organización de esa república según el aporte cívico y político con el que contribuyó Montesquieu? El filósofo nos dice que *el mismo poder es el que frena al poder* al distribuírselo por lo menos en tres clases de funciones como hoy las conocemos:

Para que no se pueda abusar del poder es preciso que, por la disposición de las cosas, el poder frene al poder. Una constitución puede ser tal que nadie esté obligado a hacer las cosas no preceptuadas por la ley, y a no hacer las permitidas (1748/2015: 205).

Pero recordemos que Montesquieu escribió su obra en tiempos de monarquía y lo hizo en un sentido crítico. Por ejemplo, al referirse a la constitución de Inglaterra describe que el príncipe era quien concentraba los poderes en su propia persona. El filósofo lo dice así:

> Hay en cada Estado tres clases de poderes: el poder legislativo, el poder ejecutivo de los asuntos que dependen del derecho de gentes y el poder ejecutivo de los que dependen del derecho civil.
>
> Por el poder legislativo, el príncipe, o el magistrado promulga leyes para cierto tiempo o para siempre, y enmienda o deroga las existentes. Por el segundo poder, dispone de la guerra y de la paz, envía o recibe embajadores, establece la seguridad, previene las invasiones. Por el tercero castiga los delitos o juzga las diferencias entre particulares. Llamaremos a éste, poder judicial, y al otro, simplemente, poder ejecutivo del Estado (…).
>
> La libertad política de un ciudadano depende de la tranquilidad de espíritu que nace de la opinión que tiene cada uno de su seguridad. Y para que exista libertad es necesario que el Gobierno sea tal que ningún ciudadano pueda temer nada de otro.
>
> Cuando el poder legislativo está unido al poder ejecutivo en la misma persona o en el mismo cuerpo, no hay libertad porque se puede temer que el monarca o el Soberano pro- mulguen leyes tiránicas para hacerlas cumplir tiránicamente (1748/2015: 206-207).

¿No es esto lo que sucedió en los Estados fallidos del siglo XX y lo que continúa dándose en el siglo XXI con la concentración del poder político en una o en pocas manos? En Estados que, por alguna circunstancia u otra, ya sea por falta de educación democrática y constitucional, el poder ha sido concentrado en manos de un caudillo totalitario o autoritario que ha fingido respetar la democracia, contando con el apoyo de sus cercanos colaboradores que no entendieron el fundamento de la separación de poderes. Montesquieu agrega:

> Tampoco hay libertad si el poder judicial no está separado del legislativo ni del ejecutivo. Si va unido al poder legislativo, el poder sobre la vida y la libertad de los ciudadanos sería arbitrario, pues el juez sería al mismo tiempo legislador. Si va unido al poder ejecutivo, el juez podría tener la fuerza de un opresor.
>
> Todo estaría perdido si el mismo hombre, el mismo cuerpo de personas principales, de los nobles o del pueblo, ejerciera los tres poderes: el hacer las leyes, el de ejecutar las resoluciones públicas y el de juzgar los delitos o las diferencias entre particulares (1748/2015: 207).

Establecido la trascendencia para la vida democrática y la necesidad de la separación de poderes, Montesquieu concluye este tema:

> He aquí, pues, la constitución fundamental del Gobierno al que nos referimos: el cuerpo legislativo está compuesto de dos partes, cada una de las cuales tendrá sujeta a la otra por su mutua facultad de impedir, y ambas están frenadas por el poder ejecutivo que lo estará a su vez por el legislativo (1748/2015: 215).

5. La alternancia en el poder

La alternancia en el poder es el respeto al control popular y a la igualdad ante las leyes, cuando está previsto que el poder público no permanezca en las mismas manos por tiempo indefinido. El pueblo no puede encargar indefinidamente su soberanía al mismo funcionario público, porque el pueblo corre el riesgo de pasar de poseedor del poder a obediente y sumiso. Ningún individuo con ánimo republicano y democrático puede pretender convertirse en monarca, porque puede apoderarse de la soberanía del pueblo.

Como consecuencia de la eliminación de la alternancia en el poder, el pueblo termina perdiendo su participación activa en política, por lo que, para el bien de la democracia, la alternancia no debe ser debilitada por el ejercicio del poder permanente de la misma persona o del mismo grupo de gobierno.

Simón Bolívar, en su discurso de Angostura, atribuyó el fin de la democracia por la permanencia del mismo mandatario en el poder. Por esto, demandó las elecciones continuas como esenciales en sistemas populares debido al peligro de las distorsiones en la administración a fuerza de la costumbre, del mismo individuo a mandar y del pueblo a obedecer, de donde se origina la usurpación y la tiranía (Bolívar, 1829).

Lamentablemente, este valor republicano ha sido desconocido en los últimos tiempos, de manera especial por los caudillos de última data que han aparecido en algunos países de Latinoamérica remando contracorriente en el siglo XXI. Como obnubilados o autómatas de la política. Incluso enarbolando algunos pensamientos del mismo Bolívar.

Por otro lado, la alternancia en el poder es otro de los principios democráticos que ha sufrido la indiferencia en determinados sectores de la opinión pública, quizá por falta de conocimientos. Por el contrario, ha sido menospreciado por quienes, al parecer, de manera inconsciente, aman la esclavitud y adoran a las monarquías. En parte también se debe a un manejo interesado y conveniente para perennizar ideologías populistas, pero también ha sufrido de la incomprensión de los «científicos» de la política o académicos, quizá porque es un intangible que requiere ser reflexionado de manera más profunda para convencerse de su importancia, a fin de incluir a la alternancia en el poder como parte de la formación política.

El principio de alternancia democrática señala la conveniencia, para el propio sistema político del país al involucrar a la mayoría de actores que tienen interés en los asuntos políticos, económicos y sociales. Su participación activa crea una reserva de futuros líderes republicanos y democráticos entre la juventud. La dinámica y la evolución de los asuntos públicos demanda sangre nueva. No tan solo en el poder, sino también en la representación de las distintas funciones públicas y sociales. La democracia necesita alternancia en el poder público, porque favorece a los mandos medios de la burocracia, ya sean de libre remoción o permanentes, conocidos como de carrera, quienes colaboran en las entidades de control y de los órganos electorales y superintendencias, porque mantendrán su independencia ante los titulares de esas entidades y ante el caudillo que los designó para esos cargos, porque no estarán obligados a obedecerle obsecuentemente a cambio de permanecer en el cargo o de lisonjas y corrupción, sin considerar la falta de preparación de muchos de ellos, con tal de ser «amigos del caudillo».

La alternancia en el poder público no puede ser contrastada con la permanencia que se da en los cargos de la administración privada, por las diferencias entre el mérito administrativo y el político. Porque a diferencia de la administración privada con fines de lucro o sin él se administra los propios recursos sujetos a cierre de la empresa en caso de quiebra, mientras en la administración pública los recursos son de la ciudadanía y no están sujetos a la posibilidad del cierre de las empresas públicas por más pérdidas que se reporten. Si una empresa privada fracasa será porque sus accionistas no supieron hacer las auditorías internas y externas con mayor escrutinio y tomar medidas oportunas para corregir cualquier desviación, incluso con la separación del cargo del funcionario que ha fallado. En el Gobierno democrático existen formas de control, pero que pueden ser absorbidas por el Gobierno central y por los vicios políticos, tal como lo hemos ya detallado.

Además, en una empresa privada, no solo se rinde cuentas a las autoridades internas y a los interesados externos de la empresa como proveedores, clientes y empleados, sino también a las autoridades del Estado que los controla en el cumplimiento de las leyes. En la institucionalidad privada, primero se fija el perfil del cargo y luego se escoge al ejecutivo o empleado que corresponda al perfil de acuerdo con sus méritos. Pero en el caso de la institucionalidad pública, ninguno de estos factores de evaluación corresponde para un funcionario público. Es muy común que incluso se creen cargos burocráticos en instituciones estatales para dar empleo a los simpatizantes del partido de gobierno, sin reparar en los costos económicos y sociales que esto conlleva. En la práctica, el partido de gobierno se convierte en una agencia de empleo.

En la administración pública el conocimiento, las habilidades, las destrezas y la experiencia de los funcionarios no son necesariamente evaluados para ocupar los cargos, sino a través de los cuadros que componen el partido político y la aportación monetaria y de persona en las campañas electorales. Un ministro de cualquier cartera de Estado, por ejemplo, si fracasa en una de sus funciones puede ser «reciclado» recibiendo otras responsabilidades o encargándose de alguna representación diplomática, porque sigue conservando el aprecio del gobernante a cambio de lealtad, aunque no esté preparado para las nuevas funciones.

A cuenta de que el Estado nunca quiebra a pesar de una mala administración y alto endeudamiento, los funcionarios públicos inexpertos e incapaces se fortalecen en sus posiciones al pasar el tiempo. En algunos casos, no solo se incluyen en esta característica los funcionarios de libre remoción, sino algunos funcionarios de carrera que son ratificados o removidos de acuerdo a la conveniencia del partido de gobierno. Allí no es el mérito que se impone, sino la simpatía ideológica o la amistad. No se explica de otra forma la «rotación» que se da no de personas en los cargos, sino de las mismas personas en diferentes cargos, como una especie de reciclaje, sin que cumplan con los perfiles profesionales. Si bien es cierto que la continuidad genera un perfeccionamiento de las funciones o de las competencias de los funcionarios públicos, no es básico este requisito donde la permanencia en el poder, la continuidad va paulatinamente concentrando el poder de decisión en una o en pocas manos, las otras funciones del Estado y las entidades de control dejan de ser independientes, porque dependen del mismo Gobierno.

De igual forma, el principio de alternancia democrática fomenta el control popular y la igualdad política como otros dos principios fundamentales. El primero es el derecho del pueblo a incidir eficientemente en las decisiones que le atañen y sobre quienes la toman y ejecutan, y el segundo es el pueblo que exige ser tratado con dignidad en la toma de tales decisiones entre iguales. Un pueblo que es tomado en cuenta para renovar las visiones políticas con la incorporación de nuevos candidatos a las funciones del Gobierno, se refuerza en su participación en cada ocasión que es llamado a las urnas y a la consulta; manteniendo su derecho a decidir entre varias nuevas alternativas si los planes y estilos de gobierno del político saliente ha tenido éxito o no. Si aportó algo positivo, el pueblo sabrá apoyar el perfeccionamiento de esas decisiones bien tomadas y susceptibles a mejorar siempre con nuevas ideas. Pero si el Gobierno saliente fracasó en sus decisiones, no se trata de nuevas oportunidades, sino de un cambio, a veces radical de las fórmulas propuestas. No existe nada mejor en democracia que el nuevo Gobierno destape lo oculto del anterior. Porque es muy humano que por el vicio del Egoísmo Político se trate de ocultar los errores para ganar las nuevas elecciones.

En la democracia moderna, el control popular e igualdad política necesitan sistemas de partidos y leyes de elecciones sólidas y abiertas que garanticen la alternancia en el poder, para que la institucionalidad se oxigene en períodos adecuados, y se perfeccionen bajo reglas claras y eficientes. En la administración moderna es imprescindible que los involucrados participen en las decisiones para comprometerse a cumplirlas. Cuando no hay alternancia en el poder y quien lo detenta se cree dueño del mismo, ya no rinde cuentas y toma las decisiones personales, porque cree que ya conoce el sentir del pueblo y, por lo tanto, cree que sus ideas son las mejores, sin reparar que las necesidades son cambiantes y las aspiraciones son siempre para más y no para estancarse siquiera.

Simón Bolívar, a diferencia de los ideólogos del socialismo del siglo XXI que lo han tomado como referente para legitimar su discurso político proponiendo perennizarse en el poder, dijo en el Mensaje al Congreso de Angostura, el día 15 de febrero de 1829, renunciando al poder supremo de la república que había aceptado en contra de su voluntad para ordenarla:

> Al transmitir a los Representantes del Pueblo el Poder Supremo que me había confiado, colmo los votos de mi corazón, los de mis Conciudadanos y los de nuestras futuras generaciones que todo lo esperan de vuestra sabiduría, rectitud y prudencia. Cuando cumplo con este dulce deber, me liberto de la inmensa autoridad que me agobiaba, como de la responsabilidad ilimitada que pesaba sobre mis débiles fuerzas. Solamente una ne-

cesidad forzosa, unida a la voluntad imperiosa del Pueblo, me habría sometido al terrible y peligroso encargo de Dictador Jefe Supremo de la República. ¡Pero ya respiro devolviéndoos esta autoridad, que con tanto riesgo, dificultad y pena he logrado mantener en medio de las tribulaciones más horrorosas que pueden afligir a un cuerpo social! (…).

Si merezco vuestra aprobación, habré alcanzado el sublime título de buen ciudadano, preferible para mí al de Libertador que me dio Venezuela, al de Pacificador que me dio Cundinamarca, y a los que el mundo entero puede dar.

¡Legisladores! Yo deposito en vuestras manos el mando supremo de Venezuela (1829: 64-65).

Y para mayor claridad sobre el convencimiento de Bolívar en lo necesario que es la alternancia en el poder político y evitar que el poder permanezca en las manos de un mismo individuo, agregó más adelante:

La continuación de la autoridad en un mismo individuo frecuentemente ha sido el término de los Gobiernos Democráticos. Las repetidas elecciones son esenciales en los sistemas populares, porque nada es tan peligroso como dejar permanecer largo tiempo en un mismo Ciudadano el Poder. El Pueblo se acostumbra a obedecerle, y él se acostumbra a mandarlo; de donde se origina la usurpación y la tiranía. Un justo celo es la garantía de la Libertad Republicana, y nuestros Ciudadanos deben temer con sobrada justicia que el mismo Magistrado, que los ha mandado mucho tiempo, los mande perpetuamente (1829: 66).

Finalmente, quiero dejar anotado que la alternancia en el poder es una forma de control sobre el manejo de los recursos públicos a cargo de cada Gobierno. Un Gobierno que permanezca por mucho tiempo en el poder, incluso con la aprobación popular, se acostumbra a mandar sobre el erario nacional como si fuera su propio dinero, tomando decisiones que no lo haría sobre su propio patrimonio, tales como obras innecesarias, abultamiento de la burocracia, incremento de gastos corrientes en múltiples dependencias y en la creación de nuevas entidades que no producen ingresos y que únicamente se acostumbran a consumir recursos necesarios para las obras productivas, en destinos improductivos. Esto de tal manera que los presupuestos de ese Gobierno interventor y gastador comienza a sufrir déficits por su indisciplina fiscal que demandan endeudamiento y elevación de impuestos en contra de la productividad de los ciudadanos y de las empresas.

En definitiva, la alternancia en el poder no solo es necesaria políticamente, sino por los objetivos económicos y sociales que se administran desde lo político que requieren el desprendimiento del poder en tiempos prudenciales.

6. Dónde comenzar a construir la democracia

Para decidir dónde comenzar a construir o reconstruir la democracia en cualquier país, primero se requiere hacer un diagnóstico de situación para determinar en qué estado está la institucionalidad democrática y el Estado de derecho, comenzando con el aporte de los líderes republicanos y democráticos decididos a contribuir con su patria en el bien general con la máxima generosidad política. Para esto es recomendable respetar lo bien construido previamente, perfeccionar lo defectuoso y reconstruir íntegramente lo malo, sin ningún sentimiento de revancha o reivindicación. Si es necesario que algún acto previo no quede en la impunidad por el bien de la moral pública, debe existir una agenda despersonalizada y guiada con el máximo sentido de justicia e imparcialidad, precisamente como una conducta contraria a la que se intenta corregir.

Bajo sentimientos positivos como inspiración, se podrá tener en cuenta sin apasionamientos cuáles son las fortalezas y debilidades de la democracia y sus oportunidades y amenazas. En una evaluación de situación que considere que toda transición hacia la democratización debe ser realmente histórica y trascendente para ser irreversible, sin vuelta atrás y legítima para contar con el apoyo ciudadano, donde el pasado sea nada más una referencia y el presente sea una sinceridad democrática que permita ver un futuro promisorio para las siguientes generaciones; pensando que las institucionalidad democrática y el Estado de derecho son la clave y valorarlas cuán rápidamente ellas pueden condicionar la conducta humana de los individuos y la comunidad hacia el progreso.

De acuerdo con lo revisado en este libro, podemos decir que existen tres estados de situación de la democracia en función de la calidad de sus instituciones democráticas, los mismos que los ordenaré de menos a más democracia, aunque los tres son de democracia fallida: el totalitarismo, el autoritarismo y el intervencionismo.

Al igual que lo hice en la descripción de los cuatro modelos prevalecientes del caudillismo, deseo aclarar que los tres estados de situación que voy a describir corresponden a las experiencias históricas registradas en varios libros que nos reportan cómo eran los Estados totalitarios, más las experiencias que han vivido y siguen viviendo algunos países en la segunda parte del siglo XX y en la actualidad lo que va del siglo XXI. En algunos casos, la situación será enteramente similar y en otros casos podrá ser parcial o una combinación de los tres.

El totalitarismo o vacío institucional

Existen dos formas de terminar los totalitarismos. En la primera, cuando dejan de ejercer el poder despótico a través del colapso provocado por guerras, revoluciones y actos violentos y por el fallecimiento de los caudillos totalitarios sin herederos obsecuentes; como fueron los casos de Hitler y Mussolini. La segunda es una forma pacífica, como la revolución liderada por Mijaíl Gorbachov en el caso de Rusia y la caída del Muro de Berlín en Alemania. Es muy raro que un caudillo totalitario deje el poder por voluntad propia, ya sea por arrepentimiento o un cambio brusco de su pensamiento o por la voluntad popular decidida a todo, aunque no cuente con armas, sino con la razón y la justicia. El apoyo internacional siempre cuenta para concluir los Estados totalitarios y su reconstrucción.

En todos los casos, se debe tener presente que el totalitarismo no deja ningún aspecto intocado. Todos los espacios son ocupados y cooptados bajo su mandato. El totalitarismo se toma desde el pensamiento ciudadano hasta sus más mínimas acciones humanas. Puede ser desde la economía y la política hasta el deporte, la ciencia y el arte. Benito Mussolini acuñó la frase: «Todo dentro del Estado, nada fuera del Estado, nada contra el Estado».

Todos los aspectos de la vida son penetrados y anulados de alguna manera en los individuos y en las comunidades por las fuerzas de choque y las policías políticas de los totalitarios, como las que dirigieron Stalin, Hitler, Mussolini, Saddam Hussein, Gadafi, Castro y los caudillos que se mantienen en el siglo XXI en el poder. Todos ellos han destruido la institucionalidad para pervertir el pensamiento del ciudadano hasta el fanatismo. Casi como una religión que adora al vicio político. Estos regímenes son a menudo «cultos a la personalidad» del caudillo. La sociedad entera se doblega ante el capricho del déspota.

Muy parecido a lo que sucedió cuando España dominó sus colonias en América y decapitó a los gobiernos indígenas y no permitió que los criollos pudieran aprender a gobernar a sus pueblos. En los años posteriores a la independencia y en algunos países latinoamericanos hasta el presente, no han aprendido a vivir en democracia, porque sus instituciones no existían. Cuando un régimen de esta clase es decapitado, hay una nula institucionalidad, por lo tanto, inexistente para sintonizar con las pasiones liberadas y los prejuicios de la población. Estas son las consecuencias de las revoluciones. Existe urgencia de construir las instituciones democráticas, pero no tienen raíces propias para apoyarlas. Hay una amplia brecha entre el largo tiempo necesario para construir las nuevas instituciones y los limitados recursos para hacerlo. La mayoría de los casos no son caóticos y violentos, pero sí extremadamente difíciles.

Para construir la democracia luego de un Gobierno totalitario y peor si ha sido de largo tiempo, será necesario que un grupo de líderes se comprometa con el futuro de su país y con un plan adecuadamente diseñado pueda comenzar a ganar el apoyo popular para enfrentar las limitaciones institucionales y financieras que les dejó el totalitarismo. Es difícil convencer a todos los ciudadanos que participen en el pago de los costos a alguien que solo padeció y fue testigo del despilfarro de recursos del totalitarismo. No será de extrañarse que la población se rebele una y otra vez contra los nuevos gobernantes si no logran resultados positivos a corto plazo. La urgencia debe comenzar por lo más factible y tangible, por lo más concreto y visible como una forma de persuasión, pero la construcción institucional debe ser hecha con sinceridad y transparencia, donde la participación ciudadana en la toma de soluciones sea la cultura nueva.

Ventajosamente sí existen casos, como fue el de Alemania Occidental luego de Hitler y la Segunda Guerra Mundial. Quizá los alemanes sufrieron en carne propia los desastres del fanatismo nazi y con la ayuda externa de los países aliados pudo salir del desastre incluso en un tiempo récord. Estados Unidos los apoyó en su reconstrucción con el Plan Marshall. Mientras, sus hermanos orientales, que cayeron bajo la bota comunista, demoraron décadas para rebelarse pacíficamente de un sistema que demostró ser impracticable para el desarrollo hasta que desistieron y se reunificaron en una sola Alemania. Casos como estos nos demuestran que sí es posible construir la democracia luego del desastre totalitario. Es un tema de construir aceleradamente la institucionalidad.

El comunismo en Rusia, en Alemania Oriental y en todos los países que estuvieron atrás de la cortina de hierro murió lentamente por su deterioro y porque las comunicaciones con el mundo occidental no era posible anularlas por los regímenes totalitarios. Debido a las crisis repetidas, paulatinamente se creó una distancia entre la población y el Partido Comunista y sus dirigentes. No se la conocía porque era prohibido quejarse, protestar o denunciar al no existir prensa libre. El cambio surgió en esas circunstancias de manera pacífica, rápida, inesperada y desafiante, pero la materia prima institucional es razonablemente buena si ha germinado, aunque sea en la clandestinidad. No obstante, la crisis que deja un régimen totalitario como herencia para el Gobierno democrático, se mantiene, usualmente porque no tienen de buenas a primera los suficientes recursos para distribuir beneficios económicos.

Regímenes autoritarios y la lucha por significativos espacios políticos

A diferencia de los regímenes totalitarios, los autoritarios dejan algún espacio para los independientes que se rebelan a ser sometidos. Organizaciones no gubernamentales, comunidades de negocios, universidades, y centrales de trabajadores viven en una incómoda distensión fría respetando reglas injustas. Los ciudadanos con criterio independiente son a menudo los pioneros en presionar cambios, porque saben que el autoritarismo jamás será el camino hacia la libertad política y económica y que por el contrario son conscientes de que el camino es hacia el totalitarismo, para ocultar los errores cotidianos de los autoritarios del Gobierno que impiden el desarrollo y que deben buscar justificativos en enemigos imaginarios para mantenerse en el poder. A veces crearán enemigos internos y muchas veces a los externos que acusan de imperialistas.

Hasta cierto punto algunas organizaciones independientes son útiles para los regímenes autoritarios, porque se someten o por conveniencia o por indiferencia. Algunas universidades son mejor consideradas si proveen de capital intelectual y su reputación es una suerte de prestigio nacional si se alinean a la ideología autoritaria. Algunas élites empresariales son requeridas para proveer empleos y crecimiento económico a cambio de prebendas y contratos estatales. La sociedad civil puede expresar su punto de vista para que los caudillos autoritarios las escuchen, una clase de barómetro del publico descontento que es satisfecho por bonos de pobreza y otras formas de beneficio mesiánico. Pero hay límites de tolerancia en el régimen. Es materia de equilibrio, actúan antes de que los grupos independientes puedan ser una amenaza, pero no tan brutalmente para provocar una reacción. Por eso, mientras una abierta represión puede ser siempre una opción, puede ser más efectivo aplicar presiones intermitentes, tales como encarcelar figuras claves de la sociedad civil y periodistas, asaltar sus oficinas, desprestigiarlos mediante el uso de blogueros a través de redes sociales, cerrando medios de comunicación para reafirmar que sus consecuencias políticas están fuera del límite.

Un régimen autoritario deja pocas dudas de quién tiene el control del espacio político real. Los partidos políticos pueden existir, pero no pueden funcionar. Cuba es uno de los pocos Estados con partido único que persiste. La mayoría de los regímenes autoritarios tienen alguna semblanza de competición electoral. Pero es nada más una fachada. El parlamento no es un contrapeso para el presidente autoritario y la justicia no es independiente. Las cortes no quieren comprometerse condenando a los funcionarios públicos del autócrata.

Reconstruir la institucionalidad democrática en estas circunstancias, solo depende de la voluntad de los líderes democráticos y republicanos, quienes revestidos de generosidad política pueden aplicar la sabiduría adecuada para fortalecer el Estado de derecho, la separación de poderes, la alternabilidad, el control popular y la igualdad política. Es más factible su reestructuración si existe un pueblo educado o que, por lo menos, crea en sus nuevos líderes democráticos.

Regímenes intervencionistas cuasi-democráticos: instituciones frágiles y vulnerable

Finalmente, algunos países tienen una abierta y activa esfera política, que pueden ser considerados como politizados, pero sus instituciones son inmaduras y a menudo vistas como falsas y corruptas. En Latinoamérica es muy común el populismo revestido de todas las formas mesiánicas y demagógicas. Sus instituciones democráticas pueden ser fortalecidas a través del tiempo, pero si ellas son vistas como inefectivas, puede surgir un círculo vicioso como su caída en desuso, pérdida de más credibilidad, y, consecuentemente, son ignorados. Los golpes de Estado se suceden a menudo, desde los militares hasta los movimientos sociales y políticos inconformes. No hay contrapeso institucional por su evidente debilidad. Será tentador pensar que todo lo necesario es que aparezca un buen líder para que haga su trabajo. Pero es más probable que un evento espontáneo o crítico provea el momento propicio cuando las instituciones puedan probarse a sí mismas si son capaces de borrar el pasado fallido o no.

Capítulo VII
La necesidad de verdaderos líderes democráticos y repúblicanos sigue pendiente en muchos países en vías de desarrollo

1. Líderes libertarios

Los líderes libertarios son los que aman la libertad política y económica para consolidar el desarrollo social de sus pueblos, son la esperanza de una verdadera democracia y la derrota del Egoísmo Político de las ideas radicales.

Porque son abundantes los estudios que dicen la correlación que existe entre la libertad del individuo con el progreso. Así, los países con mayores índices de libertad política y económica son los que han logrado las máximas cotas de riqueza y, por el contrario, los países con menor libertad política y económica son los que experimentan los mayores índices de pobreza, desempleo e inseguridad.

Son los líderes virtuosos y desprendidos política y económicamente, los que han fundado naciones, o han transformado los Estados para cumplir los grandes objetivos de la política. Sin ningún Egoísmo Político, han sabido crear y respetar las instituciones republicanas y democráticas que han perdurado con el tiempo.

Es necesario que los ciudadanos dotados de las virtudes democráticas sean capaces de lanzarse a la política para cumplir los anhelos de la comunidad.

Lo fundamental es que los líderes políticos sean capaces de respetar la dignidad humana de sus conciudadanos, y que vean a cada individuo como un ser que tiene subjetividad, porque en sus decisiones libres y voluntarias radica el éxito de la gestión gubernamental y no por imposición.

2. El liderazgo republicano y democrático de la política pura

Todo lo manifestado hasta aquí, en este apartado se reduce a la búsqueda de líderes republicanos y democráticos que ejerzan la política pura para hacer realidad la *politeia* de Aristóteles y la derrota del Egoísmo Político.

Para que esto suceda, decía en la introducción que era necesario tener presente cuáles son las virtudes políticas que deben ser practicadas para que todas las técnicas del liberalismo político y económico se concreten. Decía que es necesaria la humildad de quien gobierna liderando con la verdad para valorarse a sí mismo en su real dimensión y reconocer sus errores de inmediato ante la evidencia y una razón superior. El líder democrático practica la paciencia para dominarse a sí mismo y respetar a sus adversarios políticos y a sus colaboradores reconociendo sus méritos. El líder democrático gobierna con generosidad política que implica desprendimiento del poder y de la gloria pasajera. En definitiva, el líder democrático practica la caridad o amor por sus conciudadanos, porque se alegra por el bien y el éxito de los demás, y que se apena por el mal que sufren sus compatriotas.

«Uno que no sepa gobernarse a sí mismo, ¿cómo sabrá gobernar a los demás?» fue lo que se preguntó Confucio. Para llevar a la reflexión la necesidad de dominio sobre sí mismo que debe tener quien pretenda gobernar bajo el sistema de liderazgo republicano y democrático de la política pura. Como algo esencial para dirigir bien los destinos de un Estado hacia el progreso. Y que, a su vez, convierta al líder en ejemplo de su pueblo como guía para gobernarse a sí mismo con madurez y libertad, porque no hay mejor forma de gobierno que aquella que enseña a los ciudadanos a ser responsables de sus obligaciones sin necesidad de la coacción. Esto como un principio fundamental de la república y de la política pura.

Para un líder democrático no puede ser motivo de orgullo gobernar a un pueblo esclavizado y sometido. ¿Qué mejor para la satisfacción de un líder, gobernar a un pueblo capaz, sensible y dotado de iniciativa propia que fomente el disfrute del esfuerzo personal y el aprecio a la libertad? Porque es evidente el reconocimiento de la libertad como la capacidad propiamente humana para el desarrollo personal de los individuos desde una posición de autodominio, que comienza con la autodiscipli- na, se perfecciona en la autorregulación, continúa con la autoconfianza y culmina con la autorrealización. Un gobernante republicano y democrático guía con su ejemplo al uso pleno de las facultades inherentes del ser humano, como la razón para evaluar lo más adecuado en cada circunstancia superando las pasiones y la voluntad para llevarlo a la realización, a pesar de las dificultades comunes de la vida cotidiana. Un buen liderazgo implica madurez y humildad para aceptar directrices y respetar las normas republicanas y democráticas para aprender a dirigir a otros sin restarles su libertad.

Quien ha aprendido a mandar es quien primero aprendió a dominarse a sí mismo y a obedecer como prueba de su madurez y seguridad en sí mismo. La autoridad mayor es la que se gana personalmente y no la que imponen las leyes ni la fuerza. Y para ello, además, es indispensable entender que la libertad no es hacer lo que se quiere sin limitaciones. El líder, en cambio, como acto de libertad es el primero en obedecer la constitución y sus leyes, a los principios de la república y a las otras funciones del Estado, incluso en contra de sus propios intereses y a sus pasiones y sentimientos. El líder republicano y democrático es quien genera el balance y estabilidad de la política. La gobernabilidad democrática la gana en la medida que cumple con las promesas y supera las expectativas de sus electores.

Así, para que una comunidad tenga éxito como institución humana, el líder republicano y democrático promueve el desarrollo y las potencialidades de todos los miembros que la conforman y conserva y fortalece la su unidad para mantener el orden y la paz.

Aquellos que reconocen la necesidad de transformar a la sociedad de manera positiva, eficaz y eficiente; trabajan de manera incansable por imponer el modelo democrático y republicano sobre los cuatro modelos negativos del sistema caudillista que hemos revisado ya.

Para que exista unidad, orden y paz en la comunidad, el liderazgo republicano y democrático tiene el compromiso voluntario con el proceso de elecciones de los líderes por voluntad y participación ciudadana en procesos democráticos y pluralistas; con el respeto a la separación de poderes, su alternancia en el poder y transparencia.

El líder democrático y republicano es elegido por los ciudadanos, lo cual todas las veces significa que él tiene la obligación de considerar las ideas e intereses de sus electores. También estimula la participación y el libre intercambio y debate de ideas con quienes comparte el poder político. Bajo una conducta republicana, a pesar de su posición, trata de ser participativo y trabaja con los miembros de las otras funciones como colegas, respetando su independencia y autonomía.

En ocasiones, en el Gobierno como en cualquier otra profesión deberá enfrentar debates de ideas, pero debe hacerlo con altura democrática, evitando conflictos y sus inconvenientes estériles, y para ubicar los intereses de la ciudadanía como prioritarios, antes que cualquier posición personal. El ciudadano que ejerce la función de gobernante en la posición de liderazgo ha de considerarse a sí mismo más como un coordinador del debate que su líder, evitando usar su posición para tomar crédito para sí mismo, sino más bien buscando oportunidades de reconocer las contribuciones de otros miembros del Gobierno y de las otras funciones del Estado, y permitiendo que ellos reciban el crédito por lo que cada quien hace.

Debe ayudar a la opinión pública a comprender las ventajas de buscar soluciones que beneficien justamente a todos, en vez de luchar por la ventaja individual. Así como a esperar hasta que los demás hayan dado sus opiniones antes de proponer la propia, ofreciéndola en este momento con un espíritu de humildad y como una contribución a la consulta general, no como una conclusión definitiva o última palabra. Aprovechar cada ocasión para resumir periódicamente las opiniones dadas, señalando las diferentes alternativas que han surgido, o las posibilidades de consenso que van apareciendo, guiando de esta manera al grupo hasta que llegue a un acuerdo. Y finalmente, tratar de involucrar a todos los sectores del país en el trabajo que hay que hacer, dando a todos los miembros la oportunidad de adquirir nuevos conocimientos, experiencias y capacidades.

Cuando el líder republicano y democrático ha desarrollado y practica cotidianamente estas actitudes y destrezas, los ciudadanos tienen claro cuál es su papel en el desarrollo del país. Los sectores productivos disfrutan de trabajar juntos de manera coordinada con los funcionarios públicos, porque son parte de la planificación con lo que se comprometen a cumplir su parte, debido a que se toman en cuenta sus ideas y se reconoce el valor de cada persona y sus contribuciones. En este modelo de liderazgo, se descubre que las prácticas consensuadas también contribuyen en el desarrollo de las potencialidades de los ciudadanos y de las instituciones, llevadas hacia la unidad y hacia una mejor ejecución de las tareas de cada uno, en que no son antagónicas, sino más bien complementarias y a menudo la fuerza de una parte refuerza a la otra.

Imaginemos un país con la cultura del liderazgo democrático y republicano en quienes hacen la dirección de las organizaciones o instituciones políticas y en quienes hacen la administración de recursos humanos, tecnológicos y financieros en el sector privado, todos trabajando de manera inclusiva. Es obvio hacerse una idea positiva de la mejor utilización de todos los recursos sin que se los desperdicie. Situación que iría fomentando y fortaleciendo una participación ciudadana, no solo más activa, sino más solidaria y altruista con sus más cercanos y de una mayor cooperación social cuando reconoce y es reconocida su labor para el beneficio del bien común.

A partir de los liderazgos democráticos y republicanos, sí es posible que ese ejemplo se refleje de unos a otros entre los ciudadanos que conforman las comunidades. Incluso los medios de comunicación masiva no tendrían ni siquiera la mínima tentación de no trabajar con la verdad si ese fuera su propósito. Hoy, con el avance tecnológico de la comunicación, cada ciudadano pasó a ser de un consumidor a un generador de noticias a través de las redes sociales, por ejemplo, que han logrado modificar las conductas de manera positiva y tomar actitudes de cambio en muchos países cuando son bien utilizadas.

Si el líder republicano y democrático fomenta entre los ciudadanos una comunicación transparente y cooperativa, de seguro que el consenso será mayor y elevará la cultura cívica y política. Incluso las redes sociales, los blogueros y los aparatos electrónicos se convertirán en herramientas positivas para que los ciudadanos conocidos y desconocidos se comuniquen mejor en las circunstancias propicias para el desarrollo. Si los humanos tenemos la ventaja de utilizar adecuadamente los beneficios de Internet o disponer del wifi para comunicarnos sin importar el lugar y el momento, bastaría con encender nuestro propio «wifi social» para compartir la cultura positiva para el desarrollo. Si a esa buena voluntad le agregáramos la facilidad de comunicación de las Técnicas de Información y Comunicación (TIC), hoy, la comunicación y la transmisión de la cultura positiva puede ser más factible de lograr.

Hoy, el humano mediante esta tecnología de comunicación inalámbrica puede conectar a internet equipos electrónicos, como computadoras, *tablets*, *smartphones* o celulares, etc., mediante el uso de radiofrecuencias o infrarrojos para la trasmisión de la información en cualquier zona wifi que esté a su disposición. Existen, incluso, ciudades enteras que paulatinamente se van digitalizando.

Lo que quiero expresar es que los humanos podemos utilizar estas nuevas formas de comunicación para el bien de la comunidad bajo un liderazgo republicano. Puede ser en dos sentidos; la primera como forma de ampliar nuestras empatías y la segunda como forma de compartir las ideas de un verdadero progreso. Debemos caer en la cuenta de que esta tecnología ya la tenemos los humanos mediante la empatía, el altruismo y la solidaridad;

sin importar si nos contactamos con los conocidos o los desconocidos que comparten o no las ideas que publicamos. Si esto es posible hacerlo entre aparatos electrónicos, ¿por qué no hacerlo entre humanos? ¿Por qué no recuperar las buenas costumbres que se compartían antiguamente con la familia y los compañeros de estudio, hoy con los conciudadanos que también como nosotros aspiran a vivir en un mundo mejor? El buen uso de las nuevas tecnologías de comunicación permite abarcar espacios más íntimos y personales como lo hicieron tradicionalmente, la prensa, la radio y la televisión; pero hoy con una intencionalidad, que ojalá sea liderada por los buenos y no por los malos.

3. La política pura y los males a vencer

Thomas Hobbes (1588-1679), filósofo inglés que publicó su obra más famosa en 1651 con el título *Leviatán*, con la que influyó en el desarrollo de la filosofía política occidental, de manera especial en el estudio del absolutismo político, también escribió su obra *De Cive (Del ciudadano)* con la que saltó a la fama en 1641 en una edición limitada para sus amigos y en 1647 en una edición disponible para todo el público. En ella introdujo su famosa expresión sobre la diferencia de actitud entre el hombre que actúa en la comunidad como conciudadano y del hombre convertido en lobo respecto a su prójimo cuando se trata del Estado:

Hobbes (1647/2014):

El hombre es un dios para el hombre, pero también el hombre es un lobo para el hombre: sin duda ambos dichos son igualmente ciertos. El primero, si se consideran las relaciones entre conciudadanos; el segundo, si se trate de Estados. De un lado, la justicia y la caridad, virtudes pacíficas, llevan a cierta semejanza con Dios; del otro lado, la perversidad de los malos pone incluso a los buenos en la obligación de recurrir, si quieren protegerse, a las virtudes bélicas, a la violencia y la astucia, o, mejor dicho, a la rapacidad bestial (1647/2014: 4).

Triste introducción de Hobbes en su libro *De Cive* (*Del Ciudadano)* para exponer sus ideas sobre la necesidad de encontrar la mejor forma de gobierno y lo mejor como gobernante que bajo su liderazgo republicano y democrático haga realidad esta aspiración. No es fácil dirán algunos, basados en las realidades en que la corrupción y el despotismo está a la orden del día en muchos países del mundo en la actualidad.

Hobbes fue consciente de lo difícil que es ejercer la política por parte del hombre, porque antes que las virtudes, priman las pasiones en su naturaleza:

La mayoría de los que escribieron sobre política suponen, afirman o postulan que el hombre es un animal nacido con disposiciones naturales para vivir en sociedad. El hombre es un animal político, dicen los griegos. Sobre esa base construyen su teoría política, como si para mantener la paz y gobernar todo el género humano sólo hiciera falta que los hombres se pusiesen de acuerdo sobre ciertos pactos y condiciones, a los cuales dan entonces el nombre de leyes. Este axioma, aunque aceptado por la mayoría de los autores, no deja de ser falso y el error proviene de un examen demasiado superficial de la naturaleza humana (…). En efecto, si el hombre amara al hombre por naturaleza, es decir, en cuanto hombre, ¿cómo se explicaría que uno no ame igualmente a todos los hombres, en cuanto son igualmente hombres, sino que prefiere a aquellos cuya compañía le vale a él más consideración y las ventajas que nos ofrecen; deseamos éstas, antes que aquellos (1647/2014: 26).

Es indudable, que Hobbes conoció que el hombre se maneja por sus pasiones y no por la razón para actuar en el respeto a la política pura con la que se aprovecha la convivencia humana en la unidad, orden y paz.

Pero Hobbes sí estaba en conocimiento del concepto de comunidad como la mejor forma de gobierno donde reinan los sentimientos positivos y no las pasiones. La misma que existe únicamente debido al acuerdo de los ciudadanos como animales políticos. Así, en otra parte de su libro, Hobbes dice respecto a la decisión de los ciudadanos a unirse para que la voluntad de todos sea como si fuera de una sola persona:

> La unión así creada se llama Estado, o sea sociedad civil y también persona civil. Dado que la voluntad de todos es reducida a una sola, debe tenerse por una persona; y, por la palabra «una» debe distinguirse y diferenciarse de todos los hombres particulares, como teniendo sus derechos y bienes propios. De modo que ni el conjunto de los ciudadanos, ni uno de ellos, si exceptuamos a aquel cuya voluntad reemplaza la voluntad de todos, debe ser considerado como el Estado. El Estado, pues, ha de ser definido como una persona única cuya voluntad, en virtud de los pactos hechos entre muchos hombres, debe considerarse como la voluntad de todos ellos y que puede, por consiguiente, utilizar las fuerzas y los bienes de cada uno para la paz y defensa común (1647/2014: 108-109).

Es claro, entonces, que una vez decidida la unión de los ciudadanos en el Estado, la voluntad de todos se convierte en una sola y en virtud del pacto se considera la voluntad de todos orientada para la paz y la defensa común. Aunque en la práctica sea difícil hacerlo realidad, debido a la naturaleza humana según Hobbes, es necesario entonces la democracia en la que una mayoría decide a nombre de todos los ciudadanos:

Veamos ahora qué hacen, en la institución de cada forma de gobierno, los que lo instituyen. Los que se reunieron para formar un Estado, por el sólo hecho de haberse reunido, ya constituyen de hecho una democracia. Pues si se han reunido voluntariamente, es de suponer que se han obligado a consentir en lo que decida la mayoría de ellos (1647/2014: 144).

Recordemos también que Hobbes en 1739-1740 había publicado su obra *Tratado de la naturaleza humana, ensayo para introducir el método del razonamiento humano en los asuntos morales*, en la que intentó partir desde el origen de las ideas y su concepción, para luego analizar y reflexionar sobre las pasiones humanas. Dando paso así a las ideas morales, justicia, obligaciones y benevolencia como bases para una convivencia en paz. Posteriormente, con su conocimiento sobre la naturaleza humana, escribió en 1752 su obra *Ensayos políticos,* en la que no se muestra muy optimista con la virtud de los gobernantes.

Casi un siglo después de Hobbes, David Hume (1711-1776) escribió sobre los mismos problemas aún no resueltos. Se dedicó a estudiar sobre cómo gobernar una sociedad para hacer realidad sus fines. Hume sobre el origen y la necesidad del gobierno, dice que:

Todos comprenden la necesidad de la justicia para mantener la paz y el orden como comprenden lo necesario de la paz y el orden para el mantenimiento de la sociedad. Y, sin embargo, a pesar de una necesidad tan grande y obvia —¡tan frágil o perverso es nuestro natural!— resulta imposible mantener a los hombres fieles y constantes en la senda de la justicia. Puede haber circunstancias extraordinarias en las que un hombre advierta que su interés gana más mediante el fraude o la rapiña de lo que pierde a causa de la herida que su conducta injusta infiere al cuerpo social, pero con mucha mayor frecuencia es arrastrado a abandonar sus intereses verdaderos, pero lejanos, encandilado por tentaciones presentes, aunque a menudo insustanciales. Es ésta una grande e incurable debilidad de la naturaleza humana (1752/2006: 26-27).

Hago estas referencias de Hobbes y Hume para demostrar que el trabajo de los filósofos ha sido arduo tratando de encontrar la solución que conforme adecuadamente a una comunidad para encontrar el bien común. Pero tal como nos damos cuenta no es tarea fácil.

Sin embargo, es a esto que pretendo aportar con mi tesis, para demostrar que no es falla de las ideas ni de las comunidades lo que impide el bien común, sino la falta de los verdaderos líderes republicanos y democráticos en todas las comunidades y por defecto, es la presencia de los caudillos en la política la que provoca que se den Estados fallidos.

Este antecedente nos obliga a repensar en que es el poder total o el poder absoluto el que conduce al humano a caer en la corrupción y en la injusticia como forma de gobierno. Incluso dentro de la democracia como lo hemos visto.

Hume, en su escepticismo filosófico, dice que no se puede remediar la acción de un mal gobierno, pero sí se la puede enfrentar por lo menos paliando o disminuyendo esta situación negativa a través de la justicia:

Los hombres deben tratar de paliar lo que no pueden remediar. Han de instituir ciertas personas que, con el nombre de magistrados, tengan por peculiar oficio señalar los dictados de la equidad, castigar a los transgresores, corregir el fraude y la violencia y obligar a los hombres, mal que les pese, a atender a sus intereses verdaderos y permanentes. En una palabra, la obediencia es un nuevo deber intentado para apuntalar el de la justicia, y los compromisos de la equidad han ser reforzados por los de subordinación (1752/2006: 27).

4. La investidura presidencial y la de los magistrados y el honor

El simbolismo de la investidura presidencial y de los magistrados, debería ser una forma externa de sus compromisos adquiridos con el pueblo, cuando este les encarga su soberanía. Debe poner su palabra, su honor y dignidad personal para cumplir sus compromisos, como una fuerza superior que lo obligue a cumplir su juramento por muy alta que fueran las tentaciones de fallarle al pueblo.

Algunos juran ante Dios y ante la patria respetar y hacer respetar la constitución, poniendo su mano derecha ante la *Biblia*, los símbolos patrios y ante un magistrado que le toma el juramento. Otros simplemente lo hacen ante los símbolos patrios. En la mayoría de los casos el funcionario que toma el juramento es el presidente del congreso, parlamento o asamblea nacional. Al acto de cambio de mando asiste el presidente saliente para entregar al nuevo mandatario la banda presidencial y el bastón de mando como símbolo de autoridad y legitimidad.

Este proceso lleva un objetivo sagrado que consiste en la promesa moral y éticamente contraída de un mandatario para con su pueblo que por ninguna circunstancia deberá deshonrar.

Tal como es consustancial con los representantes del resto de las instituciones del Estado. Incluidos los ciudadanos que conforman el ejecutivo, el legislativo y el judicial, las entidades de control como el contralor, fiscal, procurador, intendentes, vocales de cortes constitucionales y consejos electorales, etc.

Pero más allá de los simbolismos, lo que deseo destacar es el compromiso con el pueblo que adquieren con su investidura, que consiste en una característica intangible o como el carácter que se adquiere en la toma o posesión de un cargo. Carácter que se conforma de un conjunto de rasgos, cualidades o circunstancias que indican la naturaleza propia del cargo más que de la persona misma que lo ocupa, incluso en su manera de pensar y actuar, por los que se distingue de las demás.

La conducta y el pensamiento personal del funcionario público así envestido deben adaptarse a lo que obliga el cargo. Las que generalmente están estipuladas en documentos y estatutos como es el caso de la constitución de la república y las leyes de cada función del Estado y de todas las entidades públicas. De lo contrario, estarían irrespetando la investidura y propiciando el mismo irrespeto de los demás hacia él como funcionario, incluyendo el de sus subordinados y de quienes lo eligieron para tal investidura. El carácter de la investidura pasa a ser su personalidad profesional, que debe estar sobre la propia mientras ejerce el cargo. Lo ideal es que ambas formas de ser coincidan de manera natural y no impuesta por las circunstancias.

Pero la investidura de una autoridad pública, va más allá de lo objetivo contemplado en la constitución y de los actos protocolarios. Implica una superposición de sus responsabilidades sobre los afectos o desafectos personales. Más o menos, es como si la investidura de un cargo fuera la parte racional que ejerce su poder sobre lo emotivo del individuo. Habrá momentos en que los intereses personales y familiares quedarán en segundo plano ante las necesidades de cumplir las obligaciones del cargo en beneficio de la institucionalidad que representa y del pueblo que lo eligió. Si un familiar del magistrado, por ejemplo, incumple la ley por cualquier razón, su obligación será respetar y aplicar la imposición de la pena correspondiente contra su familiar, aunque en lo personal afecte sus sentimientos. Algunos llaman a esta actitud la de un estadista que respeta al Estado sobre sus afectos personales.

Nótese que el individuo que opta por un cargo en el Estado ya sea elegido en las urnas por el pueblo o nombrado como ministro o empleado público por quien fue elegido en las urnas para que lo ayude en su gestión, lo hace totalmente de forma voluntaria. Motivado por su espíritu de servicio a la comunidad, por lo que se somete a lo que algunos califican como lo ingrato del poder público.

Para que la política pura tenga sus efectos positivos, se necesita en cada nación o Estado a esos personajes que han dejado huella en el desarrollo de sus pueblos.

La pregunta que cabe aquí es: ¿quién y cómo lo puede hacer?

Como respuesta a esta interrogante debemos destacar a los grandes pensadores y políticos que dejaron su huella en la conformación y reestructuración de los pueblos. Entre otros, solo para mencionar dos casos, Abraham Lincoln (1809-1865), quien salió vencedor en su lucha contra la esclavitud y a la par mantuvo la unidad de los Estados Unidos, lo que luego le significó ser asesinado por un opositor; y Nelson Mandela (1918-2013) quien logró la superación del *apartheid* en su país, Sudáfrica, liberando a los negros de la opresión de una minoría blanca y que, sin embargo, una vez que tomó el liderazgo político de su país, no ejerció venganza contra quienes ejercieron la tiranía y lo confinaron a prisión durante veintisiete años de su vida, desde 1962 a 1990.

Nelson Mandela es reconocido por sus múltiples pensamientos, que dejó como legado para la humanidad. Entre ellos, destaco los relacionados al liderazgo republicano y democrático. No pueden ser otros que su expresión sobre el sentimiento del amor. Aquellos que puso en práctica de inmediato cuando fue liberado, para dar inicio él mismo la reconciliación con los opresores y luego como presidente entre 1994 y 1999. Durante todo ese tiempo jamás pensó en retaliaciones y revanchas, ni en modificar la constitución para combatir a los blancos y mantenerse en el poder.

En 1996, como presidente, en una visita a Londres y frente a un grupo de jóvenes sudafricanos, Mandela les dijo: «Este muchacho os ama, a todos y cada uno de vosotros. De hecho, si tuviera grandes bolsillos, os metería en ellos, a todos y cada uno, y volvería con vosotros a Sudáfrica» (2013: 46). En otra ocasión, estando en Nueva Delhi, India, en la Convención Global de la Paz y la No Violencia de 2004, dijo: «El camino del que predica la paz en lugar del odio nos es fácil. A menudo acaba llevando una corona de espinas» (2013: 47).

Quiero pensar que seguramente se refería a Jesucristo, pero a pesar de saber que el camino de la paz no es fácil, Mandela sí pudo reconciliar a su país. Ya en 2002 había dicho una de las frases más testimoniales del triunfo de la paz sobre el odio cuando los verdaderos líderes lo guían. Mandela dijo: «Lo que cuenta en la vida no es el mero hecho de haber vivido. Son los cambios que hemos provocado en las vidas de los demás lo que determina el significado de la nuestra» (2013: 19).

Es por lo que las sociedades deben contar con hombres y mujeres que sean superiores moralmente, además de tener conocimientos administrativos de la cosa pública. Porque al hablar de liderazgo republicano y democrático, siempre lo debemos hacer en el marco del funcionamiento de grupos y de las comunidades que se forman con igualdad en la diversidad. Porque el liderazgo no puede existir en el vacío, fuera del contexto de grupos y sin su participación. No puede gobernarse a favor de unos ciudadanos en contra de otros. Los grandes objetivos nacionales serán realidad solo si el líder persuade a todo el pueblo en unidad, orden y paz.

Los líderes republicanos y democráticos son los que han pasado a la historia como transformadores positivos del pensamiento y de la conducta de sus pueblos. A diferencia de aquellos que a pesar de haber recibido el apoyo de las mayorías democráticamente, jamás serán recordados como verdaderos transformadores si no fueron republicanos en su gobierno. *Aristóteles dijo con toda razón que «Las repúblicas declinan en democracias y las democracias degeneran en despotismos»* cuando las mayorías se desbordan al encontrar a los caudillos que las conducen como masas a la explotación de sus peores instintos.

5. El estadista y el político

«La diferencia entre un político y un estadista es que el político piensa en las próximas elecciones y el estadista en las próximas generaciones»[1], es la frase que dejó para la historia el ensayista y clérigo estadounidense, James Freeman Clarke (1810-1888).

Siempre he querido suponer que esta frase del reverendo James Freeman Clarke se refirió al politiquero y no al político. Es decir, al personaje que hace mal uso de la política pura, tal como lo hace el oportunista, como aquel que se sirve de la política. Y por estadista pienso, en cambio, que Clarke se refirió al estadista como sinónimo del líder republicano y democrático que está llamado a conducir el destino de los pueblos pensando a mediano y largo plazo.

El politiquero no tiene planes de mediano y largo plazo. Opta por un partido político en unas elecciones y luego por otro en las próximas. No conoce de principios ideológicos ni programáticos. Se adapta como el camaleón a cualquier color identificatorio del movimiento o del partido político que le da acogida circunstan-

---

1 Tomado de https://frases-para-fotos.com/autor-james-freeman-clarke/ el 20 de octubre de 2016.

cialmente en una suerte de convenio electorero. Su objetivo es aprovecharse de los momentos, juega con las reglas, no provoca ni participa en debates, ni ofende si está en desventaja, pero lo hace agresivamente cuando se conoce respaldado. A veces emite un discurso público sobre algún tema para ser escuchado por los electores y adopta una posición diferente en los corrillos de la administración del Estado para darse un abrazo con sus supuestos contrarios. No quiere cambios a favor de quienes le consignaron su voto en las urnas, porque hacerlo conlleva conflictos con sus socios, si se entera de algún acto de corrupción piensa en cómo chantajear al involucrado y exigir su parte. Entregará su cargo con un país en condiciones parecidas o peores a las que lo recibió. Solo su situación personal habrá mejorado.

Pero en esto tienen responsabilidades, quizá hasta mayores, aquellos politiqueros que organizan movimientos y partidos políticos solo para las futuras elecciones, haciéndolo alrededor de sus propios criterios, y que se mantienen como propietarios de esos grupos políticos para negociarlos al mejor postor; incorporando a figuras famosas que le aseguren los votos para que su agrupación tenga representación y lo mantenga en el juego del poder. Aunque esas figuras no aporten al bien del país y solo sirvan de «alzadores de manos» al momento de aprobar leyes o ejecutar actos de Gobiernos dictados por el politiquero.

Los dueños de movimientos y partidos políticos que así actúan le hacen daño a la república y a la democracia. Una de estas afectaciones es el descrédito y la aberración de lo político por parte del pueblo que deja de creer en los políticos y los pone en el mismo saco a la hora de descalificarlos. Ese daño se convierte en apatía ciudadana y en una baja participación democrática. Algunos ciudadanos no asisten a los actos electorales a consignar su voto si no es obligatorio y cuando lo es, lo hacen sin ninguna información para escoger al mejor candidato. Algunos van a las urnas simplemente por conseguir la certificación de que consignaron su voto y mantener así sus derechos civiles, que les permite hacer los trámites para los que obligatoriamente el Estado les exige tal certificación. A pesar de esta obligación, el ausentismo de las urnas en algunos países de Latinoamérica llega, por lo menos, a una tercera parte del padrón electoral.

El estadista, en cambio, a diferencia del politiquero, es un actor político, ya sea que ocupe o no un cargo público. Al ejercer su ciudadanía, el estadista ejerce la política para resolver los problemas del pueblo anteponiendo los interese del país a los personales. Aunque cree en una teoría del Estado y en su propia ideología está dispuesto a no dogmatizarse en los casos en que otro tenga razón y en la necesidad superior del país. Jamás se inclina por el sectarismo. Si está errado en su apreciación de las cosas, es capaz de rectificar y no se empecina en el error tratando de ocultarlo con el cometimiento de otros errores. No practica la mentira y busca la verdad para decidir.

El ciudadano estadista al llega a algún cargo público, incluso a la presidencia de la república, está preparado para respetar la investidura y llevar al país a una mejor posición de la que lo encontró. Parecería que toma el comando de un avión de manos del piloto antecesor y mantiene la nave en su ascenso o en su estabilidad mientras avanza a mejores destinos. Como jefe de Gobierno y Estado toma decisiones por encima de los intereses del movimiento o partido político al que pertenece y persuadirá a sus coidearios de la conveniencia de la decisión que se discute, aunque esta no provenga desde sus propias filas.

Un líder republicano y democrático, en su papel de estadista, deberá fijar objetivos claros compartidos con su pueblo, comunicarlos de manera sencilla, ganar la confianza del ciudadano y actuar con el respeto necesario a las instituciones, a la productividad económica, al buen manejo de los recursos del Estado, a la estabilidad política y a la satisfacción social.

Por esto, la humanidad no debe perder la fe de que surjan esos líderes positivos que transformen a la sociedad para el bien común. Ese es el motivo de este libro. Apelar a la época de la conciencia tan necesaria de los verdaderos líderes que necesitan las comunidades; una situación que sí es posible siempre y cuando esas personas de alta preparación moral se decidan a participar en política, y que no dejen el poder político en manos de quienes no están preparados para ejercerlo.

Basta ver la historia de los grandes pueblos que tuvieron líderes positivos que los encausaron adecuadamente. Es de esperar, entonces, que la indiferencia o los temores a ser tildados de aprovechadores o de ensuciarse las manos en entornos corruptos y de mala administración no sean los obstáculos que les impida lanzarse al ruedo. De lo contrario, no hubieran existido los Abraham Lincoln, Mahatma Gandhi, Martin Luther King y Nelson Mandela, entre otros hombres que lideraron el cambio en sus países.

Palabras finales

Usted, amigo lector, encontrará un grupo de anexos al final del libro. Entre ellos encontrará en una versión completa la Declaración Universal de los Derechos Humanos, suscrita en 1948 por la mayoría de países democráticos luego de la Segunda Guerra Mundial. Fue firmada por sus líderes para evitar que se repita la crisis que la humanidad había padecido por la injusticia de los Estados totalitarios en el período de entre guerras al inicio del siglo XX. Provocando esa gravísima aventura bélica que involucró a varios países del planeta y cobró millones de víctimas humanas. Existen cálculos que en total murieron unos 62 millones de personas entre civiles y militares en el período 1939 al 1945.

También he incluido otras declaraciones suscritas en siglos anteriores y en la segunda mitad del siglo XX. En estas usted podrá constatar que la humanidad y sus líderes se han esforzado por asegurar la unidad, el orden y la paz en el mundo, por lo que es muy difícil entender por qué algunos mandatarios no los respetan, aunque todos o casi todos esos derechos están incluidos en las constituciones de esos mismos países en donde gobiernan.

Nelson Mandela (2013) hizo una abundante aportación sobre los Derechos Humanos a través de sus escritos y entrevistas concedidas. En una de ellas refutó que sea un justificativo el irrespeto a los Derechos Humanos contra los ciudadanos por la falta de educación de ellos. Mandela dijo en una entrevista con Brian Windlake para ITN Televisión (RU) en Johannesburgo el 31 de mayo de 1961: «No necesitas tener educación para saber que quieres ciertos derechos fundamentales, tienes aspiraciones, tienes reclamaciones. No tiene nada que ver con la educación» (2013: 136).

En varios discursos alrededor del mundo dejó una estela positiva sobre los Derechos Humanos y su relación con la vida, la justicia y la democracia, que no debería existir en el mundo un solo caudillo que intente conculcarlos, so pena de ser calificado como una persona irracional. Mandela fue tan claro en muchos aspectos, de los cuales tomo solo una muestra de sus discursos pronunciados en la gira que hizo por Canadá, Estados Unidos e Irlanda en junio-julio de 1990:

> Dada nuestra amarga experiencia de opresión y represión, estamos decididos a que nuestro país debería ser una democracia cabal en la que los derechos de todos sus ciudadanos sean inviolables y en la que todos seamos iguales ante la ley. DISCURSO EN EL PARLAMENTO CANADIENSE, OTTAWA, CANADÁ, 18 DE JUNIO DE 1990.
>
> Hay que proteger y garantizar los derechos humanos básicos de todos nuestros ciudadanos para asegurar la libertad genuina de cada individuo. ENCUENTRO DE LIDERAZGO EMPRESARIAL, WORLD TRADE CENTER, NUEVA YORK, EUA, 21 DE JUNIO DE 1990.
>
> Denegar a la gente sus derechos humanos es desafiar su misma humanidad. Imponerles una desdichada vida de hambre y privaciones es deshumanizarlos. DISCURSO A LA SESIÓN CONJUNTA DE LAS CÁMARAS DEL CONGRESO, WASHINGTON DC, EUA, 26 DE JUNIO DE 1990.

Para salvaguardar la libertad de los individuos, tendremos que insistir en que la constitución democrática debería estar reforzada por una carta de derechos firmemente arraigada que tendría que apoyarse en un sistema judicial independiente y representativo. DECLARACIÓN AL PARLAMENTO DE LA REPÚBLICA DE IRLANDA, DUBLÍN, REPÚBLICA DE IRLANDA, 2 DE JULIO DE 1990 (2013: 132).

Parte de las enseñanzas que dejó para la humanidad, es la relación de los derechos humanos con el ejercicio del poder político de los Gobiernos y de la obligación de las mayorías coyunturales de respetar los derechos de las minorías. Mandela:

Una carta de derechos es una declaración importante sobre la naturaleza de las relaciones de poder en cada sociedad. El poder ejecutivo y legislativo ilimitado, que todavía domina nuestra sociedad bajo el dominio de la minoría blanca, no puede coexistir cómodamente con un compromiso con los derechos civiles y políticos individuales. INVESTIDURA, UNIVERSIDAD DE CLARK, ATLANTA, EUA, 10 DE JULIO DE 1993.

Nuestras propuestas subrayan la realidad de que los seres humanos tienen múltiples vidas e identidades a través y en el interior de sus fronteras raciales y étnicas. La clave para la protección de cualquier minoría, por lo tanto, es situar los derechos civiles y políticos centrales más allá del alcance de las mayorías coyunturales garantizándolas como derechos humanos fundamentales, consagrados en una constitución democrática. IBID.

Desde 1923, cuando el Consejo Nacional Africano, CNA, adoptó la primera carta de derechos de toda la historia de Sudáfrica, los derechos humanos y la consecución de la justicia han estado explícitamente en el centro de nuestras preocupaciones. IBID.

Para aquellos que tuvieron que luchar por nuestra emancipación, como nosotros mismos, que, con vuestra ayuda, tuvimos que liberarnos a nosotros mismos del sistema criminal del apartheid, la Declaración de los Derechos Humanos de las Naciones Unidas nos sirvió como reivindicación de la justicia en nuestra causa. Al mismo tiempo, para nosotros representó un reto que nuestra libertad, una vez conseguida, estuviera dedicada a la aplicación de las perspectivas contenidas en la Declaración. DISCURSO ANTE LA LIII ASAMBLEA GENERAL DE LAS NACIONES UNIDAS, NUEVA YORK, EUA, 21 DE SEPTIEMBRE DE 1998 (2013: 128-139).

¿Será acaso que los malos han puesto en peligro al mundo por la falta de decisión de los buenos, como han pensado algunos formadores de conciencia? Porque cómo se puede explicar que la humanidad ha debido sufrir permanentemente de las injusticias que tiranos y gobernantes caudillistas han aplicado en contra de los ciudadanos de sus propios países y de los ajenos, al punto de llevar al mundo al borde de su desaparición.

En respuesta a esta reflexión de mis palabras finales, quiero cerrar con lo que le dijeron al mundo tres grandes formadores de pensamiento en sus momentos de lucha por la justicia. Cada uno nos dejó como desafío las siguientes frases sobre su preocupación por la permisividad, la indiferencia y el silencio de los buenos ante la existencia del mal.

Albert Einstein dijo: «El mundo no está en peligro por las malas personas sino por aquellas que *permiten* la maldad»; Mahatma Gandhi: «No me asusta la maldad de los malos, me aterroriza la *indiferencia* de los buenos»; y Martin Luther King: «Lo que me preocupa no es el grito de los malos, sino el *silencio* de los buenos» (las itálicas son mías).

Algunas personas no estarán de acuerdo con que se acuse a los buenos de que exista el mal, pero de lo que se trata es de hacer evidente la trascendencia del mal cuando los buenos ejercen: 1) la *permisividad*, de acuerdo con Einstein; 2) la *indiferencia*, según Gandhi; y 3) el *silencio*, según Luther King. Las tres son palabras comprometedoras que hacen de los buenos una especie de cómplices de los actos negativos que ejercen los malos en contra de la sociedad.

Somos permisivos los humanos cuando los caudillos y sus aplaudidores nos han cambiado los valores, la ética y la moral, a través de las leyes que han reducido los estándares sin que hayamos gestionado la defensa de los principios que construyen la sociedad.

Somos indiferentes cuando vemos que los derechos de los demás son afectados, por el simple hecho de no ser nosotros los que padecemos la injusticia.

Y preferimos el silencio, porque somos cómplices, o estamos temerosos de que también a nosotros nos puedan afectar los actos negativos de los malos.

Es que la permisividad, la indiferencia y el silencio ha dejado que el Egoísmo Político del caudillo que genera atraso y pobreza se imponga, se apodere y perennice en el poder.

Lo que quizá lo lleve a compartir mi tesis a usted amigo lector y que lo anime a transformar el mundo convirtiéndose en un líder republicano y democrático. O que por lo menos considere mis argumentos para reflexionarlos y debatirlos razonadamente.

Aspiro a que comparta conmigo en que no se trata de falta de convenios y de saber qué debe hacer la humanidad para vivir en unidad, orden y paz comunitaria respetando la vida, la libertad y la propiedad privada individual, sino de la decisión que los humanos debemos tomar en contra del Egoísmo Político. ¿Cuál es la suya?

Anexos

The Bill Of Rights inglés (Declaración de Derechos) del 13 de febrero de 1689

Es una concesión dada por la monarquía inglesa en el cual reconoce la potestad legislativa del Parlamento y consagra las libertades públicas de los súbditos del reino.

Su nombre completo es: «Ley para declarar los derechos y libertades de los súbditos y para determinar la sucesión a la Corona».

Se conoce, también, como ley de «los derechos de la vida». En esta ley del parlamento se establece los primeros derechos de las personas.

LEY PARA DECLARAR LOS DERECHOS Y LIBERTADES DE LOS SÚBDITOS Y PARA DETERMINAR LA SUCESIÓN A LA CORONA

The Bill Of Rights
13 de febrero de 1689

Considerando que los Lores espirituales y temporales y los Comunes reunidos en Westminster, representando legal, plena y libremente a todos los estamentos del pueblo de este reino presentaron el 13 de febrero del año de NS (gracia) de 1688, a Sus Majestades, entonces conocidas con los nombres y títulos de Guillermo y María, príncipes de Orange, una declaración escrita, redactada por los mencionados Lores y Comunes en los siguientes términos:

Considerando que el fallecido Jacobo II, con la ayuda de malos consejeros, jueces y ministros nombrados por él, se esforzó en subvertir y proscribir la religión protestante, y las leyes y libertades de este Reino:

Usurpando y ejerciendo el poder de dispensar de las leyes y aplazar su entrada en vigor y su cumplimiento, sin el consentimiento del Parlamento.

Encarcelando y procesando a varios prelados que, respetuosamente, le solicitaron que les excusara de prestar su consentimiento a la usurpación de este poder.

Ideando y patrocinando la creación, bajo la autoridad del Gran Sello, de un Tribunal, denominado Tribunal de Delegados para las causas eclesiásticas.

Cobrando, en beneficio de la Corona, ciertos tributos, bajo la excusa de una supuesta prerrogativa, para otros períodos y en forma distinta de la que habían sido votados por el Parlamento.

Reclutando y manteniendo, dentro de las fronteras del Reino y en tiempo de paz, un ejército permanente, sin consentimiento del Parlamento, y alistando en él a personas declaradas inhabilitadas.

Ordenando que muchos buenos ciudadanos protestantes fueran desarmados, mientras que los papistas eran armados y empleados con finalidades contrarias a la ley.

Violando la libertad de elegir a los miembros del Parlamento.

Acusando ante el Tribunal Real por delitos para cuyo conocimiento era únicamente competente el Parlamento, y celebrando otros procesos ilegales y arbitrarios.

Considerando que en los últimos años personas corrompidas, partidistas e inhabilitadas han sido elegidas y han formado parte de jurados y que, especialmente, personas que no eran propietarios libres han intervenido como jurados en procesos por alta traición.

Que se han exigido fianzas excesivas a personas sujetas a procedimientos penales, para no conceder los beneficios contenidos en las leyes relativas a la libertad de las personas.

I

Que se han impuesto multas excesivas.

Que se han aplicado castigos ilegales y crueles.

Y que se han hecho concesiones y promesas del importe de las multas y confiscaciones, antes de que se hubieran obtenido las pruebas necesarias o la condena de las personas a las que se iban a aplicar estas penas.

Todo lo cual es total y directamente contrario a las leyes, ordenanzas y libertades de este Reino.

Considerando que habiendo abdicado el difunto rey Jacobo II, y habiendo quedado por ello vacantes el gobierno y el trono, Su Alteza el príncipe de Orange (a quien Dios Todopoderoso ha querido convertir en el glorioso instrumento que librara a este Reino del papismo y el poder arbitrario) ha hecho enviar, por consejo de los Lores espirituales y temporales y de varios miembros destacados de los Comunes, cartas a los Lores espirituales y temporales protestantes, y a los diferentes condados, ciudades, universidades, burgos y a los cinco puertos, para que eligieran a las personas que les representarían en el Parlamento que se debía reunir en Westminster el 22 de enero de 1688, con el objeto de acordar lo necesario para que su religión, leyes y libertades no volvieran, en lo sucesivo, a correr el peligro de ser destruidas, y habiéndose celebrado elecciones de acuerdo con las cartas citadas.

En estas circunstancias, los mencionados Lores espirituales y temporales y los Comunes, hoy reunidos en virtud de sus cartas y elecciones, y constituyendo la plena y libre representación de esta nación, examinando los mejores medios para alcanzar los fines indicados declaran, en primer lugar, como han hecho en casos semejantes sus antepasados, para defender y asegurar sus antiguos derechos y libertades:

Que el pretendido poder de suspender las leyes y la aplicación de las mismas, en virtud de la autoridad real y sin el consentimiento del Parlamento, es ilegal.

II

Que el pretendido poder de dispensar de las leyes o de su aplicación en virtud de la autoridad real, en la forma en que ha sido usurpado y ejercido en el pasado, es ilegal.

III

Que la comisión para erigir el último Tribunal de causas eclesiásticas y las demás comisiones y tribunales de la misma naturaleza son ilegales y perniciosos.

IV

Que toda cobranza de impuesto en beneficio de la Corona, o para su uso, so pretexto de la prerrogativa real, sin consentimiento del Parlamento, por un período de tiempo más largo o en forma distinta de la que ha sido autorizada, es ilegal.

V

Que es un derecho de los súbditos presentar peticiones al Rey, siendo ilegal toda prisión o procesamiento de los peticionarios.

VI

Que el reclutamiento o mantenimiento de un ejército, dentro de las fronteras del Reino en tiempo de paz, sin la autorización del Parlamento, son contrarios a la ley.

VII

Que todos los súbditos protestantes pueden poseer armas para su defensa. de acuerdo con sus circunstancias particulares y en la forma que autorizan las leyes.

VIII

Que las elecciones de los miembros del Parlamento deben ser libres.

IX

Que las libertades de expresión, discusión y actuación en el Parlamento no pueden ser juzgadas ni investigadas por otro Tribunal que el Parlamento.

X

Que no se deben exigir fianzas exageradas, ni impo- nerse multas excesivas ni aplicarse castigos crueles ni desacostumbrados.

XI

Que las listas de los jurados deben confeccionarse, y éstos ser elegidos, en buena y debida forma, y aquellas deben notificarse, y que los jurados que decidan la suerte de las personas en procesos de alta traición deberán ser propietarios.

XII

Que todas las condonaciones y promesas sobre multas y confiscaciones hechas a otras personas, antes de la sentencia, son ilegales y nulas.

XIII

Y que, para remediar todas estas quejas, y para conseguir la modificación, aprobación y mantenimiento de las leyes, el Parlamento debe reunirse con frecuencia.

Reclaman, piden e insisten en todas y cada una de las peticiones hechas, como libertades indiscutibles, y solicitan que las declaraciones, juicios, actos o procedimientos, que han sido enumerados y realizados en perjuicio del pueblo, no puedan, en lo sucesivo, servir de precedente o ejemplo.

Hacen esta petición de sus derechos, particularmente animados por la declaración de S. A. R. el príncipe de Orange, que los considera el único medio de obtener completo conocimiento y garantía de los mismos respecto de la situación anteriormente existente.

Por todo ello tienen la completa confianza de que S. A. R el príncipe de Orange terminará la liberación del Reino, ya tan avanzada gracias a él, y que impedirá, en lo sucesivo, la violación de los derechos y libertades antes enumerados, así como cualquier otro ataque contra la religión, derechos y libertades.

Los mencionados Lores espirituales y temporales y los Comunes, reunidos en Westminster, resuelven que Guillermo y María, príncipe y princesa de Orange, son y sean declarados, respectivamente, rey y reina de Inglaterra, Francia.

Fuente: COUTHBERT, George, "The Bill Of Rights (Declaración De Derechos) 13 febrero 1689", http://jorgemachicado.blogspot.com/2010/07/bor.html Consulta: lunes, 10 octubre de 2016.

Declaración de los derechos del hombre y del ciudadano 26 de agosto de 1789

Los representantes del pueblo francés, constituidos en Asamblea nacional, considerando que la ignorancia, el olvido o el menosprecio de los derechos del hombre son las únicas causas de las calamidades públicas y de la corrupción de los gobiernos, han resuelto exponer, en una declaración solemne, los derechos naturales, inalienables y sagrados del hombre, a fin de que esta declaración, constantemente presente para todos los miembros del cuerpo social, les recuerde sin cesar sus derechos y sus deberes; a fin de que los actos del poder legislativo y del poder ejecutivo, al poder cotejarse a cada instante con la finalidad de toda institución política, sean más respetados y para que las reclamaciones de los ciudadanos, en adelante fundadas en principios simples e indiscutibles, redunden siempre en beneficio del mantenimiento de la Constitución y de la felicidad de todos.

En consecuencia, la Asamblea nacional reconoce y declara, en presencia del Ser Supremo y bajo sus auspicios, los siguientes derechos del hombre y del ciudadano:

Artículo 1

Los hombres nacen y permanecen libres e iguales en derechos. Las distinciones sociales solo pueden fundarse en la utilidad común.

Artículo 2

La finalidad de toda asociación política es la conservación de los derechos naturales e imprescriptibles del hombre. Tales derechos son la libertad, la propiedad, la seguridad y la resistencia a la opresión.

Artículo 3

El principio de toda soberanía reside esencialmente en la Nación. Ningún cuerpo, ningún individuo, pueden ejercer una autoridad que no emane expresamente de ella.

Artículo 4

La libertad consiste en poder hacer todo aquello que no perjudique a otro: por eso, el ejercicio de los derechos naturales de cada hombre no tiene otros límites que los que garantizan a los demás miembros de la sociedad el goce de estos mismos derechos. Tales límites solo pueden ser determinados por la ley.

Artículo 5

La ley solo tiene derecho a prohibir los actos perjudiciales para la sociedad. Nada que no esté prohibido por la ley puede ser impedido, y nadie puede ser constreñido a hacer algo que ésta no ordene.

Artículo 6

La ley es la expresión de la voluntad general. Todos los ciudadanos tienen derecho a contribuir a su elaboración, personalmente o por medio de sus representantes. Debe ser la misma para todos, ya sea que proteja o que sancione. Como todos los ciudadanos son iguales ante ella, todos son igualmente admisibles en toda dignidad, cargo o empleo públicos, según sus capacidades y sin otra distinción que la de sus virtudes y sus talentos.

Artículo 7

Ningún hombre puede ser acusado, arrestado o deteni- do, como no sea en los casos determinados por la ley y con arreglo a las formas que esta ha prescrito. Quienes soliciten, cursen, ejecuten o hagan ejecutar órdenes arbitrarias deberán ser castigados; pero todo ciudadano convocado o aprehendido en virtud de la ley debe obedecer de inmediato; es culpable si opone resistencia.

Artículo 8

La ley solo debe establecer penas estricta y evidentemente necesarias, y nadie puede ser castigado sino en virtud de una ley establecida y promulgada con anterioridad al delito, y aplicada legalmente.

Artículo 9

Puesto que todo hombre se presume inocente mientras no sea declarado culpable, si se juzga indispensable detenerlo, todo rigor que no sea necesario para apoderarse de su persona debe ser severamente reprimido por la ley.

Artículo 10

Nadie debe ser incomodado por sus opiniones, inclusive religiosas, a condición de que su manifestación no perturbe el orden público establecido por la ley.

Artículo 11

La libre comunicación de pensamientos y de opiniones es uno de los derechos más preciosos del hombre; en consecuencia, todo ciudadano puede hablar, escribir e imprimir libremente, a trueque de responder del abuso de esta libertad en los casos determinados por la ley.

Artículo 12

La garantía de los derechos del hombre y del ciudadano necesita de una fuerza pública; por lo tanto, esta fuerza ha sido instituida en beneficio de todos, y no para el provecho particular de aquellos a quienes ha sido encomendada.

Artículo 13

Para el mantenimiento de la fuerza pública y para los gastos de administración, resulta indispensable una contribución común; esta debe repartirse equitativamente entre los ciudadanos, proporcionalmente a su capacidad.

Artículo 14

Los ciudadanos tienen el derecho de comprobar, por sí mismos o a través de sus representantes, la necesidad de la contribución pública, de aceptarla libremente, de vigilar su empleo y de determinar su prorrata, su base, su recaudación y su duración.

Artículo 15

La sociedad tiene derecho a pedir cuentas de su gestión a todo agente público.

Artículo 16

Toda sociedad en la cual no esté establecida la garantía de los derechos, ni determinada la separación de los poderes, carece de Constitución.

Artículo 17

Siendo la propiedad un derecho inviolable y sagrado, nadie puede ser privado de ella, salvo cuando la necesidad pública, legalmente comprobada, lo exija de modo evidente, y a condición de una justa y previa indemnización.

Declaración Universal de Derechos Humanos

Adoptada y proclamada por la Resolución de la Asamblea General 217 A (III) del 10 de diciembre de 1948. El 10 de diciembre de 1948, la Asamblea General de las **Naciones Unidas** aprobó y proclamó la **Declaración Universal** de **Derechos Humanos**, cuyo texto completo figura en las páginas siguientes.

PREÁMBULO

Considerando que la libertad, la justicia y la paz en el mundo tienen por base el reconocimiento de la dignidad intrínseca y de los derechos iguales e inalienables de todos los miembros de la familia humana;

Considerando que el desconocimiento y el menosprecio de los derechos humanos han originado actos de barbarie ultrajantes para la conciencia de la humanidad, y que se ha proclamado, como la aspiración más elevada del hombre, el advenimiento de un mundo en que los seres humanos, liberados del temor y de la miseria, disfruten de la libertad de palabra y de la libertad de creencias;

Considerando esencial que los derechos humanos sean protegidos por un régimen de Derecho, a fin de que el hombre no se vea compelido al supremo recurso de la rebelión contra la tiranía y la opresión;

Considerando también esencial promover el desarrollo de relaciones amistosas entre las naciones;

Considerando que los pueblos de las Naciones Unidas han reafirmado en la Carta su fe en los derechos fundamentales del hombre, en la dignidad y el valor de la persona humana y en la igualdad de derechos de hombres y mujeres, y se han declarado resueltos a promover el progreso social y a elevar el nivel de vida dentro de un concepto más amplio de la libertad;

Considerando que los Estados Miembros se han comprometido a asegurar, en cooperación con la Organización de las Naciones Unidas, el respeto universal y efectivo a los derechos y libertades fundamentales del hombre, y

Considerando que una concepción común de estos derechos y libertades es de la mayor importancia para el pleno cumplimiento de dicho compromiso;

LA ASAMBLEA GENERAL proclama la presente DECLARACIÓN UNIVERSAL DE DERECHOS HUMANOS como ideal común por el que todos los pueblos y naciones deben esforzarse, a fin de que tanto los individuos como las instituciones, inspirándose constantemente en ella, promuevan, mediante la enseñanza y la educación, el respeto a estos derechos y libertades, y aseguren, por medidas progresivas de carácter nacional e internacional, su reconocimiento y aplicación universales y efectivos, tanto entre los pueblos de los Estados Miembros como entre los de los territorios colocados bajo su jurisdicción.

Artículo 1

Todos los seres humanos nacen libres e iguales en dignidad y derechos y, dotados como están de razón y conciencia, deben comportarse fraternalmente los unos con los otros.

Artículo 2

Toda persona tiene todos los derechos y libertades proclamados en esta Declaración, sin distinción alguna de raza, color, sexo, idioma, religión, opinión política o de cualquier otra índole, origen nacional o social, posición económica, nacimiento o cualquier otra condición.

Además, no se hará distinción alguna fundada en la condición política, jurídica o internacional del país o territorio de cuya jurisdicción dependa una persona, tanto si se trata de un país independiente, como de un territorio bajo administración fiduciaria, no autónomo o sometido a cualquier otra limitación de soberanía.

Artículo 3

Todo individuo tiene derecho a la vida, a la libertad y a la seguridad de su persona.

Artículo 4

Nadie estará sometido a esclavitud ni a servidumbre, la esclavitud y la trata de esclavos están prohibidas en todas sus formas.

Artículo 5

Nadie será sometido a torturas ni a penas o tratos crueles, inhumanos o degradantes.

Artículo 6

Todo ser humano tiene derecho, en todas partes, al reconocimiento de su personalidad jurídica.

Artículo 7

Todos son iguales ante la ley y tienen, sin distinción, derecho a igual protección de la ley. Todos tienen derecho a igual protección contra toda discriminación que infrinja esta Declaración y contra toda provocación a tal discriminación.

Artículo 8

Toda persona tiene derecho a un recurso efectivo ante los tribunales nacionales competentes, que la ampare contra actos que violen sus derechos fundamentales reconocidos por la constitución o por la ley.

Artículo 9

Nadie podrá ser arbitrariamente detenido, preso ni desterrado.

Artículo 10

Toda persona tiene derecho, en condiciones de plena igualdad, a ser oída públicamente y con justicia por un tribunal independiente e imparcial, para la determinación de sus derechos y obligaciones o para el examen de cualquier acusación contra ella en materia penal.

Artículo 11

1. Toda persona acusada de delito tiene derecho a que se presuma su inocencia mientras no se pruebe su culpabilidad, conforme a la ley y en juicio público en el que se le hayan asegurado todas las garantías necesarias para su defensa.

2. Nadie será condenado por actos u omisiones que en el momento de cometerse no fueron delictivos según el Derecho nacional o internacional. Tampoco se impondrá pena más grave que la aplicable en el momento de la comisión del delito.

Artículo 12

Nadie será objeto de injerencias arbitrarias en su vida privada, su familia, su domicilio o su correspondencia, ni de ataques a su honra o a su reputación. Toda persona tiene derecho a la protección de la ley contra tales injerencias o ataques.

Artículo 13

1. Toda persona tiene derecho a circular libremente y a elegir su residencia en el territorio de un Estado.

2. Toda persona tiene derecho a salir de cualquier país, incluso del propio, y a regresar a su país.

Artículo 14

1. En caso de persecución, toda persona tiene derecho a buscar asilo, y a disfrutar de él, en cualquier país.

2. Este derecho no podrá ser invocado contra una acción judicial realmente originada por delitos comunes o por actos opuestos a los propósitos y principios de las Naciones Unidas.

Artículo 15

1. Toda persona tiene derecho a una nacionalidad.

2. A nadie se privará arbitrariamente de su nacionalidad ni del derecho a cambiar de nacionalidad.

Artículo 16

1. Los hombres y las mujeres, a partir de la edad núbil, tienen derecho, sin restricción alguna por motivos de raza, nacionalidad o religión, a casarse y fundar una familia, y disfrutarán de iguales derechos en cuanto al matrimonio, durante el matrimonio y en caso de disolución del matrimonio.

2. Solo mediante libre y pleno consentimiento de los futuros esposos podrá contraerse el matrimonio.

3. La familia es el elemento natural y fundamental de la sociedad y tiene derecho a la protección de la sociedad y del Estado.

Artículo 17

1. Toda persona tiene derecho a la propiedad, individual y colectivamente.

2. Nadie será privado arbitrariamente de su propiedad.

Artículo 18

Toda persona tiene derecho a la libertad de pensamiento, de conciencia y de religión; este derecho incluye la libertad de cambiar de religión o de creencia, así como la libertad de manifestar su religión o su creencia, individual y colectivamente, tanto en público como en privado, por la enseñanza, la práctica, el culto y la observancia.

Artículo 19

Todo individuo tiene derecho a la libertad de opinión y de expresión; este derecho incluye el de no ser molestado a causa de sus opiniones, el de investigar y recibir informaciones y opiniones, y el de difundirlas, sin limitación de fronteras, por cualquier medio de expresión.

Artículo 20

1. Toda persona tiene derecho a la libertad de reunión y de asociación pacíficas.

2. Nadie podrá ser obligado a pertenecer a una asociación.

Artículo 21

1. Toda persona tiene derecho a participar en el gobierno de su país, directamente o por medio de representantes libremente escogidos.

2. Toda persona tiene el derecho de acceso, en condiciones de igualdad, a las funciones públicas de su país.

3. La voluntad del pueblo es la base de la autoridad del poder público; esta voluntad se expresará mediante elecciones auténticas que habrán de celebrarse periódicamente, por sufragio universal e igual y por voto secreto u otro procedimiento equivalente que garantice la libertad del voto.

Artículo 22

Toda persona, como miembro de la sociedad, tiene derecho a la seguridad social, y a obtener, mediante el esfuerzo nacional y la cooperación internacional, habida cuenta de la organización y los recursos de cada Estado, la satisfacción de los derechos económicos, sociales y culturales, indispensables a su dignidad y al libre desarrollo de su personalidad.

Artículo 23

1. Toda persona tiene derecho al trabajo, a la libre elección de su trabajo, a condiciones equitativas y satisfactorias de trabajo y a la protección contra el desempleo.

2. Toda persona tiene derecho, sin discriminación alguna, a igual salario por trabajo igual.

3. Toda persona que trabaja tiene derecho a una remuneración equitativa y satisfactoria, que le asegure, así como a su familia, una existencia conforme a la dignidad humana y que será completada, en caso necesario, por cualesquiera otros medios de protección social.

4. Toda persona tiene derecho a fundar sindicatos y a sindicarse para la defensa de sus intereses.

Artículo 24

Toda persona tiene derecho al descanso, al disfrute del tiempo libre, a una limitación razonable de la duración del trabajo y a vacaciones periódicas pagadas.

Artículo 25

1. Toda persona tiene derecho a un nivel de vida adecuado que le asegure, así como a su familia, la salud y el bienestar, y en especial la alimentación, el vestido, la vivienda, la asistencia médica y los servicios sociales necesarios; tiene asimismo derecho a los seguros en caso de desempleo, enfermedad, invalidez, viudez, vejez u otros casos de pérdida de sus medios de subsistencia por circunstancias independientes de su voluntad.

2. La maternidad y la infancia tienen derecho a cuidados y asistencia especiales. Todos los niños, nacidos de matrimonio o fuera de matrimonio, tienen derecho a igual protección social.

Artículo 26

1. Toda persona tiene derecho a la educación. La educación debe ser gratuita, al menos en lo concerniente a la instrucción elemental y fundamental. La instrucción elemental será obligatoria. La instrucción técnica y profesional habrá de ser generalizada; el acceso a los estudios superiores será igual para todos, en función de los méritos respectivos.

2. La educación tendrá por objeto el pleno desarrollo de la personalidad humana y el fortalecimiento del respeto a los derechos humanos y a las libertades fundamentales; favorecerá la comprensión, la tolerancia y la amistad entre todas las naciones y todos los grupos étnicos o religiosos, y promoverá el desarrollo de las actividades de las Naciones Unidas para el mantenimiento de la paz.

3. Los padres tendrán derecho preferente a escoger el tipo de educación que habrá de darse a sus hijos.

Artículo 27

1. Toda persona tiene derecho a tomar parte libremente en la vida cultural de la comunidad, a gozar de las artes y a participar en el progreso científico y en los beneficios que de él resulten.

2. Toda persona tiene derecho a la protección de los intereses morales y materiales que le correspondan por razón de las producciones científicas, literarias o artísticas de que sea autora.

Artículo 28

Toda persona tiene derecho a que se establezca un orden social e internacional en el que los derechos y libertades proclamados en esta Declaración se hagan plenamente efectivos.

Artículo 29

1. Toda persona tiene deberes respecto a la comunidad, puesto que solo en ella puede desarrollar libre y plenamente su personalidad.

2. En el ejercicio de sus derechos y en el disfrute de sus libertades, toda persona estará solamente sujeta a las limitaciones establecidas por la ley con el único fin de asegurar el reconocimiento y el respeto de los derechos y libertades de los demás, y de satisfacer las justas exigencias de la moral, del orden público y del bienestar general en una sociedad democrática.

3. Estos derechos y libertades no podrán, en ningún caso, ser ejercidos en oposición a los propósitos y principios de las Naciones Unidas.

Artículo 30

Nada en esta Declaración podrá interpretarse en el sentido de que confiere derecho alguno al Estado, a un grupo o a una persona, para emprender y desarrollar actividades o realizar actos tendientes a la supresión de cualquiera de los derechos y libertades proclamados en esta Declaración.

Declaración Americana de los Derechos y Obligaciones del Hombre

Aprobada en la Novena Conferencia Internacional Americana
Bogotá, Colombia, 1948

La IX Conferencia Internacional Americana,
CONSIDERANDO:

Que los pueblos americanos han dignificado la persona humana y que sus constituciones

nacionales reconocen que las instituciones jurídicas y políticas, rectoras de la vida en sociedad, tienen como fin principal la protección de los derechos esenciales del hombre y la creación de circunstancias que le permitan progresar espiritual y materialmente y alcanzar la felicidad;

Que, en repetidas ocasiones, los Estados americanos han reconocido que los derechos esenciales del hombre no nacen del hecho de ser nacional de determinado Estado, sino que tienen como fundamento los atributos de la persona humana;

Que la protección internacional de los derechos del hombre debe ser guía principalísima del derecho americano en evolución;

Que la consagración americana de los derechos esenciales del hombre unida a las garantías ofrecidas por el régimen interno de los Estados, establece el sistema inicial de protección que los Estados americanos consideran adecuado a las actuales circunstancias sociales y jurídicas, no sin reconocer que deberán fortalecerlo cada vez más en el campo internacional, a medida que esas circunstancias vayan siendo más propicias,

ACUERDA: adoptar la siguiente

DECLARACIÓN AMERICANA DE LOS DERECHOS Y DEBERES DEL HOMBRE

Preámbulo

Todos los hombres nacen libres e iguales en dignidad y derechos y, dotados como están por naturaleza de razón y conciencia, deben conducirse fraternalmente los unos con los otros.

El cumplimiento del deber de cada uno es exigencia del derecho de todos. Derechos y deberes se integran correlativamente en toda actividad social y política del hombre. Si los derechos exaltan la libertad individual, los deberes expresan la dignidad de esa libertad.

Los deberes de orden jurídico presuponen otros, de orden moral, que los apoyan conceptualmente y los fundamentan.

Es deber del hombre servir al espíritu con todas sus potencias y recursos porque el espíritu es la finalidad suprema de la existencia humana y su máxima categoría.

Es deber del hombre ejercer, mantener y estimular por todos los medios a su alcance la cultura, porque la cultura es la máxima expresión social e histórica del espíritu.

Y puesto que la moral y buenas maneras constituyen la floración más noble de la cultura, es deber de todo hombre acatarlas siempre.

CAPÍTULO PRIMERO - Derechos

Artículo 1 - Derecho a la vida, a la libertad, a la seguridad e integridad de la persona

Todo ser humano tiene derecho a la vida, a la libertad y a la seguridad de su persona.

Artículo 2 - Derecho de igualdad ante la Ley

Todas las personas son iguales ante la Ley y tienen los derechos y deberes consagrados en esta declaración sin distinción de raza, sexo, idioma, credo ni otra alguna.

Artículo 3 - Derecho de libertad religiosa y de culto

Toda persona tiene el derecho de profesar libremente una creencia religiosa y de manifestarla y practicarla en público y en privado.

Artículo 4 - Derecho de libertad de investigación, opinión, expresión y difusión

Toda persona tiene derecho a la libertad de investigación, de opinión y de expresión y difusión del pensamiento por cualquier medio. Derecho de libertad de investigación, opinión, expresión y difusión.

Artículo 5 - Derecho a la protección a la honra, la reputación personal y la vida privada y familiar

Toda persona tiene derecho a la protección de la Ley contra los ataques abusivos a su honra, a su reputación y a su vida privada y familiar.

Artículo 6 - Derecho a la constitución y a la protección de la familia

Toda persona tiene derecho a constituir familia, elemento fundamental de la sociedad, y a recibir protección para ella.

Artículo 7 - Derecho de protección a la maternidad y a la infancia

Toda mujer en estado de gravidez o en época de lactancia, así como todo niño, tienen derecho a protección, cuidados y ayuda especiales.

Artículo 8 - Derecho de residencia y tránsito.

Toda persona tiene el derecho de fijar su residencia en el territorio del Estado de que es nacional, de transitar por él libremente y no abandonarlo sino por su voluntad.

Artículo 9 - Derecho a la inviolabilidad del domicilio. Toda persona tiene el derecho a la inviolabilidad de su domicilio.

Artículo 10 - Derecho a la inviolabilidad y circulación de la correspondencia.

Toda persona tiene derecho a la inviolabilidad y circulación de su correspondencia.

Artículo 11 - Derecho a la preservación de la salud y al bienestar

Toda persona tiene derecho a que su salud sea preservada por medidas sanitarias y sociales, relativas a la alimentación, el vestido, la vivienda y la asistencia médica, correspondientes al nivel que permitan los recursos públicos y los de la comunidad.

Artículo 12 - Derecho a la educación

Toda persona tiene derecho a la educación, la que debe estar inspirada en los principios de libertad, moralidad y solidari- dad humanas.

Asimismo, tiene el derecho de que, mediante esa educación, se le capacite para lograr una digna subsistencia, en mejoramiento del nivel de vida y para ser útil a la sociedad.

El derecho de educación comprende el de igualdad de oportunidades en todos los casos, de acuerdo con las dotes naturales, los méritos y el deseo de aprovechar los recursos que puedan proporcionar la comunidad y el Estado.

Toda persona tiene derecho a recibir gratuitamente la educación primaria, por lo menos.

Artículo 13 - Derecho a los beneficios de la cultura

Toda persona tiene el derecho de participar en la vida cultural de la comunidad, gozar de las artes y disfrutar de los beneficios que resulten de los progresos intelectuales y especialmente de los descubrimientos científicos.

Tiene asimismo derecho a la protección de los intereses morales y materiales que le correspondan por razón de los inventos, obras literarias, científicas y artísticas de que sea autor.

Artículo 14 - Derecho al trabajo y a una justa retribución

Toda persona que trabaja tiene derecho de recibir una remuneración que, en relación con su capacidad y destreza le asegure un nivel de vida conveniente para sí misma y su familia.

Artículo 15 - Derecho al descanso y a su aprovechamiento

Toda persona tiene derecho a descanso, a honesta recreación y a la oportunidad de emplear útilmente el tiempo libre en beneficio de su mejoramiento espiritual, cultural y físico.

Artículo 16 - Derecho a la seguridad social

Toda persona tiene derecho a la seguridad social que le proteja contra las consecuencias de la desocupación, de la vejez y de la incapacidad que, proveniente de cualquier otra causa ajena a su voluntad, la imposibilite física o mentalmente para obtener los medios de subsistencia.

Artículo 17 - Derecho de reconocimiento de la personalidad jurídica y de los derechos civiles

Toda persona tiene derecho a que se le reconozca en cualquier parte como sujeto de derechos y obligaciones, y a gozar de los derechos civiles fundamentales.

Artículo 18 - Derecho de justicia

Toda persona puede ocurrir a los tribunales para hacer valer sus derechos. Asimismo, debe disponer de un procedimiento sencillo y breve por el cual la justicia lo ampare contra actos de la autoridad que violen, en perjuicio suyo, alguno de los derechos fundamentales consagrados constitucionalmente.

Artículo 19 - Derecho de nacionalidad

Toda persona tiene derecho a la nacionalidad que legalmente le corresponda y el de cambiarla, si así lo desea, por la de cualquier otro país que esté dispuesto a otorgársela.

Artículo 20 - Derecho de sufragio y de participación en el gobierno

Toda persona, legalmente capacitada, tiene el derecho de tomar parte en el gobierno de su país, directamente o por medio de sus representantes, y de participar en las elecciones populares, que serán de voto secreto, genuinas, periódicas y libres.

Artículo 21 - Derecho de reunión

Toda persona tiene el derecho de reunirse pacíficamente con otras, en manifestación pública o en asamblea transitoria, en relación con sus intereses comunes de cualquier índole.

Artículo 22 - Derecho de asociación

Toda persona tiene el derecho de asociarse con otras para promover, ejercer y proteger sus intereses legítimos de orden político, económico, religioso, social, cultural, profesional, sindical o de cualquier otro orden.

Artículo 23 - Derecho a la propiedad

Toda persona tiene derecho a la propiedad privada correspondiente a las necesidades esenciales de una vida decorosa, que contribuya a mantener la dignidad de la persona y del hogar.

Artículo 24 - Derecho de petición

Toda persona tiene derecho de presentar peticiones respetuosas a cualquiera autoridad competente, ya sea por motivo de interés general, ya de interés particular, y el de obtener pronta resolución.

Artículo 25 - Derecho de protección contra la detención arbitraria

Nadie puede ser privado de su libertad sino en los casos y según las formas establecidas por leyes preexistentes.

Nadie puede ser detenido por incumplimiento de obligaciones de carácter netamente civil. Todo individuo que haya sido privado de su libertad tiene derecho a que el juez verifique sin demora la legalidad de la medida y a ser juzgado sin dilación injustificada, o, de lo contrario, a ser puesto en libertad. Tiene derecho también a un tratamiento humano durante la privación de su libertad.

Artículo 26 - Derecho a proceso regular

Se presume que todo acusado es inocente, hasta que se pruebe que es culpable. Toda persona acusada de delito tiene derecho a ser oída en forma imparcial y pública, a ser juzgada por tribunales anteriormente establecidos de acuerdo con leyes preexistentes y a que no se le imponga penas crueles, infamantes o inusitadas.

Artículo 27 - Derecho de asilo

Toda persona tiene el derecho de buscar y recibir asilo en territorio extranjero, en caso de persecución que no sea motivada por delitos de derecho común y de acuerdo con la legislación de cada país y con los convenios internacionales.

Artículo 28 - Alcance de los derechos del hombre

Los derechos de cada hombre están limitados por los derechos de los demás, por la seguridad de todos y por las justas exigencias del bienestar general y del desenvolvimiento democrático.

CAPITULO SEGUNDO - Deberes

Artículo 29 - Deberes ante la sociedad

Toda persona tiene el deber de convivir con las demás de manera que todas y cada una puedan formar y desenvolver integralmente su personalidad.

Artículo 30 - Deberes para con los hijos y los padres

Toda persona tiene el deber de asistir, alimentar, educar y amparar a sus hijos menores de edad, y los hijos tienen el deber de honrar siempre a sus padres y el de asistirlos, alimentarlos y ampararlos cuando estos lo necesiten.

Artículo 31 - Deberes de instrucción

Toda persona tiene el deber de adquirir a lo menos la instrucción primaria.

Artículo 32 - Deber de sufragio

Toda persona tiene el deber de votar en las elecciones populares del país de que sea nacional, cuando esté legalmente capacitada para ello.

Artículo 33 - Deber de obediencia a la Ley

Toda persona tiene el deber de obedecer a la Ley y demás mandamientos legítimos de las autoridades de su país y de aquel en que se encuentre.

Artículo 34 - Deber de servir a la comunidad y a la nación

Toda persona hábil tiene el deber de prestar los servicios civiles y militares que la Patria requiera para su defensa y conservación, y en caso de calamidad pública, los servicios de que sea capaz. Asimismo, tiene el deber de desempeñar los cargos de elección popular que le correspondan en el Estado de que sea nacional.

Artículo 35 - Deberes de asistencia y seguridad sociales

Toda persona tiene el deber de cooperar con el Estado y con la comunidad en la asistencia y seguridad sociales de acuerdo con sus posibilidades y con las circunstancias.

Artículo 36 - Deber de pagar impuestos

Toda persona tiene el deber de pagar los impuestos establecidos por la Ley para el sostenimiento de los servicios públicos.

Artículo 37 - Deber de trabajo

Toda persona tiene el deber de trabajar, dentro de su capacidad y posibilidades, a fin de obtener los recursos para su subsistencia o en beneficio de la comunidad.

Artículo 38 - Deber de abstenerse de actividades políticas en país extranjero

Toda persona tiene el deber de no intervenir en las actividades políticas que, de conformidad con la Ley, sean privativas de los ciudadanos del Estado en que sea extranjero.

Carta Democrática Interamericana

(Aprobada en la primera sesión plenaria, celebrada el 11 de septiembre de 2001).

LA ASAMBLEA GENERAL,

CONSIDERANDO que la Carta de la Organización de los Estados Americanos reconoce que la democracia representativa es indispensable para la estabilidad, la paz y el desarrollo de la región y que uno de los propósitos de la OEA es promover y consolidar la democracia representativa dentro del respeto del principio de no intervención;

RECONOCIENDO los aportes de la OEA y de otros mecanismos regionales y subregionales en la promoción y consolidación de la democracia en las Américas;

RECORDANDO que los Jefes de Estado y de Gobierno de las Américas reunidos en la Tercera Cumbre de las Américas, celebrada del 20 al 22 de abril de 2001 en la ciudad de Quebec, adoptaron una cláusula democrática que establece que cualquier alteración o ruptura inconstitucional del orden democrático en un Estado del Hemisferio constituye un obstáculo insuperable para la participación del gobierno de dicho Estado en el proceso de Cumbres de las Américas;

TENIENDO EN CUENTA que las cláusulas democráticas existentes en los mecanismos regionales y subregionales expresan los mismos objetivos que la cláusula democrática adoptada por los Jefes de Estado y de Gobierno en la ciudad de Quebec;

REAFIRMANDO que el carácter participativo de la democracia en nuestros países en los diferentes ámbitos de la actividad pública contribuye a la consolidación de los valores democráticos y a la libertad y la solidaridad en el Hemisferio;

CONSIDERANDO que la solidaridad y la cooperación de los Estados americanos requieren la organización política de los mismos sobre la base del ejercicio efectivo de la democracia representativa y que el crecimiento económico y el desarrollo social basados en la justicia y la equidad y la democracia son interdependientes y se refuerzan mutuamente;

REAFIRMANDO que la lucha contra la pobreza, especialmente la eliminación de la pobreza crítica, es esencial para la promoción y consolidación de la democracia y constituye una responsabilidad común y compartida de los Estados americanos;

TENIENDO PRESENTE que la Declaración Americana de los Derechos y Deberes del Hombre y la Convención Americana sobre Derechos Humanos contienen los valores y principios de libertad, igualdad y justicia social que son intrínsecos a la democracia;

REAFIRMANDO que la promoción y protección de los derechos humanos es condición fundamental para la existencia de una sociedad democrática, y reconociendo la importancia que tiene el continuo desarrollo y fortalecimiento del sistema interamericano de derechos humanos para la consolidación de la democracia;

CONSIDERANDO que la educación es un medio eficaz para fomentar la conciencia de los ciudadanos con respecto a sus propios países y, de esa forma, lograr una participación significativa en el proceso de toma de decisiones, y reafirmando la importancia del desarrollo de los recursos humanos para lograr un sistema democrático y sólido;

RECONOCIENDO que un medio ambiente sano es indispensable para el desarrollo integral del ser humano, lo que contribuye a la democracia y la estabilidad política;

TENIENDO PRESENTE que el Protocolo de San Salvador en materia de derechos económicos, sociales y culturales resalta la importancia de que tales derechos sean reafirmados, desarrollados, perfeccionados y protegidos en función de consolidar el régimen democrático representativo de gobierno;

RECONOCIENDO que el derecho de los trabajadores de asociarse libremente para la defensa y promoción de sus intereses es fundamental para la plena realización de los ideales democráticos;

TENIENDO EN CUENTA que, en el Compromiso de Santiago con la Democracia y la Renovación del Sistema Interamericano, los Ministros de Relaciones Exteriores expresaron su determinación de adoptar un conjunto de procedimientos eficaces, oportunos y expeditos para asegurar la promoción y defensa de la democracia representativa dentro del respeto del principio de no intervención; y que la resolución AG/RES. 1080 (XXI-O/91) estableció, consecuentemente, un mecanismo de acción colectiva en caso de que se produjera una interrupción abrupta o irregular del proceso político institucional democrático o del legítimo ejercicio del poder por un gobierno democráticamente electo en cualquiera de los Estados Miembros de la Organización, materializando así una antigua aspiración del Continente de responder rápida y colectivamente en defensa de la democracia;

RECORDANDO que, en la Declaración de Nassau (AG/DEC. 1 (XXII-O/92)), se acordó desarrollar mecanismos para proporcionar la asistencia que los Estados Miembros soliciten para promover, preservar y fortalecer la democracia representativa, a fin de complementar y ejecutar lo previsto en la resolución AG/RES. 1080 (XXI-O/91);

TENIENDO PRESENTE que, en la Declaración de Managua para la Promoción de la Democracia y el Desarrollo (AG/ DEC. 4 (XXIII-O/93)), los Estados Miembros expresaron su convencimiento de que la democracia, la paz y el desarrollo son partes inseparables e indivisibles de una visión renovada e integral de la solidaridad americana, y que de la puesta en marcha de una estrategia inspirada en la interdependencia y complementariedad de esos valores dependerá la capacidad de la Organización de contribuir a preservar y fortalecer las estructuras democráticas en el Hemisferio;

CONSIDERANDO que, en la Declaración de Managua para la Promoción de la Democracia y el Desarrollo, los Estados Miembros expresaron su convicción de que la misión de la Organización no se limita a la defensa de la democracia en los casos de quebrantamiento de sus valores y principios fundamentales, sino que requiere además una labor permanente y creativa dirigida a consolidarla, así como un esfuerzo permanente para prevenir y anticipar las causas mismas de los problemas que afectan el sistema democrático de gobierno;

TENIENDO PRESENTE que los Ministros de Relaciones Exteriores de las Américas, en ocasión del trigésimo primer período ordinario de sesiones de la Asamblea General, en San José de Costa Rica, dando cumplimiento a la expresa instrucción de los jefes de Estado y de Gobierno reunidos en la Tercera Cumbre, celebrada en la ciudad de Quebec, aceptaron el documento de base de la Carta Democrática Interamericana y encomendaron al Consejo Permanente su fortalecimiento y ampliación, de conformidad con la Carta de la OEA, para su aprobación definitiva en un período extraordinario de sesiones de la Asamblea General en la ciudad de Lima, Perú;

RECONOCIENDO que todos los derechos y obligaciones de los Estados Miembros conforme a la Carta de la OEA representan el fundamento de los principios democráticos del Hemisferio; y

TENIENDO EN CUENTA el desarrollo progresivo del derecho internacional y la conveniencia de precisar las disposiciones contenidas en la Carta de la Organización de los Estados Americanos e instrumentos básicos concordantes relativas a la preservación y defensa de las instituciones democráticas, conforme a la práctica establecida,

RESUELVE:

Aprobar la siguiente

CARTA DEMOCRÁTICA INTERAMERICANA

I. La democracia y el sistema interamericano

Artículo 1

Los pueblos de América tienen derecho a la democracia y sus gobiernos la obligación de promoverla y defenderla. La democracia es esencial para el desarrollo social, político y económico de los pueblos de las Américas.

Artículo 2

El ejercicio efectivo de la democracia representativa es la base del estado de derecho y los regímenes constitucionales de los Estados Miembros de la Organización de los Estados Americanos. La democracia representativa se refuerza y profundiza con la participación permanente, ética y responsable de la ciudadanía en un marco de legalidad conforme al respectivo orden constitucional.

Artículo 3

Son elementos esenciales de la democracia representativa, entre otros, el respeto a los derechos humanos y las libertades fundamentales; el acceso al poder y subejercicio con sujeción al estado de derecho; la celebración de elecciones periódicas, libres, justas y basadas en el sufragio universal y secreto como expresión de la soberanía del pueblo; el régimen plural de partidos y organizaciones políticas; y la separación e independencia de los poderes públicos.

Artículo 4

Son componentes fundamentales del ejercicio de la democracia la transparencia de las actividades gubernamentales, la probidad, la responsabilidad de los gobiernos en la gestión pública, el respeto por los derechos sociales y la libertad de expresión y de prensa.

La subordinación constitucional de todas las instituciones del Estado a la autoridad civil legalmente constituida y el respeto al estado de derecho de todas las entidades y sectores de la sociedad son igualmente fundamentales para la democracia.

Artículo 5

El fortalecimiento de los partidos y de otras organizaciones políticas es prioritario para la democracia. Se deberá prestar atención especial a la problemática derivada de los altos costos de las campañas electorales y al establecimiento de un régimen equilibrado y transparente de financiación de sus actividades.

Artículo 6

La participación de la ciudadanía en las decisiones relativas a su propio desarrollo es un derecho y una responsabilidad. Es también una condición necesaria para el pleno y efectivo ejercicio de la democracia. Promover y fomentar diversas formas de participación fortalece la democracia.

II. La democracia y los derechos humanos

Artículo 7

La democracia es indispensable para el ejercicio efectivo de las libertades fundamentales y los derechos humanos, en su carácter universal, indivisible e interdependiente, consagrados en las respectivas constituciones de los Estados y en los instrumentos interamericanos e internacionales de derechos humanos.

Artículo 8

Cualquier persona o grupo de personas que consideren que sus derechos humanos han sido violados pueden interponer denuncias o peticiones ante el sistema interamericano de promoción y protección de los derechos humanos conforme a los procedimientos establecidos en el mismo.

Los Estados Miembros reafirman su intención de fortalecer el sistema interamericano de protección de los derechos humanos para la consolidación de la democracia en el Hemisferio.

Artículo 9

La eliminación de toda forma de discriminación, especialmente la discriminación de género, étnica y racial, y de las diversas formas de intolerancia, así como la promoción y protección de los derechos humanos de los pueblos indígenas y los migrantes y el respeto a la diversidad étnica, cultural y religiosa en las Américas, contribuyen al fortalecimiento de la democracia y la participación ciudadana.

Artículo 10

La promoción y el fortalecimiento de la democracia requieren el ejercicio pleno y eficaz de los derechos de los trabajadores y la aplicación de normas laborales básicas, tal como están consagradas en la Declaración de la Organización Internacional del Trabajo (OIT) relativa a los Principios y Derechos Fundamentales en el Trabajo y su Seguimiento, adoptada en 1998, así como en otras convenciones básicas afines de la OIT. La democracia se fortalece con el mejoramiento de las condiciones laborales y la calidad de vida de los trabajadores del Hemisferio.

III. Democracia, desarrollo integral y combate a la pobreza

Artículo 11

La democracia y el desarrollo económico y social son interdependientes y se refuerzan mutuamente.

Artículo 12

La pobreza, el analfabetismo y los bajos niveles de desarrollo humano son factores que inciden negativamente en la consolidación de la democracia. Los Estados Miembros de la OEA se comprometen a adoptar y ejecutar todas las acciones necesarias para la creación de empleo productivo, la reducción de la pobreza y la erradicación de la pobreza extrema, teniendo en cuenta las diferentes realidades y condiciones económicas de los países del Hemisferio. Este compromiso común frente a los problemas del desarrollo y la pobreza también destaca la importancia de mantener los equilibrios macroeconómicos y el imperativo de fortalecer la cohesión social y la democracia.

Artículo 13

La promoción y observancia de los derechos económicos, sociales y culturales son consustanciales al desarrollo integral, al crecimiento económico con equidad y a la consolidación de la democracia en los Estados del Hemisferio.

Artículo 14

Los Estados Miembros acuerdan examinar periódicamente las acciones adoptadas y ejecutadas por la Organización encaminadas a fomentar el diálogo, la cooperación para el desarrollo integral y el combate a la pobreza en el Hemisferio, y tomar las medidas oportunas para promover estos objetivos.

Artículo 15

El ejercicio de la democracia facilita la preservación y el manejo adecuado del medio ambiente. Es esencial que los Estados del Hemisferio implementen políticas y estrategias de protección del medio ambiente, respetando los diversos tratados y convenciones, para lograr un desarrollo sostenible en beneficio de las futuras generaciones.

Artículo 16

La educación es clave para fortalecer las instituciones democráticas, promover el desarrollo del potencial humano y el alivio de la pobreza y fomentar un mayor entendimiento entre los pueblos. Para lograr estas metas, es esencial que una educación de calidad esté al alcance de todos, incluyendo a las niñas y las mujeres, los habitantes de las zonas rurales y las personas que pertenecen a las minorías.

IV. Fortalecimiento y preservación de la institucionalidad democrática

Artículo 17

Cuando el gobierno de un Estado Miembro considere que está en riesgo su proceso político institucional democrático o su legítimo ejercicio del poder, podrá recurrir al Secretario General o al Consejo Permanente a fin de solicitar asistencia para el fortalecimiento y preservación de la institucionalidad democrática.

Artículo 18

Cuando en un Estado Miembro se produzcan situaciones que pudieran afectar el desarrollo del proceso político institucional democrático o el legítimo ejercicio del poder, el Secretario General o el Consejo Permanente podrá, con el consentimiento previo del gobierno afectado, disponer visitas y otras gestiones con la finalidad de hacer un análisis de la situación. El Secretario General elevará un informe al Consejo Permanente, y este realizará una apreciación colectiva de la situación y, en caso necesario, podrá adoptar decisiones dirigidas a la preservación de la institucionalidad democrática y su fortalecimiento.

Artículo 19

Basado en los principios de la Carta de la OEA y con sujeción a sus normas, y en concordancia con la cláusula democrática contenida en la Declaración de la ciudad de Quebec, la ruptura del orden democrático o una alteración del orden constitucional que afecte gravemente el orden democrático en un Estado Miembro constituye, mientras persista, un obstáculo insuperable para la participación de su gobierno en las sesiones de la Asamblea General, de la Reunión de Consulta, de los Consejos de la Organización y de las conferencias especializadas, de las comisiones, grupos de trabajo y demás órganos de la Organización.

Artículo 20

En caso de que en un Estado Miembro se produzca una alteración del orden constitucional que afecte gravemente su orden democrático, cualquier Estado Miembro o el Secretario General podrá solicitar la convocatoria inmediata del Consejo Permanente para realizar una apreciación colectiva de la situación y adoptar las decisiones que estime conveniente.

El Consejo Permanente, según la situación, podrá disponer la realización de las gestiones diplomáticas necesarias, incluidos los buenos oficios, para promover la normalización de la institucionalidad democrática.

Si las gestiones diplomáticas resultaren infructuosas o si la urgencia del caso lo aconsejare, el Consejo Permanente convocará de inmediato un período extraordinario de sesiones de la Asamblea General para que esta adopte las decisiones que estime apropiadas, incluyendo gestiones diplomáticas, conforme a la Carta de la Organización, el derecho internacional y las disposiciones de la presente Carta Democrática.

Durante el proceso se realizarán las gestiones diplomáticas necesarias, incluidos los buenos oficios, para promover la normalización de la institucionalidad democrática.

Artículo 21

Cuando la Asamblea General, convocada a un período extraordinario de sesiones, constate que se ha producido la ruptura del orden democrático en un Estado Miembro y que las gestiones diplomáticas han sido infructuosas, conforme a la Carta de la OEA tomará la decisión de suspender a dicho Estado Miembro del ejercicio de su derecho de participación en la OEA con el voto afirmativo de los dos tercios de los Estados Miembros. La suspensión entrará en vigor de inmediato.

El Estado Miembro que hubiera sido objeto de suspensión deberá continuar observando el cumplimiento de sus obligaciones como miembro de la Organización, en particular en materia de derechos humanos.

Adoptada la decisión de suspender a un gobierno, la Organización mantendrá sus gestiones diplomáticas para el restablecimiento de la democracia en el Estado Miembro afectado.

Artículo 22

Una vez superada la situación que motivó la suspensión, cualquier Estado Miembro o el Secretario General podrá proponer a la Asamblea General el levantamiento de la suspensión. Esta decisión se adoptará por el voto de los dos tercios de los Estados Miembros, de acuerdo con la Carta de la OEA.

V. La democracia y las misiones de observación electoral

Artículo 23

Los Estados Miembros son los responsables de organizar, llevar a cabo y garantizar procesos electorales libres y justos.

Los Estados Miembros, en ejercicio de su soberanía, podrán solicitar a la OEA asesoramiento o asistencia para el fortalecimiento y desarrollo de sus instituciones y procesos electorales, incluido el envío de misiones preliminares para ese propósito.

Artículo 24

Las misiones de observación electoral se llevarán a cabo por solicitud del Estado Miembro interesado. Con tal finalidad, el gobierno de dicho Estado y el Secretario General celebrarán un convenio que determine el alcance y la cobertura de la misión de observación electoral de que se trate. El Estado Miembro deberá garantizar las condiciones de seguridad, libre acceso a la información y amplia cooperación con la misión de observación electoral.

Las misiones de observación electoral se realizarán de conformidad con los principios y normas de la OEA. La Organización deberá asegurar la eficacia e independencia de estas misiones, para lo cual se las dotará de los recursos necesarios.

Las mismas se realizarán de forma objetiva, imparcial y transparente, y con la capacidad técnica apropiada. Las misiones de observación electoral presentarán oportunamente al Consejo Permanente, a través de la Secretaría General, los informes sobre sus actividades.

Artículo 25

Las misiones de observación electoral deberán informar al Consejo Permanente, a través de la Secretaría General, si no existiesen las condiciones necesarias para la realización de elecciones libres y justas. La OEA podrá enviar, con el acuerdo del Estado interesado, misiones especiales a fin de contribuir a crear o mejorar dichas condiciones.

VI Promoción de la cultura democrática

Artículo 26

La OEA continuará desarrollando programas y actividades dirigidos a promover los principios y prácticas democráticas y fortalecer la cultura democrática en el hemisferio, considerando que la democracia es un sistema de vida fundado en la libertad y el mejoramiento económico, social y cultural de los pueblos. La OEA mantendrá consultas y cooperación continua con los Estados Miembros, tomando en cuenta los aportes de organizaciones de la sociedad civil que trabajen en esos ámbitos.

Artículo 27

Los programas y actividades se dirigirán a promover la gobernabilidad, la buena gestión, los valores democráticos y el fortalecimiento de la institucionalidad política y de las organizaciones de la sociedad civil. Se prestará atención especial al desarrollo de programas y actividades para la educación de la niñez y la juventud como forma de asegurar la permanencia de los valores democráticos, incluidas la libertad y la justicia social.

Artículo 28

Los Estados promoverán la plena e igualitaria participación de la mujer en las estructuras políticas de sus respectivos países como elemento fundamental para la promoción y ejercicio de la cultura democrática.

Bibliografía

Textos de autores clásicos citados

Aristóteles. (320 a. C.). *La Política.* Bogotá: Panamericana Editorial, S.A., 2000.

Aristóteles. (349 a. C.). Ética Nicomaquea. México: Editorial Porrúa, 2013.

Bolívar, S. (1815-1830). *La Obra Política y Constitucional de Simón Bolívar, Estudio preliminar, antología y notas de* Eduardo Rozo Acuña. Madrid: Editorial Tecnos (Grupo Anaya, S.A.), 2007.

Descartes, R. (1637). *Discurso del método y La búsqueda de la verdad mediante la luz natural.* Bogotá: Panamericana Editorial Ltda. 2013.

Engels, F. (1884). *El origen de la familia, la propiedad privada y el Estado.* Bogotá: Panamericana Editorial S.A. 2006.

Hobbes, T. (1647). *De Cive (Del ciudadano).* Madrid: Editorial Tecnos (Grupo Anaya, S.A.) 2014.

Hume, D. (1752). *Ensayos Políticos.* Madrid: Editorial Tecnos (Grupo Anaya, S.A.) 2006.

Marx, K. (1867). *El Capital: Crítica de la Economía política.* Buenos Aires: Editorial Siglo XXI. 2015.

Marx, K. (1844) *Escritos políticos y Filosóficos.* Biblioteca Virtual UJCE. Recuperado de: http://archivo.juventudes.org/textos/Karl%20Marx/Manuscritos%201844%20-%20El%20Salario.pdf

Marx, K. (1867) *El Capital.* Versión resumida por Gabriel Deville, 1997. Bogotá: Panamericana Editorial. 1997.

Marx, K. & Engels, F. (1848) *Manifiesto comunista.* Barcelona: Crítica, Grijalbo Mondadori, S.A. 1998.

Marx, Karl. (1847). *Miseria de la Filosofía, Respuesta a la Filosofía de la Miseria de P.J. Proudhon.* México: Siglo XXI Editores. 1987.

Platón. (380 a. C.). *La República.* Bogotá: Panamericana Editorial Ltda. 2014.

Platón. (356 a. C.) *Las Leyes.* México: Editorial Porrúa, S.A. de C.V. 2008.

Ricardo, D. (1817) *Principios de Economia Política y Tributación.* Buenos Aires: Editorial Claridad S.A. 2007.

Rousseau, J.J. (1762). *El contrato social, o principios del derecho político.* Bogotá: Panamericana Editorial Ltda. 2012.

Rousseau, J.J. (1762). (Edición de María José Villaverde). *El contrato social.* Madrid: Ediciones Istmo, S.A. 2004.

Smith, A. (1759). *Teoría de los sentimientos morales.* México: Fondo de Cultura Económica. 1978.

Smith, A. (1776). *La riqueza de las naciones.* Madrid: Alianza Editorial, S.A. Publicada originalmente en 1776. 2014.

Weber, M. (1918). *El Político y el Científico.* Madrid: Alianza Editorial. 2005.

Textos de autores contemporáneos citados

Acemoglu, D. & Robinson, J.A. (2013) *Por qué fracasan los países, Los orígenes del poder, la prosperidad y la pobreza (4ta. Reimpresión).* Bogotá: Editorial Planeta Colombiana S.A.

Aguilar, E. (2008). *Alexis de Tocqueville: una lectura introductoria.* Buenos Aires: Editorial Sudamericana S.A.

Arendt, H. (2015). *Los orígenes del Totalitarismo*. Madrid: Alianza Editorial, S.A.

Avetikian, T. (1987). *Selección de escritos de Adam Smith*. Recuperado de http://www.cepchile.cl/dms/archivo_942_75/rev26_avetikian.pdf

Bauman, Z. (2008). *Comunidad, en busca de seguridad en un mundo hostil*. Madrid: Siglo XXI de España Editores, S.A.

Bennis, W. & Nanus, B. (1985). *Líderes, las cuatro claves del liderazgo eficaz*. Bogotá: Editorial Norma S.A.

Biblioteca de Autores Cristianos. (2015). *Compendio de la doctrina social de la Iglesia, (D.S.I.)*. Barcelona: Editorial Planeta, S.A.

Bobbio, N. (2006). *La teoría de las formas de gobierno en la historia del pensamiento político*. México D.F.: Fondo de Cultura Económica.

Borja, R. (2007). *Sociedad Cultura y Derecho*. Quito: Editorial Planeta del Ecuador S.A.

Brue, S.L. & Grant, R.R. (2009). *Historia del pensamiento económico*. México D.F.: Cengage Learning Editores S.A.

Burneo, R. (2008). *Unidad 4: Concepto y Alcance del Término Constitución. En Manual de Derecho Constitucional (pp. 25-36)*. Loja: Editorial de la Universidad Técnica Particular de Loja.

Dana, D. (1992). *Cómo pasar del conflicto al acuerdo, un método de 4 etapas para poner fin a las relaciones conflictivas en la vida privada y profesional*. Bogotá: Editorial Norma, S.A.

Dieterich, H. (2011) *La Revolución de Raúl Castro*. Recuperado de: http://www.aporrea.org/ideologia/a124617.html el 1 de enero de 2016.

Dieterich, H. (2015). *Venezuela: La Batalla Final*. Recuperado de: http://www.aporrea.org/ideologia/a220254.html el 5 de enero de 2016.

Frankl, V. (1991). *El hombre en busca de sentido*. Barcelona: Editorial Herder.

From, E. (2009). *El miedo a la libertad*. Madrid: Ediciones Paidós Ibérica, S.A.

From, E. (2011). *El amor a la vida*. Madrid: Ediciones Paidós Ibérica, S.A.

Goleman, D. (1996). *La inteligencia emocional, por qué es más importante que el cociente intelectual.* Buenos Aires: Javier Vargas Editor S.A.

Gorbachov, M. (2003). *Carta a la Tierra.* Barcelona: Editorial Planeta, S.A.

Guerrero, D. (2008). *Un Resumen Completo de El Capital de Marx.* Madrid: MAIA EDICIONES.

Hayek, F.A. (1988) *La Fatal Arrogancia, los errores del socialismo.* Madrid: Unión Editorial S.A. 2016.

Hayek, F.A. (1949) *Individualismo: el verdadero y el falso.* Madrid: Unión Editorial S.A. 2009.

Jouvenel, B. (1951). *La Ética de la Redistribución.* Madrid: Katz Editores. 2010.

Kahane, A. (2005). *Cómo resolver problemas complejos, una novedosa manera de hablar, escuchar y crear nuevas realidades.* Bogotá; Grupo Editorial Norma, S.A.

Karl, V. (1991). *El hombre en busca de sentido.* Barcelona: Editorial Herder S.A.

Keynes, J.M. (1936). *Teoría General de la Ocupación, el Interés y el Dinero.* Buenos Aires: Fondo de Cultura Económica. 2012.

Mandela, N. (2013). *Nelson Mandela, por sí mismo.* Barcelona: Plataforma Editorial.

Meyer, M. (2009) *EL AÑO QUE CAMBIÓ EL MUNDO: La historia secreta detrás de la caída del Muro de Berlín.* Bogotá: Grupo Editorial Norma S.A.

Mises, L. (1956). *La Mentalidad Anticapitalista.* Madrid: Unión Editorial S.A. 2011.

Mises, L. (1949). *La Acción Humana, Tratado de Economía.* Madrid: Unión Editorial. 2015.

Morin, E. (2006). *Breve Historia de la Barbarie en Occidente.* Buenos Aires: Editorial Paidós SAICF.

Nikitin, P.I. (1958) *Economía Política: manual de divulgación.* Bogotá: 3R EDITORES LTDA. 1997.

Porter, Michael E. (1999). *SER COMPETITIVO, Nuevas aportaciones y conclusiones.* Bilbao: Ediciones Deusto, S.A.

Ramírez Aguilera, R. & Ramírez Victoriano, R. (1997). *Breve Diccionario de la Política.* Bilbao: Ediciones Mensajero, S.A.

Ratzinger, J. (1999) *Verdad y Libertad.* Recuperado en: http://arvo.net/seccion-libertad/verdad-y-libertad/gmx-niv572-con12081.htm

Rawls, J. (2011). *Liberalismo Político.* México: Fondo de Cultura Económica. Originalmente publicada en 1993.

Rivera, R. (2006) *Reforma Política, más dudas que certezas.* Quito: Fundación Konrad Adenauer.

Rodríguez, A. (2015). *La Riqueza, Historia de una Idea.* Madrid: MAIA EDICIONES.

Schumpeter, J.A. (2015) *Capitalismo, socialismo y democracia, Volumen I.* Barcelona: Página Indómita, S.L.U. Publicado originalmente en 1942.

Shepard, J.M., Odom, S.S., & Bruton, B.T. (2010). *Sociología.* México: Editorial Limusa S.A. de C.V.

Tarcus, H. (2015). *Antología Karl Marx,* Buenos Aires: Siglo Veintiuno Editores.

Universidad Técnica Particular de Loja, UTPL (2012). *Guía Didáctica del Pensamiento Sociopolítico.* Loja: Editorial: UTPL.

White, L.H. (2014). *El Choque de Ideas Económicas, los grandes debates de política económica de los últimos cien años.* Barcelona: Antoni Bosch editor, S.A.